Frank Heinrich
mit Uwe Heimowski
FRANK UND FREI
Warum ich für die Freiheit kämpfe

FRANK HEINRICH
mit Uwe Heimowski

FRANK UND FREI

Warum ich für die Freiheit kämpfe

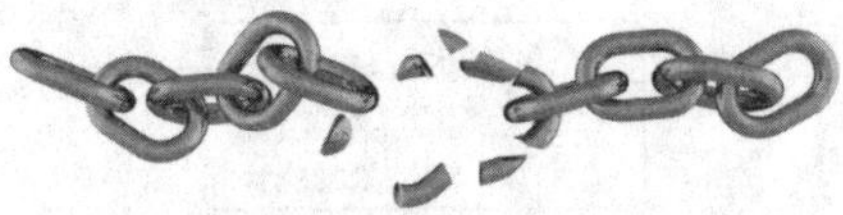

SCM

SCM

Stiftung Christliche Medien

Der SCM Verlag ist eine Gesellschaft der Stiftung Christliche Medien,
einer gemeinnützigen Stiftung, die sich für die Förderung und Verbreitung
christlicher Bücher, Zeitschriften, Filme und Musik einsetzt.

MIX
Papier aus verantwortungsvollen Quellen
FSC® C083411
FSC www.fsc.org

SCM-Verlag GmbH & Co. KG · Max-Eyth-Straße 41 · 71088 Holzgerlingen
Internet: www.scm-verlag.de · E-Mail: info@scm-verlag.de

Umschlaggestaltung: Kathrin Spiegelberg, Weil im Schönbuch
Titelbild: Susanne Domaratius-Enders (susidomaratius.de)
Satz: Satz & Medien Wieser, Stolberg
Druck und Bindung: CPI books GmbH, Leck
Gedruckt in Deutschland
ISBN 978-3-7751-5760-5
Bestell-Nr. 395.760

Inhalt

Dank 7
Einführung: Finally Frank 9

Teil 1
Raus in die Freiheit
– aus dem engen Horizont religiöser Prägung 13
1. Prägungen: Drinnen und Draußen, Schwarz und Weiß 14
2. Vom Richten: Ein geistliches Gefängnis 20
3. Rumänien: Freiheit in Gefangenschaft 26

Teil 2
Rein in die Freiheit
– die ganz persönliche Dimension 33
4. Neu denken lernen 34
5. Von der Freiheit, seine Schwächen zuzugeben 42
6. Begleiter auf dem Weg zur Freiheit:
Mentoring und Coaching 50
7. Die Freiheit, der zu werden, der ich bin 57
8. Worauf du dich verlassen kannst: Freundschaften 67
9. Freiheit zur Verantwortung: Der Leiter in mir 73
10. Von anderen lernen: Vorbilder 78
11. Zeiten und Orte der Freiheit 87
12. Gebetsunterstützung 96
13. Frei, sich zu binden 102

Teil 3
Der Kampf für die Freiheit
– politische Dimension von Freiheit 111
14. Freiheit für andere 112
15. Frei, um zu leben 119
16. Religionsfreiheit 124
17. Gefangene freisetzen 134
18. Do Thi Minh-Hanh 140
19. William Wilberforce – mein Vorbild im Kampf gegen Sklaverei 152
20. Sklavenhandel 158
21. Die Heilsarmee im Kampf gegen Kinderprostitution ... 169
22. Geschichtliche »Zwänge« aufbrechen 175
23. Freiheit für Frauen und Kinder 182
24. »Weil wir euch lieben, du Wichser« 193
25. Flüchtlinge 199
26. Brücken zur Freiheit 206

Teil 4
Freisetzen
– wie Freiheit sich erleben lässt 213
27. An den Ursachen arbeiten 214
28. Freiheit und Toleranz 221
29. »Überleben im Beruf« 226
30. Freiheit zum Aufstehen – und zwar rechtzeitig 233
31. Frei zur Verantwortung: Politisches Engagement von Christen 239
32. Frank und frei – einige offene Fragen 245

Franziskanischer Segen 249
Bildnachweis 251
Anmerkungen 253

Dank

Der größte Reichtum meines Lebens sind Menschen, einzigartige Originale, oft Bereicherung und Herausforderung zugleich – ich bin dankbar für so viele tolle Wegbegleiter! Und doch will ich drei exemplarisch herausgreifen. Ihr wart besonders hilfreich auf meinem Weg »freier« zu werden.

Uwe: Du hast mir »erlaubt«, Denken und Reden neu zu nutzen. Du hast es nicht nur immer wieder geschafft, meinen Gedanken und gesprochenen Worten vom Durcheinander zu einer »schriftlichen« Ordnung zu verhelfen, in der ich mich tatsächlich wiedergefunden habe. Du warst und bist auch der Freund, mit dem ich die Klingen kreuzen und schärfen kann, ohne befürchten zu müssen, dass du vorhast, mir mit deiner – wahrlich gefährlichen –, zu schaden.

Mara: »Lebe wild und gefährlich« hast du nicht nur mal gesagt und mir als Bild geschickt. Du hast mir das vorgelebt wie kein anderer, ohne dabei deine tiefen Glaubenswurzeln zu verleugnen. Wahrscheinlich hast du keine Ahnung, wie befreiend das für mich war, und deshalb steht es jetzt hier. Von dir habe ich sehr viel Mut getankt.

Gina: Was du alles für mich bist, kann ich nicht in einige wenige Zeilen packen. Vom Vorbild im praktischen Denken, von deinen klaren, unabhängigen Entscheidungen, von der Freiheit, Fehler zu machen, von deiner Willenskraft und deinem Durchhaltevermögen – bis hin zum für mich als Phlegmatiker manchmal nötigen »Stachel im Arsch«. Ohne dich wäre ich nicht der Frank, der ich heute bin.

Ihr alle habt mir Mut gemacht, frei von dem zu werden, was andere über mich denken. Fertig bin ich noch lange nicht, aber auch nicht mehr ganz am Anfang – DANKE!

Frank Heinrich

Einführung: Finally Frank

Frank. So heiße ich. Meine Eltern haben diesen Namen für mich ausgewählt. Aber das ist nicht nur mein Name. Sie gaben meinem Leben damit ein Motto.

Frank kommt aus dem Althochdeutschen und bedeutet »frei« oder »tapfer«. Letzteres nehme ich schmunzelnd zur Kenntnis. Für besonders tapfer halte ich mich nicht. Na ja, immerhin tapfer genug, um ein sehr persönliches Buch über Freiheit zu schreiben.

Freiheit. Das ist mein Thema.

Schon meine Kindheitsträume hatten viel mit Freiheit zu tun. Vor einigen Jahren wurde ich gefragt, wovon ich als Kind träumte und was ich später einmal werden wollte. Spontan notierte ich einige Begriffe.

Als Erstes fiel mir »Robin Hood« ein. Der Bogenschütze aus Sherwood Forrest, der die Reichen beraubte und das Geld dann den Armen gab, war einer meiner ersten Helden. So wollte ich werden! Vermutlich war ich da nicht der Einzige.

Weiter sprudelten die Gedanken: »Change the world« – ich wollte die Welt verändern, sie zu einem besseren Ort machen. Not lindern. Eine starke Stimme für die Schwachen wollte ich sein. Ich träumte davon, ein Held für das Gute zu werden, ein Musketier oder eine männliche Johanna von Orleans – und möglichst berühmt wollte ich dabei werden (damals natürlich in der vollen Überzeugung, nicht Ruhm und Ehre zu suchen, sondern ausschließlich aus dem Bestreben heraus, ganz uneitel möglichst viele Menschen zu erreichen). Mir schwebte vor, den Friedensnobelpreis zu gewinnen.

Auf jeden Fall wollte ich eine Spur hinterlassen.

Begeistert las ich als Jugendlicher die Bücher »Das Kreuz und die Messerhelden« von David Wilkerson und »Run, Baby, Run« von Nicky Cruz, die aus ihrer jeweiligen Perspektive die gleiche wahre Geschichte beschreiben: Ein junger Pastor vom Land (Wilkerson) sieht einen Fernsehbericht über eine Gerichtsverhandlung jugendlicher Straftäter. Er wird davon so berührt, dass er nach New York reist, um dort Mitgliedern von Straßengangs zu predigen, dass ein Leben ohne Gewalt und Drogen möglich ist. Tatsächlich kommt das härteste Gangmitglied von allen (Cruz) zum Glauben, und viele andere mit ihm. Ihr Leben verändert sich radikal. Um sie weiter zu begleiten, gründet Wilkerson »Teen Challenge«, eine christliche Lebensgemeinschaft und Suchtkrankenhilfe.

Freiheit ist über die Kindheit und Jugend hinaus immer mein Thema geblieben. Kein anderes Thema bewegt mich so stark. Eigentlich bin ich nicht rührselig, doch immer wieder treibt es mir die Tränen in die Augen, wenn Gefangenschaft sich in Freiheit verwandelt. Ich weine, wenn ich miterlebe, wie Menschen frei werden. Sei es bei einem Kinofilm wie Tim Robbins' Gefängnisdrama »Die Verurteilten«. Sei es, wenn in der Seelsorge den Leuten eine Last von der Seele fällt und sie befreit aufatmen. Sei es, wenn jemand ein Zeugnis gibt, dass er von der Drogenabhängigkeit oder der Prostitution frei geworden ist. Oder wenn ich von Menschen höre, die für die Freiheit anderer kämpfen.

»Was soll einmal auf deinem Grabstein stehen?«

Vielleicht kennen Sie diese Frage. Sie ist eine gängige Übung, um Menschen anzuregen, über den Lebenssinn nachzudenken. Als Sozialarbeiter ist sie mir noch aus meinem Studium vertraut. »Grabstein« klingt ein bisschen gruselig, aber es macht den Ernst der Frage klar. Ich habe nur ein Leben. Was mache ich damit? Was sollen die Menschen einmal über mich sagen können? Wie möchte ich mein Leben gestalten? Wie kann ich ein Motto erkennen und in einem Satz zusammenfassen, der charakteristisch ist für alle Bereiche meines Lebens? Was ist mein Thema?

Meine Antwort steht fest: In meinen Grabstein sollen diese zwei

Worte eingemeißelt werden: »finally frank«. »Endlich Frank«, könnte man es übersetzen. Oder auch: »am Ende frei«. So möchte ich leben: Dass ich am Schluss ganz ich selbst war, der Frank, den Gott sich vorgestellt hat, als den er mich geschaffen hat. Und dass ich ganz frei geworden bin von Zwängen und Abhängigkeiten.

Vielleicht ist das zu viel verlangt für dieses Leben. Nun, dann möchte ich es so verstanden wissen: »Spätestens jetzt, bei seinem Gott, ist er ganz frei.«

Um nicht missverstanden zu werden: Das darf gerne noch eine Weile dauern. Es ist hilfreich, das Leben einmal vom Ende her zu denken, aber das soll ganz gewiss nicht resignativ und abschließend sein.

Im Gegenteil: Freiheit ist mein Lebensthema und auf dem Weg bis zum »Finally Frank« werde ich jeden Schritt bewusst gehen. Ich werde für Freiheit kämpfen, wenn mich die Ohnmacht überfällt angesichts der vielen Menschen, die gefangen, gebunden oder versklavt sind. Und ich werde die Freiheit feiern, wo ich sie bei mir selbst und anderen erlebe.

Dieser Kampf ist noch lange nicht zu Ende. Nicht der persönliche Kampf. Nicht der geistliche. Nicht der politische. Zu viel, viel zu viel Unfreiheit nimmt die Menschen gefangen. Aber der Kampf ist nicht aussichtslos. Er hat ein Fundament, mit dem Freiheit möglich wird. »Zur Freiheit hat uns Christus befreit! So steht nun fest und lasst euch nicht wieder das Joch der Knechtschaft auflegen!«, schreibt Paulus in seinem Brief an die Galater (Galater 5,1).

Wie Unfreiheit, aber vor allem, wie Freiheit aussehen kann, davon handelt dieses Buch.

Teil 1

Raus in die Freiheit – aus dem engen Horizont religiöser Prägung

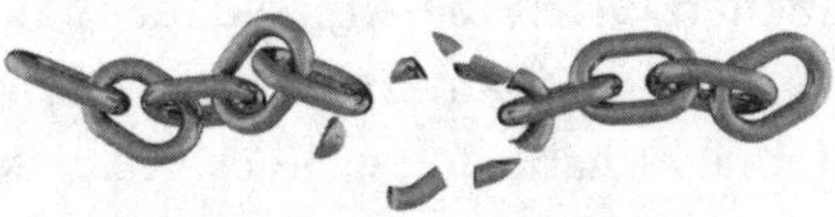

1. Prägungen: Drinnen und Draußen, Schwarz und Weiß

Der Geist ist wie ein Fallschirm: Er kann nur funktionieren, wenn er offen ist.
Lord Thomas Robert Dewar

Eine merkwürdige Situation: Ich gehe über die Straße. Auf der Hälfte schaltet die Ampel auf Rot – und ich fühle mich schlecht. »Bei Rot geht man nicht über die Straße!« Das sitzt fest in meinem Gewissen. So wurde ich erzogen. Bis heute ist das tief in mir verwurzelt. Ich weiß natürlich, dass ich bei Grün losgegangen bin oder dass an manchen Orten die Ampeldauer gar nicht ausreicht, um den ganzen Weg bei Grün zu schaffen. Ich weiß, dass ich nichts Falsches gemacht habe. Ich weiß es. Aber es fühlt sich nicht so an. Woher kommt das?

Sicher gibt es viele Ursachen. Eine davon ist die Prägung, und auf die möchte ich hier eingehen. Durch unsere Eltern und durch unser Umfeld werden wir geprägt, bewusst oder unbewusst. Bei Gemüse kann man schmecken, welcher Dünger verwendet wurde. In meinem Fall wurde mit reichlich Bibelzitaten und strengen christlichen Grundsätzen gedüngt.

In Siegen geboren verbrachte ich den größten Teil meiner Kindheit in einem Altenheim im Schwarzwald. Einem sehr frommen Altenheim. Die meisten der bibelfesten Bewohner hatten sich, bevor sie dort einzogen, lange Zeit in der Endzeit gewähnt – durchaus nachvollziehbar bei zwei durchlittenen Weltkriegen. Weil sie damit rechneten, dass Jesus noch zu ihren Lebzeiten wiederkommen würde, hatten sie keine Vorsorge für ihr Alter getroffen. Ohne Rente waren sie nun auf die Unterstützung anderer Christen angewiesen, die daraufhin das Lebens- und Pflegezentrum Haus Rehoboth gründeten, das später zum Christlichen Hilfsdienst e.V. wurde.

Mein Vater, ein sehr praktisch veranlagter Mensch, arbeitete dort als Hausmeister und meine Mutter in der Hauswirtschaft. Wir lebten als Familie mit im Altenheim. Unter den Senioren waren schon einige sehr schrullige Typen dabei, liebevolle Originale, denen ich einen Schatz an Gebeten und Bibelwissen verdanke und wahrscheinlich auch meine Liebe zu den »schrägen« Menschen am Rande der Gesellschaft, mit denen ich später bei der Heilsarmee gearbeitet habe.

Mit den Eltern Hans und Ruth sowie Schwester Bärbel

Aber in diesem geistlichen Gewächshaus war mitunter auch ein ganz schöner Mief, und davon blieb die Kinderseele nicht verschont. Manches atmete ich ein, ohne dass es mir recht bewusst wurde. Heute würde ich es »zwanghaften Glauben« nennen. Vieles blieb unausgesprochen, war aber prägend. Das Schwarz-Weiß-Denken etwa. Es war immer klar: Wir sind die Gläubigen, die anderen – die Welt, die Katholiken, die Namenschristen, die Heiden – sind die Verlorenen.

Dann gab es bestimmte Riten, die sich für einen echten Christen gehörten, und anderes, was sich eben nicht gehörte: Ein Christ macht jeden Tag seine Stille Zeit, er liest in der Bibel, er gibt seinen Zehnten – brutto und mit Freuden, denn »einen fröhlichen Geber hat Gott lieb« (2. Korinther 9,7). Ein Christ hatte damals keinen Fernsehapparat, er ging nicht ins Kino, Discobesuche und Tanzen waren nicht erlaubt.

Wie gesagt, das alles hatte ich quasi eingeatmet. Ich stellte diese Regeln nicht infrage. Stattdessen redete ich mir ein: Ich brauche all das, was verboten ist, gar nicht.

Doch auch wenn ich es nicht wahrhaben wollte: Das stimmte nicht. Ich war unzufrieden und ganz und gar nicht frei. Später entwickelte ich beispielsweise eine regelrechte Fernsehsucht. Ich hatte als Kind nie gelernt, wie ein »normaler« Konsum aussieht, als Erwachsener verlor ich die Kontrolle.

Noch Jahrzehnte später war mein Glaube von Zwängen geprägt. Wenn meine Familie nach einer anstrengenden Woche am Sonntag mal ausschlafen und zu Hause bleiben wollte, war ich strikt dagegen. Ich erwartete, dass sie den Gottesdienst besuchten, und machte Druck auf Frau und Kinder. Wollten sie nicht, ging ich alleine – und war anschließend schlecht gelaunt.

Es dauerte lange, bis ich merkte, wie gesetzlich das ist. Gottesdienste sind eine tolle Sache. Aber sie sind keine Pflichtveranstaltung und schon gar nicht dazu da, um sich als besserer Christ zu fühlen und auf die anderen herabzusehen.

Wie zwanghaft, ja manchmal schizophren mein Leben war, zeigt das Beispiel Schule. Wenn ich am Morgen meine Bibel gelesen hatte, ging ich fröhlich geistlich in die Schule. Dort war ich aber ein Außenseiter und zog den Spott auf mich. Das hielt ich nicht immer aus – wie soll ein Kind das auch aushalten – und so verhielt ich mich dann gar nicht so brav christlich, wie es sich zu gehören schien. Ich heischte nach Anerkennung, war quirlig und lebendig, nicht einmal extrem – Frank halt. Doch wenn ich nach der Schule heimging, drückte ein Gefühl der Verdammnis auf meine Schultern. Wahrscheinlich hätte man an meinem Gang erkennen können, ob ich – bibelgelesen – zur Schule ging oder – nach einem lebendigen Schultag – auf dem Rückweg war.

Typisch für das latente geistliche Klima in meiner Umgebung war auch der Anspruch, sich immer selbst zu prüfen und nach einer verborgenen Sünde oder Fehlern Ausschau zu halten, um diese dann zu bekennen und Gott um Vergebung zu bitten. So hatte ich immer das Gefühl, Gott nicht ganz genügen zu können.

Jahre später, schon im Erwachsenenalter, notierte ich dazu in meinem Tagebuch: *Was fehlt noch – wo ist der Haken? Was hab ich noch zu geben? Alles ist lauwarm und abgestanden (…) Ich habe den Eindruck, dass keiner mich wirklich kennt und deshalb auch nicht wissen kann, wie's wirklich um mich steht. Ich habe pausenlos den Gedanken: »Nicht gut genug!« Theoretisch check ich's, aber praktisch passiert jahrelang »nix«.*

Noch als »geistlicher Milchbubi« habe ich gebetet: »Gott bewahre mir meine Unschuld, bis ich die richtige Frau finde.« Der Hauptgrund dafür war die Angst, für meine Sünde bestraft zu werden, wenn ich nicht rein bleiben würde. Aber es gab auch noch ein anderes Motiv: einen latenten Hochmut, schließlich war ich doch »geistlicher« als die anderen. Doch auch hier scheiterte ich mit meinen Ansprüchen an der Realität: Zwar hatte ich keine Beziehung zu einem Mädchen, aber ich kämpfte ständig mit Selbstbefriedigung.

Das Altenheim bot also einen strengen Rahmen, der mich sehr einschnürte. Natürlich gab es Ausnahmen, aber die waren klar definiert: Laute Rockmusik war verpönt. Wenn ich meine Arno-&-Andreas-Platten mal ganz laut aufdrehte, war das aber gerade noch in Ordnung. Bei deutschsprachiger, christlicher Rockmusik war schon mal eine Ausnahme erlaubt. Sogar auf christliche Konzerte durfte ich gehen. Das war nicht bei allen gerne gesehen, aber meine Eltern schufen mir da innerhalb des engen Rahmens große Freiräume.

Doch selbst dort blieb ich gefangen in meinem Umfeld und seinen Denkmustern. Nach dem Konzert einer Band, das mir super gefallen und mich auch geistlich berührt hatte, sahen wir einen der Musiker mit einer Zigarette in der Hand. Der Freund, mit dem ich das Konzert besucht hatte, raunte mir zu: »Siehst du das? Der raucht. Ob das wirklich Christen sind?« Jetzt war die Band also nicht mehr gut. Mir stieß das ziemlich sauer auf. Konnte es sein, dass eine Zigarette alles durchstrich, was ich vorher erlebt hatte?

Später brauchte ich an vielen Stellen richtiggehend Befreiung, um mich zu einem fröhlichen Christen zu entwickeln. Mag es den einen oder anderen Bibeltreuen auch befremden: Ich brauchte zum Beispiel Befreiung von der Stillen Zeit und vom Bibellesen. Nicht von den Übungen an sich, die sind und bleiben etwas Gutes, und die Bibel ist bis heute die Grundlage meines Glaubens. Aber ich brauchte eine Befreiung von dem Gedanken oder besser gesagt dem Gefühl, dass der Segen eines Menschen, und sei es nur das Gelingen des Tages, von Andacht und geistlicher Übung abhängt. Für mich war die Stille Zeit ein täglicher Krampf. Ich musste sie einhalten, ob ich wollte oder nicht. »Man« machte das in unseren Kreisen. Erst als ich begriffen hatte, dass ein Tag ohne Stille Zeit keine Strafe Gottes nach sich zieht, gewann ich die Freiheit, gerne in der Bibel zu lesen. Aber um das ganz persönlich zu erfahren, musste ich die Stille Zeit einmal für eine Weile ausfallen lassen.

Morgens war in meiner Jugend, wie gesagt, die Stille Zeit ein Muss, abends galt dasselbe für eine gemeindliche Aktivität. Fast jeder Abend hatte ein geistliches Programm. Da standen die Bibelstunde, der Jugendkreis oder der Chor auf der Agenda. Das gehörte einfach dazu, man ging hin. Ohne Wenn und Aber. Ich schluckte das nicht nur, ich brauchte es – wenn man so will, zum geistlichen »Abreagieren«. Schließlich hatte sich ja im Laufe des Tages eine Menge »Fehlverhalten« angesammelt, irgendwie musste ich Gott jetzt wieder nahekommen.

All diese Aktivitäten sind, wie auch die Stille Zeit, für sich genommen sehr gut. Man pflegt Gemeinschaft, man lernt die Bibel kennen, man betet zusammen. Schwierig wird es, und so habe ich es erlebt, wenn diese Aktivitäten zur Pflicht werden und zum Gradmesser des Glaubens.

Als ich mich irgendwann traute, abends ins Kino zu gehen, merkte ich, wie tief meine Ängste saßen: Ich konnte das nur mit einem fürchterlich schlechten Gewissen. Ich hätte doch in dieser Zeit etwas für Gott tun können und sollen!

Diese Prägung als Unfreiheit zu erkennen und mutig etwas daran zu ändern, war ungemein schwer und ein jahrelanger Prozess. Innerhalb des frommen Gewächshauses war es beinahe unmöglich.

Zwei »No-Gos«, also Dinge, die gar nicht gehen, absolut unmöglich sind, lagen immer in der Luft. Erstens: Man durfte auf keinen Fall zugeben, dass man unfrei ist. Wir waren doch Christen, unsere Selbstwahrnehmung hieß: »Man hat einander zu lieben, man ist fröhlich, man ist frei.« Es konnte nicht sein, was nicht sein durfte.

Zweitens: Man hielt sich immer schön klein und demütig »vor dem Herrn«. Wie will man aber aufbegehren und etwas Neues wagen, wenn man seine Stärken nicht kennt?

2. Vom Richten: Ein geistliches Gefängnis

Die beschriebene Frömmigkeit beschneidet die Freiheit aber nicht nur durch ihre Enge. Im Rückblick ist mir ein anderes »geistliches Gefängnis« bewusst geworden: das Richten, das Aburteilen der anderen.

Nicht umsonst formuliert Jesus in der Bergpredigt sehr deutlich: »Richtet nicht, damit ihr nicht gerichtet werdet. Denn nach welchem Recht ihr richtet, werdet ihr gerichtet werden; und mit welchem Maß ihr messt, wird euch zugemessen werden« (Matthäus 7,1-2).

Wer andere Menschen richtet, der beschneidet sich selbst, so stellt Jesus fest. Das Urteil fällt auf einen selbst zurück. Inwiefern? Richten macht unfrei, indem es den Blick für die anderen Menschen und ihre Lebenssituationen verstellt.

Kurz nach meiner Wahl in den Deutschen Bundestag traf ich abends im Fahrstuhl eine Kollegin. Ich erkannte sie sofort, es war eine ehemalige Ministerin. Sie schwankte, hatte Mühe, sich gerade zu halten, offensichtlich war sie stark angetrunken. Ich war schockiert. Und sofort meldeten sich ziemlich abwertende Gedanken.

Aber wer bin ich denn? Was weiß ich über ihre Lebenssituation? Nach mehr als sieben Jahren im Bundestag kenne ich die Belastung in diesem Mandat. Heute habe ich Verständnis für Reaktionen wie unmäßigen Alkoholkonsum, zu denen ein Mensch unter dem Druck der Verantwortung greifen kann. Ich heiße das nicht gut, aber steht es mir zu, über den Menschen ein Urteil zu fällen? Oder sollte ich nicht lieber Gott dankbar sein, dass er mich (bis hierher) davor bewahrt hat?

Uwe Heimowski schreibt dazu in seinem Artikel »Kultur der Gnade« im Männermagazin MOVO:

> Gerade Politiker stehen unter einem enormen Leistungs- und Erwartungsdruck. Da ist die hohe Arbeitsbelastung, mit regelmäßigen 16-Stunden-Tagen. Da sind die vielen Entscheidungen mit ungewissen Auswirkungen (um nur ein Stichwort zu nennen: Militäreinsätze), die sehr häufig auch noch unter enormem Zeitdruck zu treffen sind. Da ist die ständige Beobachtung durch die kritische Öffentlichkeit. Dazu kommen permanente Angriffe auf die Privatsphäre, die durch Twitter und Facebook eine nie dagewesene Schärfe gewonnen haben. Der Begriff »Shitstorm« ist das Synonym für dieses Phänomen. Was sich da Tag für Tag über Personen des öffentlichen Lebens ergießt, ist schlimmer als ein Kübel Fäkalien. Wir müssen uns fragen: Ist *dieser* Druck zumutbar? Kann das auf Dauer gut gehen? Und damit verbunden die Frage an die Christen: Können wir hier einen Unterschied in der Gesellschaft machen? Sollten wir nicht in der Form und in der Sache dazu beitragen können, eine »Kultur der Gnade« zu etablieren?[1]

Ein alter indianischer Sinnspruch lautet: »Großer Geist, bewahre mich davor, über einen Menschen zu urteilen, ehe ich nicht eine Meile in seinen Mokassins gegangen bin.« Wie oft versetzen wir uns wirklich in die Lage des anderen, wie oft gehen wir tatsächlich in seinen Schuhen, in seinen Mokassins? Und wie oft behaupten wir das nur?

Wer über andere richtet, der kann sich nicht mehr in sie hineinversetzen. Richten verschließt das Herz. Gnade und Liebe dagegen öffnen das Herz.

Nachdem ich mein schlechtes Gewissen überwunden hatte, wurde ich ein begeisterter Kinogänger. Ich liebe die Atmosphäre, die großen Leinwände, die lebendigen Bilder und natürlich die guten Geschichten. Wie oft hatte ich schon Aha-Erlebnisse im Kino!

1996 sah ich den Film »Breaking the Waves« von Lars von Trier. Emily Watson spielt darin Bess, eine junge Frau, die geistig etwas zurückgeblieben ist. Es ist eine tragische Liebesgeschichte, die nicht zuletzt das Thema »Doppelmoral« aufgreift. Bess ist gläubig und arbeitet aktiv in der Kirche mit. Doch in den Augen der Christen wirft ihr Lebensstil Fragen auf.

Eine Szene ging mir besonders unter die Haut. Sinngemäß sagt dort einer der Gemeindevorsteher: »Um der Liebe zum Wort Gottes willen müssen wir sie aus der Kirche herausnehmen.« Der größte Schatz der Gemeinde wird vor die Tür gestellt – und einsam muss sie ihr weiteres Schicksal erdulden.

Hat Jesus die Frau verurteilt, die von der aufgebrachten Menge gesteinigt werden sollte, weil sie beim Ehebruch ertappt worden war (Johannes 8,3-11)? Wenn Jesus uns auffordert: »Richtet nicht!«, dann nicht als Verbot, sondern als Verheißung. Wer andere nicht beurteilen und bewerten muss, den setzt das frei. Ich bin nicht gebunden, ein Urteil zu sprechen, das ist Gottes Sache. Also bin ich frei, den anderen zu verstehen und ihn zu achten. Auch den anderen Menschen setzt es frei. Er muss sich vor mir nicht fürchten, weil ich nicht mehr nur sein (mögliches) Fehlverhalten sehe, sondern seinen Wesenskern und vielleicht auch die Geschichte, die ihn in diese Situation gebracht hat.

Im Biotop meiner Kindheit hatte ich keine Möglichkeit, Katholiken, Adventisten, Mormonen, Muslime zu treffen – oder Schwule, wir hätten nicht einmal das Wort in den Mund genommen. Und obwohl (oder weil?) ich sie nicht kannte, hatte ich eine klare Meinung von ihnen: Sie waren die anderen, sie waren draußen, wir waren drinnen, sie waren Sünder, wir waren gerettet.

Ich selbst kannte zwar das Bibelzitat »Du sollst nicht richten« und ich habe mich formal meistens daran gehalten, indem ich nicht schlecht oder voreilig über andere gesprochen habe – ich hatte ja Angst, dann selbst gerichtet zu werden. Aber das war Fassade, innerlich habe ich gerichtet wie alle anderen auch, ich hatte das gleiche Schwarz-Weiß-Schema, nur etwas überheblicher – und ich war stolz auf mich.

Nach und nach begegneten mir dann Menschen, die nicht in unsere fromme Welt passten. Beziehungen entstanden und ich machte Erfahrungen, auf die meine Urteile, meine Klischees einfach nicht passten. Meine geistliche Überheblichkeit zerrann mir zwischen den Fingern. Natürlich muss ich nicht alles richtig finden, was ein anderer tut. Aber gibt mir dies das Recht, über ihn zu richten?

Begegnungen mit Menschen, die anders denken, anders glauben und anders leben als wir selbst, sind die effektivsten Werkzeuge, um frei zu werden. Sie bereichern das eigene Leben, sie führen aus der Enge in die Weite.

Begegnungen mit Menschen, die anders denken, anders glauben und anders leben als wir selbst, sind die effektivsten Werkzeuge, um frei zu werden.

In meinem konservativ christlichen Milieu gab es einen Mechanismus der Selbstabschottung, um solche Begegnungen zu vermeiden. Wir hatten eine Bezeichnung für die Welt »da draußen«: Wir nannten sie »den Zeitgeist«. Und dieser Zeitgeist war böse, er verführte die Menschen, ihn galt es unter allen Umständen zu meiden.

Diese Engführung, diese Bewertung erzeugt das »Außen – Innen«. Und sie führt zu einer Spaltung im Menschen selbst. Sie spaltet zwischen Herz und Hirn. Das Herz will Nähe suchen, kennenlernen, verstehen. Das richtende Hirn hat sein Urteil aber bereits gefällt und legt sein Veto ein.

Heute weiß ich: Indem ich Gott für groß und gewaltig und heilig gehalten habe – alles Bezeichnungen, die korrekt sind –, indem ich versucht habe, ihn in seiner Größe und Heiligkeit zu schützen und mich selbst rein zu halten, habe ich mir etwas vorgemacht.

Denn was ist damals wirklich geschehen? Ich habe ihn klein gemacht. Wie klein muss Gott sein, wenn er nur »hier drinnen«, in meiner kleinen geistlichen Welt zu finden ist?

Meine persönliche Reise in die Freiheit hat stark mit meinem Gottesbild zu tun. Je mehr ich die wahre Größe Gottes verstehe, je mehr ich begreife, dass Gott der Schöpfer und liebende Vater aller Menschen ist, desto freier werde ich. Heute frage ich weniger nach meinem Bild von Gott, sondern mehr danach, welches Bild Gott von den Menschen hat. Indem ich sein Herz verstehe, macht er mich frei. Das sprengt Grenzen. Nicht mehr mein schlechtes Gewissen treibt mich an, sondern die Liebe Gottes.

Heute verstehe ich mein Christsein nicht mehr über die Abgrenzung, sondern über die Beziehung zu Gott. Und ich bin neugierig, wie andere Christen ihren Glauben leben. Ich möchte hören, warum sie so glauben, wie sie glauben. Ich möchte verstehen, warum sie ihre Bibel so lesen, wie sie sie lesen.

Wie viel habe ich im Laufe der Jahre von meinen evangelischen und katholischen Brüdern und Schwestern gelernt, wie viel von Brüdergemeinden, Adventisten, Pfingstlern. Und wie viele Menschen, die sich zu keinem Glauben bekennen, haben mich durch ihren Einsatz für Menschenrechte, für Gerechtigkeit und für Freiheit inspiriert. Freiheit bedeutet, sich nicht nur im Dualismus aufzuhalten, nicht alles schwarz-weiß zu sehen.

Diese Freiheit ist eine innere Einstellung, sie lebt von dem Bild, dass ich von Gott habe. Sie hat aber noch eine weitere Dimension: das gesprochene Wort. Wer sein Urteil fällt, ist nicht frei. Wer sein Urteil ausspricht, macht auch andere unfrei. Er legt den anderen fest.

Darum warnt die Bibel vor der Gefahr der Worte:

Mit einem winzigen Ruder lenkt der Steuermann ein großes Schiff selbst bei heftigem Wind, wohin er will. So kann auch die Zunge, so klein sie auch ist, enormen Schaden anrichten. Ein winziger Funke steckt einen großen Wald in Brand! Die Zunge ist wie eine Flamme und kann eine Welt voller Ungerechtigkeit sein. Sie ist der Teil des Körpers, der alles beschmutzen und das ganze Leben zerstören kann, wenn sie von der Hölle selbst in Brand gesteckt wird. Der Mensch kann die unterschiedlichsten Tiere und Vögel, Reptilien und Fische zähmen, aber die Zunge kann niemand im Zaum halten. Sie ist ein unbeherrschbares Übel, voll von tödlichem Gift. Mit ihr loben wir Gott, unseren Herrn und Vater; dann wieder verfluchen wir mit ihr andere Menschen, die doch als Ebenbilder Gottes geschaffen sind. So kommen Segen und Fluch aus demselben Mund. Und das, meine Freunde, darf nicht so sein! (Jakobus 3,4-10; NLB).

Fluchen heißt nichts anderes, als unsere (Vor-)Urteile über Menschen auszusprechen. Segnen dagegen bedeutet, den anderen freizusetzen, indem ich Gutes über ihn sage. Das griechische »eulogein«, das im Neuen Testament verwendet und ins Deutsche mit Segnen übersetzt wird, bedeutet wörtlich »Gutes sagen«. Diese Bedeutung ist auch in den romanischen Sprachen enthalten, zum Beispiel im lateinischen »benedicere«.

Wenn ich Gutes über den anderen sage, macht ihn das frei – und es macht mich frei.

3. Rumänien: Freiheit in Gefangenschaft

Eine große Hilfe auf meinem persönlichen Weg in die Freiheit war mein Vater. Auch er war ein frommer und bibelfester Mann und auch er war natürlich Teil der Lebensgemeinschaft im Seniorenheim. Doch er hatte sich in diesem engen geistlichen Klima irgendwie die Neugierde und das Fragen bewahrt – und sich damit eine große Offenheit erhalten.

Diese Weltoffenheit meines Vaters zeigte sich unter anderem in seiner Abenteuer- und Reiselust. Häufig besuchten wir als ganze Familie Christen hinter dem Eisernen Vorhang. Dafür schlug einfach sein Herz. Wir nahmen an verbotenen Kinderfreizeiten in Rumänien teil, wir schmuggelten Bibeln in die DDR. Das war wirklich abenteuerlich und es weitete meinen Horizont.

Vater und Sohn

Auf diesen Reisen lernte ich noch eine ganz andere Form von Unfreiheit in meinem Leben kennen, von der ich gar nicht geahnt hatte, dass sie mich gefangen halten könnte. Insbesondere die Freunde in Rumänien hielten mir mit ihrem Lebensstil einen Spiegel vor.

Normalerweise leitete mein Vater die Einsätze in Osteuropa. Doch 1980 konnte er die Reise nach Rumänien nicht mitmachen. Ich war gerade sechzehn und sollte ihn vertreten. Zum ersten Mal war ich ohne meinen Vater in Rumänien.

An einem Tag fuhren wir durch Bukarest und besuchten verfolgte Christen. Ich war schockiert über das, was ich erfuhr. Auf den bisherigen Reisen hatten die Menschen solche Dinge nur meinem Vater erzählt. Das Ceauşescu-Regime ging brutal gegen Christen vor. Der Besitz von Bibeln war verboten. Für den Besuch von Gottesdiensten konnte man ins Gefängnis kommen. Wir hörten von Verhören, von Einschüchterungsversuchen, von willkürlichen Verhaftungen und auch von Folter.

Manches erlebten wir dann später selbst mit. Einmal schlief meine Schwester in einem Privatquartier in Hermannstadt auf einer Couch am Fenster. In der Nacht wachte sie auf, weil ein Lichtkegel sie blendete. Jemand war auf den Baum vor dem Haus geklettert und versuchte, mit einer Taschenlampe herauszufinden, ob Besucher aus dem Westen hier übernachteten. Das war verboten, und wenn dieser Mensch meine Schwester entdeckt hätte, hätte er den Gastgeber denunziert.

Ein anderes Mal hatte ich bei einem Termin eine Kamera liegen gelassen. Das war schon für sich genommen gefährlich für unseren Gastgeber, denn wenn die Kamera bei ihm entdeckt würde, stellte sich natürlich die Frage: Wie war er in den Besitz eines Westprodukts gekommen? Aber es kam noch schlimmer: Als wir eine halbe Stunde später noch einmal zurückkamen, um die Kamera abzuholen, wurde die Securitate, der rumänische Geheimdienst, trotz all unserer Vorsicht auf uns aufmerksam. Der Hausbesitzer wurde abgeholt, verhört und bedroht. Bei unserer nächsten Begegnung hörte ich, dass er bei einer ähnlichen Untersuchung verprügelt und übel zugerichtet worden war.

»Wie gut geht es uns dagegen in der Bundesrepublik«, dachte ich in einem Moment, als ich mit dem jungen Mann im Auto saß. »Selbst wir exotischen Freikirchler können unseren Glauben frei leben und ein Altenheim betreiben.«

Da riss mich mein Begleiter plötzlich aus den Gedanken. Er sagte etwas, das sehr lange in mir nachwirkte. Er frage sich, begann er, ob all das, was wir im Westen besitzen, wirklich ein Segen sei. Ich erkundigte mich, wie er das meinte, und wir führten eine intensive Diskussion. Er bestand auf seiner Meinung: Den eigentlichen Segen haben die Verfolgten, weil sie wissen, worauf es im Glauben wirklich ankommt. Sie seien bereit zu leiden – und damit frei von äußeren Bindungen und materiellen Abhängigkeiten.

Ich wollte das nicht einfach so stehen lassen, ich war dankbar für mein westliches Leben. Und ich ließ mir meinen Glauben nicht infrage stellen. Doch trotzdem ließen mich seine Gedanken lange Zeit nicht los und ich fragte mich: Wäre ich bereit, mein Leben oder das meiner Familie für meinen Glauben in Gefahr zu bringen? Zum Glück war und ist das in meinem Leben nur eine hypothetische Frage. Für die Christen damals in Rumänien und heute in Nordkorea, in einigen arabischen Ländern, in China und vielen anderen Staaten ist sie existenziell.

Noch etwas konnte ich bei den Christen in Rumänien beobachten. Materiell ging es den meisten von ihnen schlecht. Kaum jemand besaß wirklich viel, einige waren richtig arm. Doch obwohl wir die »reichen« Deutschen waren, bemerkte ich einen deutlichen Widerspruch: Dankbarer waren unsere rumänischen Geschwister.

Auch wenn ich nur wenige Brocken Rumänisch sprach, reichte das doch aus, um einzelne Vokabeln zu erkennen. Daher bemerkte ich regelmäßig: Wenn wir miteinander beteten, jeder in seiner Sprache, fiel bei den Rumänen immer wieder ein bestimmter Begriff, häufiger als jedes andere Wort: »Mulțumesc« – Danke. In diesen Momenten, in denen die Menschen vor Gott ihre tiefsten

Empfindungen ausdrückten, stand dieses eine Wort im Mittelpunkt: Danke.

Eine solche tiefe Dankbarkeit hatte ich bei uns im reichen, freien und sicheren Westen noch nicht erlebt. Dieses Mulțumesc der rumänischen Christen, gebetet unter schwierigsten Bedingungen, hat mich schon als junger Mensch sehr bewegt und für mein Leben geprägt.

Mulțumesc ist ein Ausdruck der Freiheit. Die Christen in Rumänien hätten wirklich allen Grund gehabt, sich zu fürchten. Ihre existenzielle Bedrohung war allgegenwärtig. Täglich. Sie hätten allen Grund gehabt, sich Sorgen zu machen, um die Sicherheit ihrer Familie, um das eigene Wohlergehen. Und doch wirkten sie sorgenfrei. Sie legten ihr Leben in Gottes Hand und sie waren gewitzt genug, Kniffe zu entwickeln, um ihren Glauben im Untergrund zu leben.

Unsere Freunde hatten kleinere Häuser, ältere Autos und weniger Kleider als wir. Oft hatten sie nicht einmal das tägliche Brot. Umso mehr galt mulțumesc. Sie waren dankbar, für das, was sie hatten, und lebten frei von dem Anspruch, dass materiell alles da sein muss. Wer dankbar ist, kann mit Freuden nehmen, was er hat, und auf das verzichten, was er nicht hat. Der Dankbare ist frei von Neid. Er genießt das Heute und macht sich keine Sorgen um das Morgen. Sie lebten nach dem Grundsatz in Matthäus 6,33-34: »Trachtet zuerst nach dem Reich Gottes und nach seiner Gerechtigkeit, so wird euch das alles zufallen. Darum sorgt nicht für morgen, denn der morgige Tag wird für das Seine sorgen. Es ist genug, dass jeder Tag seine eigene Plage hat.«

Mein Vater hatte sich diese Haltung von den rumänischen Christen abgeschaut. Er sagte oft, zwei Dinge seien grundlegend für den Glauben: Zum einen war diese eine Mahnung und Verheißung aus dem ersten Petrusbrief: »Alle eure Sorge werft auf ihn; denn er sorgt für euch« (1. Petrus 5,7). Das klingt leichter, als es tatsächlich ist. Mein Vater benutzte dafür oft ein Bild: Es besteht beim Beten die Gefahr, dass wir »Jo-Jo« spielen: Wir nennen Gott unsere Sorgen, lassen sie aber nicht los, sondern ziehen sie zu uns zurück. Statt Gott wirklich zu vertrauen, kleben wir an unseren Sorgen. Das zweite Motto meines Vaters war angelehnt an das Mulțumesc: »Sagt Dank Gott, dem Vater, allezeit für alles« (Epheser 5,20). Wer dankbar ist, ist frei. Frei zu genießen, frei zu verzichten, frei zu teilen.

Wer dankbar ist, ist frei.

Später habe ich für mich persönlich in der Bibel noch eine dritte Grundlage entdeckt, nämlich, »dass denen, die Gott lieben, alle Dinge zum Besten dienen« (Römer 8,28). Auch darin steckt ein Lebensprinzip, das zur Freiheit führt. Wenn ich verstehe, dass alles, was (mir) geschieht, nicht einfach nur Zufall ist, sondern an Gott vorbeimuss und dass er selbst die schlimmste Erfahrung zum Besten für mich wenden wird, macht mich das frei von Bitterkeit und Enttäuschung.

Diese drei Einstellungen haben eine Auswirkung auf unser Denken. Ich nenne das für mich »Erwartungsmanagement«. Psychologen sprechen auch von »self-fulfilling prophecy«, einer sich selbst erfüllenden Prophezeiung. Meistens ist das negativ konnotiert: Wer Schlechtes erwartet, wird Schlechtes erleben. Das stimmt, ist aber zu einseitig. Denn ebenso gilt: Wer Gutes erwartet, wird Gutes erleben – vor allen Dingen, wenn er sich dabei auf einen guten Gott berufen kann. Das hat schon Salomo im Buch der Sprüche beschrieben: »Durch Weisheit wird ein Haus gebaut und durch Verstand erhalten, und durch ordentliches Haushalten werden die Kammern voll kostbarer, lieblicher Habe« (Sprüche 24,3-4).

Die Erlebnisse in Rumänien inspirierten mich zu meinem ersten aktiven »politischen« Einsatz. Das entsprach nicht dem Umfeld, in dem ich aufgewachsen war. In unserer frommen Enklave betete man zwar »für die Obrigkeit« (Römer 13), aber man mischte nicht mit im politischen Geschäft. Das war »die Welt«. Doch als ich erfuhr, dass mein Freund Manni und einige andere rumänische Christen ins Gefängnis gekommen waren, platzte mir der

Kragen – das war einfach so was von ungerecht! – und ich fuhr nach Köln, wo ich mit anderen vor der rumänischen Botschaft für Mannis Freiheit demonstrierte.

Später hörte ich, wie dankbar die rumänischen Christen diese öffentliche Solidarität aufgenommen hatten. Aber sie hatten auch Erstaunliches zu berichten. Für viele von ihnen war das Gefängnis nicht die schlimmste Zeit ihres Lebens gewesen. Im Gegenteil: Obwohl sie sehr grausam behandelt worden waren, hatten sie doch eine intensive Nähe zu Gott erlebt, die sie nicht missen wollten. Einer berichtete: »So nah ist Gott mir noch nie vorher gewesen.« Er sagte, geistlich habe er sich nie so frei gefühlt wie in der Gefangenschaft. Ähnliches berichtete später Nelson Mandela über seine Gefängniszeit.

Solche Zeugnisse bewegten mich tief. Aber sie stellten mich auch infrage. Ich selbst war zwar äußerlich frei, doch wie sah es innerlich bei mir aus?

So viele Zwänge hielten mich immer noch gefangen!

Teil 2

Rein in die Freiheit – die ganz persönliche Dimension

4. Neu denken lernen

Die Erkenntnis aus dem ersten Teil dieses Buches und dem ersten Teil meines Lebens lässt sich schnell auf den Punkt bringen: Ich war gebunden durch die enge Frömmigkeit meines Umfelds und durch meine eigenen Ängste. Als ich das immer mehr erkannte, konnte es für mich nur ein Motto geben: Raus aus der Unfreiheit!

Doch etwas zu erkennen, ist immer nur der Anfang. »Einsicht ist der erste Schritt zur Besserung«, sagt das alte Sprichwort. Aber eben nur der erste. Auszubrechen aus alten Strukturen und Denkmustern, ist der zweite Schritt. Und sich auf den Weg zu machen, dauert ein Leben lang.

Ich hatte verstanden, wie viel Unfreiheit mein Leben bestimmte. Ich wollte ausbrechen – oder besser: aufbrechen. Aber wo fängt man an, Freiheit zu gewinnen?

Das ist Thema dieses zweiten Teils. Erkennen ist der erste Schritt, doch der zweite ist der Wichtigere: Rein in die Freiheit!

Wenn man frei von altem Ballast werden möchte, hilft es oft, sich aufzumachen zu neuen Ufern. Wer fliegen lernen möchte, der muss das Nest verlassen. Manchmal reicht dafür schon das nächste Bundesland oder zumindest eine gewisse räumliche Entfernung. Mich zog es jedoch weiter weg. Ich ging nach dem Abitur für ein Jahr auf eine Bibelschule nach Kanada. Dort lernte ich neue Menschen aus vielen verschiedenen Ländern kennen, eine bunte Vielfalt von Kulturen und von Lebensstilen. Ich vertiefte mein Englisch, las die Bibel in der neuen Sprache und wir diskutierten anschließend die Texte. Was da an verschiedenen Meinungen zusammenkam, obwohl wir alle die gleiche Bibel lasen, war faszinierend und weitete meinen Horizont.

Zu dieser äußeren Veränderung, die mir wirklich guttat, brauchte es aber auch innere Prozesse, um wirkliche, dauerhafte Freiheit zu gewinnen.

Der russische Schriftsteller und Nobelpreisträger Alexander Solschenizyn war als junger Mann acht Jahre in einem russischen Arbeitslager interniert. Die Grausamkeiten, die die Gefangenen dort erlebten, dokumentierte er später in seinem Buch »Der Archipel Gulag« und machte sie so der Weltöffentlichkeit bekannt. Er beschreibt im Kapitel »Seele und Stacheldraht« sehr eindrücklich das menschliche Dilemma: »Allmählich wurde mir offenbar, dass die Linie, die Gut und Böse trennt, nicht zwischen Staaten, nicht zwischen Klassen und nicht zwischen Parteien verläuft, sondern quer durch jedes Menschenherz.«[2]

Das trifft es. Freiheit hat natürlich eine äußerliche Seite. Sie hat auch eine politische und eine gesellschaftliche Dimension. Freiheit hat mit allen Lebensumständen zu tun. Doch Freiheit hat ihre Wurzel immer im Inneren des Menschen, im Herzen, wie Solschenizyn schreibt. Ich hatte das bei mir selbst und bei meinen rumänischen Freunden erlebt. Auch in äußerlicher Freiheit kann man innerlich gebunden sein, und selbst in einem System der Unterdrückung und Einschüchterung, ja noch im Gefängnis oder Arbeitslager, kann ein Mensch innerlich frei sein.

Für einen Christen müsste Freiheit eigentlich eine Selbstverständlichkeit sein. Paulus, den ich mit diesem Vers eingangs schon einmal zitiert habe, stellt fest: »Zur Freiheit hat uns Christus befreit!« (Galater 5,1). Das ist keine Eventualität oder ein Angebot, Paulus formuliert es als Tatsache. Er beschreibt eine geistliche Realität. Wenn Freiheit eine Tatsache ist, sich in meinem Leben jedoch nicht abbildet, was nützt sie mir dann?

In dem Kinofilm »Lincoln« von 2013 habe ich diesen Satz gehört: »If you are free, you have to assume to be free.« Sinngemäß: »Wenn du frei bist, dann muss du das auch als Tatsache annehmen.« Ein Sklave, der per Gesetz die Freiheit zugesprochen bekommt, bleibt weiterhin ein Sklave, wenn er sich nicht aktiv aus dem Abhängigkeitsverhältnis befreit – oder entlassen wird. Dies zeigt leider die Geschichte der Sklaven in den USA, wo Menschen noch hundert Jahre nach der Abschaffung der Sklaverei zwar theoretisch frei, aber immer noch wie Sklaven lebten, in totaler Abhängigkeit von dem Großgrundbesitzer, für den sie arbeiteten und in dessen Laden sie einkauften. Denver Moore beschreibt dies sehr anschaulich in seinem Buch »Genauso anders wie ich«. Er sah es als gesellschaftlichen Aufstieg an, als er schließlich als Obdachloser in der Großstadt um Dollars bettelte.[3]

Der Weg in die Freiheit ist ein langer Weg. Freiheit kann man zugesprochen bekommen, aber sie geschieht nicht von selbst. Ich musste mein Gottesbild und mein Selbstbild ändern. Ich musste meine Haltung und meine Einstellung erneuern.

Freiheit kann man zugesprochen bekommen, aber sie geschieht nicht von selbst.

Wir haben dafür eine fromme Vokabel, ohne dass wir es wissen, weil wir sie häufig nur im moralischen Sinn verwenden: Buße. Der griechische Begriff aus dem Neuen Testament, den wir im Deutschen mit Buße wiedergeben, ist »meta-noia«. Wörtlich bedeutet das: um-sinnen oder neu denken. Bei Metanoia geht es also gar nicht um Moral oder um Sünde und Zerknirschung. Buße tun heißt: diejenigen Gedanken über sich denken (und dann danach handeln), die den Gedanken Gottes entsprechen.

Für mich hieß das damals: Tu Buße! Lerne, die Freiheit als eine geistliche Realität zu akzeptieren. Als ich das verstanden hatte, begann ich, meine Bibel neu zu lesen. Ich suchte nach den Texten, die mich geprägt hatten, und klopfte sie in Bezug darauf ab, was sie mir über Freiheit zu sagen hatten.

Da ist als Erstes mein Taufspruch aus 1. Mose 26,24: »Fürchte dich nicht, denn ich bin mit dir und will dich segnen!« Segnen bedeutet, wie schon erwähnt, wörtlich »Gutes sagen«. Wenn es also stimmt, was mein Taufvers mir zuspricht, nämlich dass Gott mich segnen will, dann bedeutet das: Gott hat gute Worte für mich parat. Gott will gut von mir sprechen.

Wovor sollte ich mich dann noch fürchten? Warum an Zwängen, Riten, engen christlichen Gesetzen festhalten? Warum nicht Neues ausprobieren, wenn er doch mit mir unterwegs ist und mir Mut macht? Schon dieser einzelne Bibelvers hat bei genauer Betrachtung die Sprengkraft, geistliche Fesseln zu lösen und Menschen freizusetzen. Dann entdeckte ich die Sätze in der Bibel, in denen Gott etwas über den Menschen aussagt. Diese Sätze gehen weg vom Tun und hin zum Sein. Sie sprechen nicht über »die Menschheit« in ihrer Gesamtheit, sondern über jeden einzelnen Menschen und damit auch über mich. Wie befreiend das ist!

Auf drei Beispiele, die mir so wichtig geworden sind, dass man mich mitten in der Nacht wecken und um eine Predigt zu diesen Themen bitten könnte, möchte ich mich beschränken.

1. Ich bin Gottes Kind.

Paulus schreibt das, und auch viele andere Bibelverse lassen sich hierzu zitieren: »So folgt nun Gottes Beispiel als die geliebten Kinder und lebt in der Liebe, wie auch Christus uns geliebt hat« (Epheser 5,1-2). Ich bin Gottes geliebtes Kind. Punkt. Das steht fest.

Und wenn es feststeht, dann gilt uneingeschränkt: Ich muss nicht mehr um Liebe und Anerkennung ringen, indem ich ein geistliches Programm absolviere. Das macht mich nicht zu Gottes Kind. Ich bin es schon. Und weil ich Gottes geliebtes Kind bin, kann ich lieben, wie Jesus es uns vorgelebt hat. Was ich habe, das kann ich auch weitergeben. Ich bin geliebt – und damit freigesetzt zu lieben.

2. Ich bin Gottes Botschafter.

In der Bibel steht: »So sind wir nun Botschafter an Christi statt« (2. Korinther 5,20). Botschafter sind wichtige Persönlichkeiten. Ein Botschafter ist mehr als ein Bote. Er überbringt nicht nur Nachrichten eines anderen, er repräsentiert einen anderen.

Durch meine Arbeit als Abgeordneter im Deutschen Bundestag habe ich sehr viel mit Botschaftern zu tun. Das sind in der Regel bestens ausgebildete Menschen. Sie sprechen mehrere Sprachen, haben eine gepflegte Erscheinung und ausgeprägt gute Manieren. Doch das macht sie noch nicht zu Botschaftern. Botschafter sind sie durch ein Mandat, das ihnen von einer höheren Stelle verliehen wird. Sie vertreten einen Staat. Sie sind von Regierungen autorisiert, in deren Namen zu sprechen.

Wenn Gott mich seinen Botschafter nennt, dann heißt das nicht weniger, als dass ich ihn und das Reich Gottes in dieser Welt repräsentiere. Das ist natürlich eine große Verantwortung – und bietet zugleich eine kaum zu überbietende Freiheit, denn die eigentliche Verantwortung für meine Berufung trägt Gott selbst. Er vertraut mir seine Sache an. Ich bin der Richtige – nicht weil ich so großartig bin und so vieles kann, sondern weil Gott mich berufen und gesendet hat und weil er die letzte Instanz ist.

3. Ich bin ein Wohlgeruch.

Wiederum Paulus schreibt: »Denn wir sind für Gott ein Wohlgeruch Christi« (2. Korinther 2,15). Gerüche prägen unser Leben und viele Entscheidungen, auch wenn das fast immer unbemerkt geschieht. Oft haben sie unbewusst Einfluss darauf, wen wir mögen – oder nicht mögen. Der Volksmund weiß das, wenn er sagt: »Den kann ich nicht riechen.«

Wenn Gott mir nun zusagt, ich sei ein Wohlgeruch, dann ist das genau das Gegenteil dieses muffig frommen Dunstes, der den Menschen unangenehm in die Nasen fährt und in dem ich aufgewachsen bin. Gott sagt damit nichts weniger, als dass er mein Wesen angenehm macht für andere Menschen. So stellt er sich ein christliches Leben vor.

Ich sag's mal platt: Gott findet mich dufte. Na, wenn das nichts ist!

Aber natürlich müssen auch diese Segensworte Gottes über mein Leben – und die Bibel enthält etliche mehr als meine drei Beispiele – erst vom Kopf ins Herz hineinrutschen. Philosophisch gesprochen: Diese Aussagen müssen vom Sollen zum Sein werden.

Zu erkennen, dass es Wahrheiten sind, ist der erste Schritt. Sie zu verinnerlichen, zu fühlen, zu atmen, ist das eigentliche Ziel. Das kann man nicht einfach so »machen«. Man kann darum bitten. Gott wird es geben, davon bin ich überzeugt. Es bleibt aber ein Geschenk. Und es geschieht nicht sofort.

Zwei ganz persönliche Erlebnisse, bei denen ich erleben durfte, wie Gott wirklich mein Herz erreicht hat, habe ich in meinem Tagebuch festgehalten. Vor einigen Jahren nahm ich mir eine kleine Auszeit. Abseits von PC und Smartphone, von Arbeit und Verpflichtungen nahm ich mir Zeit für Stille und Gebet. Plötzlich war es, als ob eine Stimme in meinem Inneren zu mir redete:

»Liebes Kind,
Du bist mein
und ich bin dein …
… ich wollte dich
… und will dich!
Lass mich dir guttun!
Lass dich von mir entknoten!
Ich kann das!«

Ich war überwältigt, Tränen rannen. Die Botschaft kannte ich ja. Das hatte ich unzählige Male gehört und in der Bibel gelesen. Doch in diesem einen persönlichen Moment vor Gott rutschten die Worte in mein Herz.

Das zweite Erlebnis ist ähnlich. Ich war im Januar 2008 auf einer Reise in Estland. Wieder geschah es während einer Gebetszeit, doch diesmal betete ich nicht alleine, sondern mit anderen Christen. Wir lauschten auf die leise Stimme in unseren Gedanken und sprachen einander dann im Namen Gottes zu, was wir gehört hatten. Auch in mir formten sich Worte, die ich einem anderen zusprach:

Du bist Gottes Werkzeug, er kann dich gebrauchen. Das ist nicht nur geplant, sondern es gilt schon jetzt. Seine Liebe gilt nicht nur allgemein, wie du denkst, sondern sie gilt dir ganz persönlich. Gott sagt: »Du, ich liebe dich.« Hör auf zu kämpfen und zu stolpern, du bist in meinem Arm. Bei mir bist du sicher! Dein Sehnen, dein Herz, dein Schmerz – sie sind mir bekannt. Eine Antwort ist unterwegs. Ich sehe durch dein Tun, dein Denken und durch dein Gefühl, Fehler zu machen, hindurch. Ich sehe, was mich freut. Ich sehe die Motivation deines Herzens. Ich freue mich darüber! Du willst, was ich will? Du willst lieben, was ich liebe? Du willst dich freuen an dem, was mich freut? Dann glaub mir meine Liebe, meine Verliebtheit. Dann fang an, dich mit meinen Augen zu sehen. Dann liebe, was ich liebe – DICH! Genieße unsere Freundschaft.

Abends ging mir das alles noch einmal durch den Kopf. Und plötzlich traf mich eine Erkenntnis. Auch wenn es noch so pathetisch klingt, ich würde sagen, der Heilige Geist hat mich berührt: »Frank, diese Sätze gelten nicht nur für jemand anderen, sie gelten auch für dich.«

Es lässt sich kaum mit Worten ausdrücken, was dieser Moment in mir bewirkt hat. Aus der Gruppenarbeit kenne ich ähnliche Methoden: Der Reihe nach sagen wir einander, was wir am anderen wertschätzen. Das tut gut und baut auf. Auch in der Paartherapie gibt es Ähnliches. Oft wird die Frage gestellt: Warum hast du dich damals in den anderen verliebt? Was hat dir an ihm gefallen? Wenn ich das dann aufzähle, selbst wenn es gegen den eigenen Widerwillen geschieht, verschiebt sich mein Blick weg von der aktuellen Krise hin zu den liebenswerten Seiten der anderen Person. Aber die beste Methode nützt nichts, wenn die Worte nicht in unser Herz rutschen.

So gesehen war mein Erlebnis eine ganz persönliche »geistliche Therapie«. Die Dinge, die ich bereits über Gott wusste, hörte ich nun noch einmal für mich ganz persönlich, sie rutschten in mein Herz.

Es begann also ein Prozess des »Neu-Denkens« in meinem Leben. Das hat mich verändert. Mein Bild von Gott. Mein Bild von mir selbst. Meinen Lebensstil. Und es verändert mich weiterhin.

Langsam, aber stetig. Ich selbst bemerke das nicht immer. Umso schöner ist es darum, Rückmeldungen wie diese zu bekommen.

2009, noch vor meiner Wahl in den Bundestag, habe ich mein erstes Buch »Lieben, was das Zeug hält« geschrieben. Der Klappentext lautet:

> Unter einem reifen Glaubensleben hatte ich mir lange vorgestellt, mehr zu beten, geregelter in die Stille mit Gott zu finden, die Bibel intensiver zu studieren, geistliche Bücher zu lesen, christliche Seminare zu besuchen, mich stärker zu engagieren und schlechte Angewohnheiten abzulegen … Doch dann entdeckte ich, dass ich auf diesem Weg durchaus nicht liebevoller wurde. Höchste Zeit also, an meinem »Liebesleben« zu arbeiten![4]

Bald nachdem das Buch erschienen war, bekam ich eine Rückmeldung. Eine Bekannte, die mittlerweile in den USA wohnte, hatte das Buch gelesen und schrieb mir: »LIEBEN, WAS DAS ZEUG HÄLT!!! Ich habe dein Buch geliebt. Nicht weil du sehr intelligente Sachen darin sagst, sondern weil du so lebst. Deshalb bist du mir so wichtig, trotz Entfernung, weil du ein Mensch bist, der Liebe lebt.« – Was für ein Kompliment: »Ein Mensch, der Liebe lebt.« Gerne würde ich ergänzen: Ein Mensch, der verstanden hat, dass er geliebt ist. Und der darum die Freiheit besitzt, andere zu lieben. Und dabei noch einen weiten Weg vor sich hat (fragen Sie mal meine Frau …).

5. Von der Freiheit, seine Schwächen zuzugeben

Wenn jemand ein öffentliches Amt bekleidet, dann gilt in aller Regel: Man zeigt seine Stärken. Ausschließlich seine Stärken. Schon in Bewerbungstrainings wird das geübt. Über Schwächen dagegen, über Fehler und über eigenes Versagen spricht man nicht. Man verschweigt es, kaschiert es, verdrängt es. Man rückt sich ins rechte Licht, die Schattenseiten lässt man beiseite. Doch ich bin sicher: Das ist nicht gesund. Schwächen zu verdrängen, Fehler zu überspielen, das zwängt mich ein. Nur wer den Mut hat, auch seine Schwächen zuzugeben, wird wirklich frei.

In diesem Kapitel erzähle ich von den Erfahrungen, die ich gemacht habe, wenn ich mit meinen Schwächen und den Beklemmungen, die meine Arbeit manchmal mit sich bringt, ehrlich umgegangen bin. Ich »lasse ein bisschen was gucken« – aber das soll nicht exhibitionistisch geschehen, denn natürlich gibt es eine Privatsphäre, die nicht in die Öffentlichkeit gehört. Eine Predigt solle persönlich sein, aber nicht privat, hat der Pastor und Journalist Andreas Malessa einmal gesagt. Das trifft nicht nur auf Prediger zu, sondern auf alle Personen des öffentlichen Lebens.

> ***Nur wer den Mut hat, auch seine Schwächen zuzugeben, wird wirklich frei.***

Wer Schwächen zugibt, der muss immer damit rechnen, dass sich andere darin suhlen. Eine ganze Branche lebt davon: der Boulevardjournalismus. Die Gefahr, dass andere mit dem Finger auf einen zeigen, besteht immer. Schwächen zu zeigen, ehrlich zu sein, fordert darum eine Menge Mut.

Doch wie soll man sich aus einem Klima der Unfreiheit wirksam befreien, wenn man nicht den Mut zur Wahrheit und ein gutes Maß an Offenheit aufbringt? Wenn wir uns gegenseitig etwas vormachen, kommen wir nicht weiter. Wenn dagegen einer anfängt, ehrlich zu sein, zieht das Kreise. Offenheit erzeugt Offenheit, das ist meine Erfahrung.Darum will ich auch über meine Schwächen reden. Denn – seien wir ehrlich – schwache Momente haben wir alle. Wenn wir uns das zugestehen und darüber reden, dann, und nur dann, können wir aus diesen Schwächen lernen.

Blättern wir noch einmal in meinem Tagebuch. Da ist ein Eintrag vom November 2010:

Seit einem guten Jahr bin ich Abgeordneter im Deutschen Bundestag. Als Quereinsteiger und Neuling in der Politik – und dann noch auf der großen Bühne der Bundespolitik – habe ich eine Weile gebraucht, um mich in Berlin zurechtzufinden und die Befindlichkeiten, die Gepflogenheiten und natürlich die Abläufe zu verstehen.

Manches hatte ganz praktische Gründe: Mehrere Wochen lang hatte ich kein eigenes Büro zur Verfügung. Bei der Wahl 2009 waren überdurchschnittlich viele Abgeordnete neu in den Bundestag gewählt worden. Dadurch verzögerte sich die Möblierung und die technische Einrichtung der Räume. Wir mussten improvisieren: Meine Mitarbeiter saßen mit ihren Laptops in unbesetzten Beratungsräumen oder fanden auf Zusatzstühlen in den Büros von Kollegen Unterschlupf. Natürlich musste ich mich auch erst einmal an das neue Arbeitsumfeld gewöhnen: die Abläufe der Ausschüsse und Arbeitskreise verinnerlichen (immer wieder lagen Termine parallel, es galt zu erspüren, wo ich eher abkömmlich sein konnte), meine Texte lesen (wie liest man eine EU-Verordnung, die auf zwanzig und mehr Seiten alle Sätze mit Kommas verbindet und keinen einzigen Punkt macht?), die komplizierten Wege zu Räumen in den verschiedenen Bürogebäuden erkunden (alleine das Jakob-Kaiser-Haus ist schon ein Labyrinth). Ich musste die Zuständigkeiten verstehen (Vorsitzende, Sprecher, Obleute, Berichterstatter – wer macht was?), meine Termine planen, die Arbeit in Berlin und im Wahlkreis in eine gute Balance bringen, und dann musste ich noch lernen, während der Sitzungen E-Mails und Post zu beantworten (ohne Multitasking ist man im Bundestag echt aufgeschmissen).

Dazu kamen inhaltliche Fragen. Auch wenn ich den beiden Ausschüssen zugeteilt wurde, die ich mir gewünscht hatte – dem Ausschuss für Menschenrechte und Humanitäre Hilfe (MR&HH) sowie dem Ausschuss für Arbeit und Soziales (A&S) –, war es ein ganz anderes Arbeiten als vorher. Ein Sozialarbeiter und Heilsarmeeoffizier ist nah bei den Menschen. Wir kämpfen für ihre Anliegen im Rahmen der gesetzlichen Möglichkeiten. Nun ging es darum, diese Gesetze mitzugestalten. Und dafür muss man sie erst einmal kennen und verstehen. Ich bin ja kein Jurist – und ich hätte nie gedacht, wie viele Sonderfälle etwa bei der Rente zu bedenken sind.

Mein voller Terminkalender

Mittlerweile – nach einem guten Jahr im Bundestag – war ich angekommen. Doch immer noch stieß ich dauernd an meine Grenzen. Damals notierte ich:

War das eine Woche … Eine »Woche der Ohnmacht«. A&S: keine Peilung, das Problem war mir völlig neu. Bei MR&HH die Kolle-

gin vertreten. Thema: die Rentenansprüche ehemaliger NVA-Mitglieder – wieder hatte ich keine Ahnung. Dann Probleme im Wahlkreis, von denen ich nicht weiß, wie ich sie lösen soll. Dann die Besucher im Büro, die mir vom Landgrabbing (Landraub) in ihrem Heimatland erzählten, willkürlich wurden sie enteignet. Was für eine Ungerechtigkeit – und ich kann in diesem Moment nichts dagegen tun …

So überfordert, wie ich war, nahm ich meine Bibel in die Hand. Der Eintrag fährt fort, im Nachhinein liest sich das unvermittelt, aber es lagen Stunden zwischen den einzelnen Notizen:

Heute 2. Korinther 3,5 gelesen. Wie wahr: Aus eigener Kraft sind wir dieser Aufgabe nicht gewachsen. Es gibt nichts, was wir uns als Verdienst anrechnen können. Nein, unsere Befähigung verdanken wir Gott.

Ich war in meiner eigenen Schwäche auf einen anderen – Paulus – gestoßen, dem es nicht besser ging als mir, auch er fühlte sich überfordert. Nur, dass er den Mut gehabt hatte, seine Schwäche zuzugeben.

Und genau das gab mir Kraft, auf Gott zu vertrauen und weiterzumachen. Das liebe ich an der Bibel, diese Ehrlichkeit. Die Bibel schreckt nicht davor zurück, die Schwächen ihrer Protagonisten anzusprechen, die Sünden zu beschreiben, die Niederlagen zuzugeben. Ein Abraham, ein Mose, ein David, ein Petrus und ein Paulus – keiner wird als dauerhaft strahlender Held geschildert. Da passe ich doch in die Reihe!

Zurück zu meinem Tagebuch. Blättern wir weiter. Immer wieder sind Momente notiert, in denen ich einfach an meine Grenzen gestoßen bin.

Eintrag vom 17. Februar 2013:

Ich komme zurück aus den USA, bin fast angekommen in Berlin und ich fühle mich so tief im Tal wie länger nicht … Aber was bewegt mich gerade … ich weiß es nicht. Vielleicht hat es auch mit dem Jetlag zu tun. Es wirkt so, als würden sich alle möglichen Ge-

bäude um mich rum und alle Hochhäuser auftürmen und über mir zusammenschlagen.

Einerseits ist da die Situation mit unseren Finanzen, die mir immer wieder durch den Kopf geht: »Wir sind dann pleite«, sagt Regina. Die Kasse ist leer für unsern Bau, und es wird dann nicht so viel damit erreicht worden sein, wie wir wollten. Und ich muss an die nächste Steuerzahlung denken, die auch bald ansteht.

Und noch immer sind nicht alle Wahlkampfkosten bezahlt. Und bald steht der nächste Wahlkampf an. Ich muss zugeben, dass ich anfange zu zweifeln und dass immer wieder Zweifel an mir zerrt. (Es folgt eine Aufzählung von familiären Problemen.) *Ich sitze tatsächlich im Tal. Oh, Gott, ich bitte dich, hilf mir!*

Eintrag vom 3. Dezember 2014:

Ich stehe hier und gehe durchs Paul-Löbe-Haus und meine Kräfte sind aufgebraucht. Das waren sie schon ein paar Mal, aber irgendwie merke ich's grade stärker. Vor Kurzem habe ich das auch körperlich gemerkt, jetzt spüre ich, wie mir meine »Anspannungskräfte« fehlen. Ich habe mir ein bisschen Zeit genommen nach einem Tag, der voll war … Und ich laufe hier einfach ein bisschen durch diese mehr oder weniger »heiligen« Hallen im Paul-Löbe-Haus und frage mich: »What for?« und »Was geht noch?« Ich bin nicht so ganz sicher, was ich von meinen Gedanken und Gefühlen halten soll … Vorgestern die Auseinandersetzung hat mich genervt. Und hat alle meine Kräfte genommen. Ja, und jetzt bin ich irgendwie keinen Schritt weiter. Mich beschäftigen viele Dinge … Sklaven und Flüchtlinge und dass wir so behäbig damit umgehen. Das tut weh, bringt mich zum Weinen … Ich sehe das bisschen, was ich an Gaben habe, und wie begrenzt all das ist, was ich tun kann.

Wie gerne würde ich über mich selbst hinauswachsen. Meine Schwächen und meine Begrenztheit hinter mir lassen. Ich möchte stark sein. Ich möchte den Unterschied machen. Ich möchte Einfluss nehmen, damit die Ungerechtigkeiten, von denen ich hier jeden Tag erzählt bekomme, endlich aufhören. Aber wie?

Ich muss an Jesus denken. Wie er am Kreuz hängt. Abgelehnt, angespuckt, misshandelt, blutig. Ein Anblick, der kaum zu ertragen ist. »Das soll unser Gott sein?«

Wer zu seinen Schwächen steht, wird freier.

Diese brutale, ausweglose Schwachheit des Mannes am Kreuz stellt unsere Maßstäbe auf den Kopf.

Es ist ein Geheimnis: Ebendiese schier unerträgliche Schwachheit Gottes, der dort am Kreuz verblutet, öffnet mir Wege, mich meiner eigenen Schwachheit zu stellen. Wenn unser Erlöser so schwach sein kann, wenn sein Tod die Kraft hat, uns zu erretten – warum ertrage ich dann meine eigene Schwachheit nicht? Ich will stark sein. Als Christ müsste ich es besser wissen. Das Kreuz ist eine Einladung an alle »Schwachen«. Und es ist eine Einladung an alle vermeintlich Starken, sich ihre Schwäche einzugestehen.

Was für ein Kampf. Wie schwer ist es, Schwächen auszuhalten. Und zuzugeben. Dabei gilt uneingeschränkt: Wer zu seinen Schwächen steht, wird freier. Wer seine Schwächen eingesteht, der gewinnt mit seiner Offenheit das Vertrauen anderer Menschen. Das habe ich oft erlebt.

Anfang 2016 beispielsweise war ich in der Stadt Priština im Kosovo zu einem Netzwerktreffen von hochrangigen Politikern und führenden christlichen und muslimischen Geistlichen aus vielen verschiedenen Ländern. Dort wurde ich gebeten, eine Andacht zu halten. Das tat ich, sehr ehrlich und offen. Ich begann mit der Frage: Als wer spreche ich zu euch? Dann zählte ich auf: Politiker, Christ, Heilsarmeeoffizier, Ehemann, Vater und Großvater. Ich zeichnete in kurzen Strichen mein Leben nach: das Elternhaus im Altenheim, meinen beruflichen und geistlichen Werdegang. Den Weg in die Politik.

Schließlich kam ich auf Ehrlichkeit zu sprechen. Und auf meine eigenen Baustellen: Eine Krise in meiner Ehe während der Zeit als Heilsarmeeoffizier. Der andauernde Kampf mit den finanziellen Sorgen. Die immer wieder auftauchende Frage, was die anderen wohl von mir denken. Die Gefahr, nach langen Arbeitstagen an einsamen Abenden in die Pornofalle im Internet zu tappen …

Man hätte das Husten einer Mücke hören können, so still wurde es. Ich sprach über die Bibel, die voll ist von ehrlichen Berichten über die Schwächen und Sünden der Menschen. Da werden keine Superhelden porträtiert, sondern Menschen wie du und ich.

Ich sprach darüber, wie nötig es ist, demütig zu sein und uns nichts vorzumachen. Und darüber, dass gerade in dieser Ehrlichkeit die Kraft liegt, unsere Kämpfe zu gewinnen. So wie Jesus am Kreuz mit seiner Schwachheit den Tod überwunden und unsere Sünden getragen hat. Integrität gewinnt ein Mensch, wenn er sich seiner Stärken und seiner Schwächen bewusst ist und sie offen eingesteht. Dieser Mensch kann sich seinen Kämpfen stellen und seine Schwächen überwinden. Er wird frei.

Etwas mulmig war mir schon, angesichts dieser Offenheit, damit macht man sich ja auch verletzlich. Doch was geschah im Anschluss an meine Andacht? Niemand rümpfte die Nase, keiner sah auf mich herab. Im Gegenteil: Mehrere Teilnehmer bedankten sich anschließend für meine Offenheit. Das seien sie nicht gewohnt. Aber es habe ihnen gutgetan und ihnen Mut gemacht. Ein tiefes seelsorgliches Gespräch schloss sich an. Ein Mann sprach sich aus und wurde frei, weil ich den Mut gehabt hatte, von meinen Schwächen zu sprechen.

Unsere Unvollkommenheit anzuerkennen, ist der Anfang von Freiheit und Gnade. (Richard Rohr)

Der amerikanische Franziskanerpater und Buchautor Richard Rohr hat einige sehr kluge Gedanken zum Thema Unvollkommenheit aufgeschrieben. Zum Ende dieses Kapitels möchte ich ihn zu Wort kommen lassen:

> Das einzig Vollkommene, über das wir Menschen verfügen, ist die Fähigkeit, unsere eigene Unvollkommenheit zu integrieren und zu vergeben. Aber unser Ego will das nicht glau-

ben. Das Ego will sich der Zerbrochenheit und Armut, die uns eigen ist, nicht unterwerfen. Doch die Wahrheit ist: Unsere Unvollkommenheit anzuerkennen, ist der Anfang von Freiheit und Gnade. Es liegt eine große Freiheit darin, nicht länger vorzutäuschen, etwas zu sein, das wir nicht sind.[5]

6. Begleiter auf dem Weg zur Freiheit: Mentoring und Coaching

Auf meinem Weg zur Freiheit möchte ich gerne jedes Instrument nutzen, das mir hilft, mich weiterzuentwickeln. In diesem Kapitel stelle ich einige davon vor.

Sehr hilfreich für mich war vor einigen Jahren ein Persönlichkeitstest, den eine bekannte Unternehmensberatungsfirma entwickelt hatte. Sie boten an, ihn bei ausgewählten Heilsarmeeoffizieren durchzuführen. Ich hatte das Glück, zu dieser Gruppe zu gehören. Mit einer gewissen Skepsis machte ich mich zunächst an die Beantwortung der Fragen. Ein Telefoninterview folgte und schließlich erhielt ich eine detaillierte Auswertung. Und siehe da: Sie traf wie die Faust aufs Auge. Ich war begeistert über diese Einschätzung – abgesehen von der etwas demütigenden Frage, was ich eigentlich für ein Typ bin, wenn man mich so leicht durchschauen kann.

Nicht, dass ich allzu viel Neues über mich erfahren hätte. Aber die Auswertung enthielt konkrete Anregungen, wie ich meine Stärken weiterentwickeln und an meinen Schwächen arbeiten konnte. Das war sehr hilfreich, weil diese Einschätzung nicht – wie ich es schon bei anderen Menschen erlebt hatte – als Entschuldigung gedacht war, sondern eben als Zeichen, wo es noch etwas zu arbeiten gibt. Nicht: »Ich bin halt Phlegmatiker, da kann man nichts machen«, sondern: »Ich bin ein Phlegmatiker, und so kann ich daraus etwas machen.« Frei ist nicht der, der mit den Schultern zuckt und sich in sein Schicksal (oder seinen Charakter) ergibt, sondern der, der sich auf der Basis seiner Herkunft, seiner Biografie und seiner Persönlichkeit weiterentwickelt.

Ein anderes Instrument ist das Feedback. Es gibt ein bekanntes Sprichwort aus Afrika: »Das Wort, das dir hilft, kannst du dir nicht selber sagen.« Ich selbst kenne immer nur meine eigene Sicht, die Binnenperspektive. Ich weiß, was ich meine, wenn ich etwas sage, aber nur die anderen können mir rückmelden, ob das bei ihnen auch so angekommen ist.

Frei ist nicht der, der mit den Schultern zuckt und sich in sein Schicksal (oder seinen Charakter) ergibt, sondern der, der sich auf der Basis seiner Herkunft, seiner Biografie und seiner Persönlichkeit weiterentwickelt.

Als Ehemann und Vater bekommt man eine Menge »natürliches« Feedback. Gerade die eigenen Kinder sind ein guter Spiegel für das Verhalten der Eltern. In ihnen erkennen wir uns wieder. Und meistens sind die Kinder schonungslos ehrlich. Das ist nicht eben angenehm, aber es hilft. Denn bevor ich über meine Schwächen hinauswachsen kann, muss ich sie kennen.

Meine Familie

Meine Tochter schrieb mir vor einiger Zeit einen sehr mutigen Brief. Obwohl sie zornig war, hatte sie ihre Worte sorgfältig gewählt. Dieser Brief ging unter die Haut und genau darum tat er gut.

Das erste Mal in der letzten Zeit war ich richtig zornig auf dich, als wir bei euch zu Besuch waren und einen Spieleabend gemacht haben. Wenn ich ganz ehrlich bin, war mir das sogar peinlich. Du warst desinteressiert und gleichgültig. Du hast auf mich gewirkt, als wäre dir alles andere wichtiger als deine Familie. Ich meine, klar warst du von deiner Arbeit vielleicht erschöpft und hattest keine Lust. Aber wenn das der Fall war, kann man doch darüber reden und das absprechen.

Ich bin in letzter Zeit so oft wütend auf dich. Aber ich will nicht wütend auf meinen Vater sein! Doch ich bekomme langsam einfach das Gefühl, dass alles, was du sagst und tust, sich einzig und allein um dich dreht. Du wirkst auf mich, als wärst du dir selbst sehr wichtig geworden. Ich bin davon überzeugt, dass du das nicht willst und dass du auch kein Egoist bist. Aber wenn ich zu Hause bin, redest du darüber, wie viele Termine du hast und was du alles gemacht hast und wie viel du noch machen wirst. Und wenn ich etwas erzähle, hörst du zwar zu, aber meistens machst du währenddessen etwas anderes. Ich will damit nicht sagen, dass ich es nicht gut finde, was du alles machst. Du hilfst Leuten in aller Welt, ein besseres Leben zu haben. Du hilfst Menschen, du rettest sie. Aber was ist mit den Menschen in deinem eigenen Haus?

Ich weiß nicht, ob ich mir zu viel herausnehme. Aber diese Fragen brennen mir schon so lange auf der Seele. Ich schreibe das, weil ich meine Eltern liebe. Weil ich DICH so sehr liebe.

Kann es ein ehrlicheres und hilfreicheres Feedback geben? Ich danke meinem Gott, dass ich Kinder habe, die den Mut haben, mir meine Schwächen vorzuhalten und den Finger auf den wunden Punkt zu legen.

Nicht immer können Menschen ihre Gefühle so klar und trotzdem »gewaltfrei« kommunizieren. Du-Botschaften werden – besonders bei jüngeren Kindern und Jugendlichen – wohl häufiger sein als diese gezielten Ich-Botschaften. Aber auch dann heißt es, nicht verletzt zu reagieren, den eigenen Stolz hinunterzuschlucken und trotzdem genau hinzuhören. Unsere Kinder haben uns viel zu sagen.

Neben der Familie war es mir wichtig, eine verbindliche Gruppe von Menschen aus einem ähnlichen Berufsfeld zu haben. Eine Gruppe, die sich austauscht und bei bestimmten Themen gegenseitig Rechenschaft abgibt. Kollegen, mit denen ich konkrete Absprachen treffen und diese auch nach einer Zeit überprüfen kann. Menschen, die mir meine Stärken spiegeln und meine Widersprüche aufzeigen. Eine solche Gruppe lebt von Vertrauen und gegenseitiger Offenheit. Wenn man sich öffnen will, dann muss man sich in der Gemeinschaft sicher fühlen.

In Chemnitz fand ich eine solche Gruppe im Leiterkreis des Missionsrings, einem Zusammenschluss von verschiedenen Gemeinden und christlichen Werken. Wir haben uns als Team gegenseitig gecoacht und gelegentlich auch durch einen externen Coach beraten lassen. Einmal im Jahr fuhren wir für ein paar Tage zu einer Einkehrzeit.

In einem Jahr ging es um die Fragen: »Was ist deine größte Angst?« und »Worin siehst du deine größte Herausforderung?« Zur Methode der Gruppenarbeit gehörte neben der Aufgabe, eine eigene Antwort zu formulieren, auch das Feedback. Es ging darum, die Beobachtungen der anderen aufzunehmen. Das war spannend.

Mir wurde in diesen Tagen eine Angst bewusst, die ich bisher erfolgreich verdrängt hatte: die Angst vor Erfolg. Mehrere aus unserer Gruppe hatten kleine Erlebnisse geschildert, die sie mit mir gemacht hatten. Immer wieder, wenn jemand mich gelobt hatte, war ich schnell dabei gewesen, das abzuwiegeln und von mir zu weisen. Als mir verschiedene Situationen geschildert wurden, begann es langsam zu dämmern: Das war die alte Prägung aus meiner Kindheit. Wie lautete das Credo? Man hatte sich immer schön für klein zu halten und demütig »vor dem Herrn« zu bleiben. Ohne das Feedback der anderen wäre mir das kaum bewusst geworden.

Zu unserem Coaching-Prozess gehörte, dass wir nicht beim Aufdecken von lähmenden Verhaltensmustern stehen blieben. Wir versuchten, gleich aktiv damit zu beginnen, ein neues Verhalten einzuüben. So auch in meinem Fall. Die Gruppe forderte mich auf: »Mach mal ein Bekenntnis, in dem du diese positiven Sätze über dich selbst sagst: »Ich bin nicht so klein, wie ich mich mache« und »Ich werde gebraucht, so wie ich bin.« Es war erstaunlich, wie schwer mir das viel. Aber es tat gut. Es half mir, frei zu werden von den Lügen, die ich über mich selbst verinnerlicht hatte. Ein empfehlenswertes Buch zu genau diesem Thema ist Chris Thurmans Bestseller »Lügen, die wir glauben – Wie Sie Lebenslügen entlarven und befreit leben können«.[6]

Um einen weiteren Schritt in die Freiheit zu tun, suchte ich mir einen persönlichen Mentor. Das war ein Wagnis. Denn ich suchte mir sehr bewusst einen Mentor aus, von dem ich wusste, dass er mich nicht bauchpinseln würde. Er ist ein sehr komplementärer Typ zu mir, das glatte Gegenteil. Ich bin von meiner Art her ein bisschen Everybody's Darling, ich umschiffe es gerne, wenn unangenehme Dinge angesprochen werden müssen. Mein Mentor dagegen ist sehr direkt. Er macht klare Ansagen. Ich wusste: Wenn ich mich auf diesen Weg einlasse, würde ich Sachen gesagt bekommen, die ich hören will, obwohl ich sie eigentlich nicht hören will, die mir guttun, aber nicht sonderlich bequem sein würden. Doch ich ließ mich darauf ein.

Wir trafen uns in regelmäßigen Abständen von etwa vier bis sechs Wochen zu einem zweistündigen Gespräch. Immer bekam ich zum nächsten Mal eine Aufgabe mit. Die Themen reichten von meinem Gottesbild über meine Familie und meine Arbeit bis hin zu meinen Finanzen und meinen Träumen. Wir setzten uns Ziele – und ich staunte, wie viele davon ich tatsächlich auch erreichen konnte, wenn ich bereit war, konkrete Schritte zur Umsetzung zu gehen.

Um nur ein Beispiel zu nennen: Meine Frau und ich träumten davon, einmal ein kleines Haus an einem ruhigen Ort zu besitzen, als Rückzugsort. Doch wie sollte das möglich sein? Wir waren Heilsarmeeoffiziere, da ist das Gehalt ohnehin nicht gerade üppig – und unsere kleine, junge Gemeinde in Chemnitz konnte selbst dieses Gehalt oft nicht aufbringen. Wir waren froh, dass wir gerade eben über die Runden kamen als Familie. Wir haben vier Kinder, und meine Frau war gesundheitlich angeschlagen – wo sollte da das Geld für ein Haus herkommen?

Mein Mentor gab sich mit diesen Überlegungen nicht zufrieden. Wir begannen, gemeinsam für das Häuschen zu beten. Und wir machten konkrete Pläne. Regina nahm Kontakt mit Maklern auf und siehe da, es gab tatsächlich Häuser in abgelegenen Orten, die nicht allzu teuer waren, die allerdings viel Eigenleistung erforderten. Mehr wollten wir aber auch gar nicht. Wir fassten ein günstiges Haus ins Auge, aber selbst dieser niedrige Preis war für uns noch eine horrende Summe. Doch mein Mentor ließ nicht locker. Also begannen wir, jeden Monat ein klein wenig Geld zurückzulegen, und informierten uns über Kreditangebote. Es war ein langer Weg, doch schließlich kauften wir das Haus. Ein überraschendes Erbe, ein Geschenk von einem Freund und ein bezahlbarer Kredit machten es möglich. Doch den Grundstein hatten wir schon vorher gelegt, indem wir allem, was dagegensprach, nicht mehr den ersten Platz einräumten, sondern an das Ziel glaubten, dafür beteten und nach einem passenden Haus suchten.

Neben diesen Erfahrungen in der Gruppe oder bei der Umsetzung von konkreten Zielen mit meinem Mentor waren es häufig einzelne Sätze oder Beispiele, die mir im Gedächtnis geblieben sind. So hat sich etwa folgender Satz sinngemäß in meinem Kopf eingeprägt: »Wenn du 20 Prozent deiner Arbeit so tun kannst, dass sie dich erfüllt, dann lässt sich daraus genügend Motivation schöpfen, um auch die anderen 80 Prozent zu schaffen.«

Auch dieser kleine Text aus dem Talmud begleitet mich schon seit einigen Jahren:

Achte auf Deine Gedanken, denn sie werden Worte.
Achte auf Deine Worte, denn sie werden Handlungen.
Achte auf Deine Handlungen, denn sie werden Gewohnheiten.
Achte auf Deine Gewohnheiten, denn sie werden Dein Charakter.
Achte auf Deinen Charakter, denn er wird Dein Schicksal.

Ein anderes Instrument, das ich regelmäßig benutze, sind gezielte Fragen zur Reflexion. Ich ziehe mich dann für eine bestimmte Zeit zurück und beantworte sie sehr gründlich. Das Ergebnis halte ich schriftlich fest, damit ich es später überprüfen kann.

Es sind einfache Fragen, die aber sehr in die Tiefe gehen.

- *Was habe ich? Was bin ich? Was bringe ich mit ein?*
- *Was ist eher hinderlich? Welche Schwächen stehen mir im Weg?*
- *Was will ich erreichen?*
- *Welche Schritte sind dafür nötig?*

Tests, Feedback, Coaching, Mentoring, Fremd- und Selbstreflexion, all das hat mir sehr geholfen, mich besser kennenzulernen, meine Stärken weiterzuentwickeln und an meinen Schwächen zu arbeiten. Ich kann diese Methoden nur wärmstens empfehlen.

Doch nicht die Methoden an sich helfen einem Menschen, sich in seiner Persönlichkeit zu entwickeln. Vor allen Dingen (und das ist wörtlich gemeint) sind es andere Menschen, die uns voranbringen. Es sind Menschen, die mir wichtige Begleiter auf dem Weg in die Freiheit geworden sind. Und es war ihre Art, mir zu begegnen, die etwas in mir bewegt hat: der Mut und die Liebe meiner Tochter. Das Vertrauen der Leiter des Missionsrings. Die pragmatische Ader meines Coaches.

Immer wieder sind es andere Menschen, die ein Mensch braucht.

7. Die Freiheit, der zu werden, der ich bin

»Wer bin ich – und wenn ja, wie viele?« Der populäre Philosophieplauderer Richard David Precht wählte diesen bekannten Graffiti-Spruch als Titel für eines seiner Bücher.[7] Sehr passend, wenn man sich mit zentralen Lebensfragen auseinandersetzt. »Wer bin ich – und wenn ja, wie viele?« ist originell, witzig und tiefgründig zugleich. Denn der Spruch bringt eine Wahrheit auf den Punkt.

Wer bin ich? Was macht mich aus? Was ist der Kern meiner Persönlichkeit? Und wer bin ich in welchem Zusammenhang? Wie viele Rollen in meinem Leben nehme ich ein? Niemand ist immer derselbe. Das »Setting«, das Umfeld, in dem wir uns bewegen, prägt uns. Es teilt uns Rollen zu, und wir füllen diese Rollen aus. Für meine Frau bin ich Frank, ihr Ehemann in guten und schlechten Tagen. Für meine Kinder bin ich Papa, ihr Vater. Für meine Freunde bin ich »Happy« (dazu gleich mehr). In Berlin bin ich ein MdB, Mitglied des Bundestags. Für viele Christen bin ich ein Bruder, für manche immer noch der Pastor. Menschenrechtsorganisationen sehen in mir einen Verbündeten bei ihren Anliegen. Für die Opposition bin ich einer der Gegner im Parlament.

So ließe sich das lange fortführen und viele andere Settings, Rollen und Zuschreibungen könnte ich liefern. In jeder dieser verschiedenen Rollen ist etwas anderes von mir gefordert. Ich kleide mich anders, ich spreche anders, bewege mich anders – und dabei bin ich doch immer der gleiche Mensch, der sich nicht etwa verstellt, sondern der Teil eines sozialen Umfelds ist.

Wir Menschen leben in diesen verschiedenen Rollen mit ihren jeweiligen Anforderungen, Besonderheiten und Erwartungen. Das macht unser Menschsein aus. Anthropologen und Soziologen haben dafür lateinische Fachbegriffe geprägt. Sie sprechen unter anderem vom »Homo faber«, dem schaffenden Menschen, vom »Homo ludens«, dem spielenden Menschen, vom »Homo politicus«, dem politischen Menschen oder vom »Homo socius«, dem Menschen als Gefährten. Jede dieser Bezeichnungen klassifiziert den Menschen mit einer bestimmten Eigenschaft und beschreibt ihn in einer bestimmten Rolle. Mein »Ich«, mein Wesenskern, meine mir ureigene Persönlichkeit, ist die Summe all dieser Rollen – und es ist noch ein bisschen mehr.

Rollen innezuhaben ist also normal, es ist gesund, es macht uns zu dem Menschen, der wir sind. Nichts daran ist zunächst fragwürdig oder problematisch. Doch eine Rolle kann durchaus zu einem Problem werden und zu gravierender Unfreiheit führen. Dann nämlich, wenn man diese Rollen nicht von sich aus wählt oder nicht mit einer gewissen Freiheit ausübt. Werden Menschen durch äußeren Druck in eine Rolle gezwungen, kann das auf Dauer krank machen. Wer immer nur mitmacht, weil er sich nicht wehren kann, der wird Schaden nehmen. Wer schweigt, weil er versucht, es allen recht zu machen, der steht in der Gefahr, sich selbst dabei zu verlieren.

Wer seine Machtstellung ausnutzt, um Menschen zu unterdrücken oder auszubeuten, verstößt gegen deren elementare Rechte. Religiöser Zwang ist dabei besonders perfide. Er spielt mit einem zusätzlichen Druckmittel: dem Gewissen des Menschen. Wem dauerhaft eingeredet wird, dass er den Ansprüchen Gottes nicht genügt, der kann nicht frei sein. Ein Mensch, den die latente Angst begleitet, dass er seine Ewigkeit in der Hölle verbringen wird, ist getrieben, aber nicht frei.

Ich hatte lange Zeit damit zu kämpfen, die Persönlichkeit, die mich ausmacht, das Leben, das in mir pulsierte, zu akzeptieren. Es ist schwer, sich anzunehmen als der, der man ist, wenn man nicht dem Rollenbild entspricht, das andere von einem haben und das man unbewusst mit eingeatmet hat.

Nehmen wir nur die Schulzeit. Der fröhliche, umtriebige Junge, der »Klassenkasper«, der ich oft war, passte nicht zu meiner geistlichen Prägung. So durfte ein Christ nicht sein – jedenfalls empfand ich das so. Der Spagat zwischen Anspruch und Wirklichkeit drohte manchmal, mich zu zerreißen. Da verkrümmte sich etwas in mir, aber ich hatte eine lähmende Angst, es mir selbst oder anderen einzugestehen.

Ich habe Menschen getroffen, die darunter psychisch zerbrochen sind. Junge Männer, die sich mit der aufbrechenden Pubertät plötzlich in einen Jungen verliebt haben, Gefühle, die nicht in ihr Bibelverständnis und in die Ethik der Gemeinde passten. Junge Frauen, die eine Berufung zum Predigtdienst oder Priesteramt gespürt haben, aber in einer Kirche zu Hause waren, die keine Frauen ordinierte. Christen, die einen »Ungläubigen« heiraten wollten und auf große Widerstände stießen. All das sind Gefühle, Fragen, Erlebnisse, die den Kern einer Existenz betreffen.

Zurück zu meinem eigenen Leben. Ein großer Schritt auf meinem persönlichen Weg in die Freiheit war mein Spitzname »Happy Heinrich«. Der passt einfach zu mir. Ein äußerer Stempel, der mit meinem Inneren übereinstimmt. Solche Stempel schaden nicht. Meine Frohnatur hat mir mein Vater vererbt. Ich lache fast so laut, wie ich niese. Und mit meinem Niesen könnte ich schon ab und zu einen Alarm auslösen. Ich liebe spontane Freudenschreie und ich schmettere gerne einfach mal ein Lied. Ich bin Happy Heinrich und ich bin froh, dass ich gelernt habe, Ja dazu zu sagen.

Zu »Happy Heinrich« wurde ich während meiner Ausbildung zum Heilsarmeeoffizier an der European School for Officers Training (ESFOT) in Basel. Die Kadetten, wie die Offiziersanwärter heißen, kamen aus verschiedenen Ländern, aus der Schweiz, Frankreich, Belgien, Österreich und Deutschland. Der Unterricht fand zweisprachig statt: auf Deutsch und Französisch. Die Ausbildung hatte einen starken Praxisbezug. Wir gestalteten zum Beispiel Veranstaltungen und Gottesdienste im Umland von Basel.

Predigt in der Sommeruniform der Heilsarmee

Die Heilsarmeeuniform war unsere »Dienstkleidung« bei solchen Anlässen. Meine Uniform gab den Anlass für meinen Spitznamen. Die deutschen Uniformen unterscheiden sich in einem Detail von denen anderer Länder: International trägt man den Buchstaben S auf beiden Seiten am Revers der Uniform, eine Abkürzung für das englische »Salvation Army«. Da in Deutschland die Abkürzung »SS« eine negative, von den Nazis besetzte Bedeutung hat, sind an der deutschen Uniform stattdessen zwei »H« angebracht. Nach einem Gottesdienst, den ich launig locker und mit etwas Witz moderiert hatte, sprach mich am Ausgang jemand darauf an: »Jetzt weiß ich, warum du zwei H an der Jacke hast: Happy Heinrich.« Es gab ein großes Gelächter unter meinen Kollegen, den anderen Offiziersschülern, die in der Nähe standen. Sie trugen es dann weiter und bald war ich bei vielen nur noch »Happy Heinrich«. Ich habe mich wohl damit gefühlt, es hat geholfen, die künstliche Strenge in mir zu lockern. Später, als Leiter der Heilsarmee-Jesus-Freaks-Gemeinde in Chemnitz, wurde ich fast nur »Happy« gerufen. Meiner Autorität hat das nie geschadet.

Um noch mal auf die verschiedenen Rollen zurückzukommen: Der Happy war ich bei meinen Freunden, zu Hause blieb ich Frank – und man nahm mich auch anders wahr. Während meines Studiums der Sozialen Arbeit ließ ich mir die Haare lang wachsen und legte mir einen Spitzbart zu. Wenn ich dazu meine Jacke mit den langen Fransen trug, fühlte ich mich frei. Manchmal sind es ja äußere Dinge, mit denen man seinen inneren Zustand abbildet.

Später, als ich mich entschied Heilsarmeeoffizier zu werden, hätte mein Aussehen ein Problem werden können – lange Haare waren für männliche Offiziere nicht erwünscht. Über den Sinn und Zweck dieser latenten Anordnung will ich hier nicht diskutieren. Es ist schon nachvollziehbar, dass eine Einrichtung, die im schmutzigen Milieu der Ostlondoner Slums entstanden ist, Wert auf eine gepflegte Erscheinung ihrer Repräsentanten legt – was nicht heißen soll, dass lange Haare bei Männern generell ungepflegt aussehen.

Dass meine Frisur trotzdem kein Problem wurde, lag an Menschen, die bereit waren, über Äußerlichkeiten hinwegzusehen. Einer davon, mein Vorgesetzter, brach eine Lanze für mich. Reinhold »Poldi« Walz war der Leiter der Heilsarmee Freiburg. Dort absolvierte ich ein Praktikum während meines Studiums und übernahm danach die Leitung eines Jugendcafés. Über dem Tresen im Café hing ein Schild: »Man muss nicht verrückt sein, um hier zu arbeiten – aber es hilft ungemein.« Getreu diesem Motto durfte ich handeln. Ich bekam die Freiheit, vieles auszuprobieren. Die Arbeit ging mir leicht von der Hand: Dinge gelangen mir, die Menschen mochten mich, mein Selbstvertrauen stieg. Als meine Frau Regina und ich uns entschieden, Offiziere zu werden und hauptamtlich in der Heilsarmee zu arbeiten, stand Poldi voll hinter uns. Mein Äußeres war nie ein Problem.

Poldi blieb viele Jahre ein wichtiger Weggefährte. Regina und ich wurden am Ende unserer Ausbildung nach Chemnitz »bestallt« (wie es im Jargon der Heilsarmee heißt). Dort leiteten wir das Korps, eine kleine Gemeinde und ein Familiencafé. Das Ehepaar Walz, Poldi und seine Frau Ruth, hatte mittlerweile auch eine neue Funktion inne: Als »Divisionsoffiziere«, Leiter der Heilsarmee in den östlichen Bundesländern, wurden sie unsere direkten Vorgesetzten.

Die Heilsarmee – übrigens eine ausgesprochen friedliche Organisation trotz ihrer martialischen Terminologie – ist nach militärischen Strukturen aufgebaut und streng hierarchisch gegliedert. Dieses System gibt einem Chef viel Macht. Diese Macht lässt sich unterschiedlich nutzen: Man kann Druck ausüben oder Freiräume schaffen.

Poldi schuf uns Freiräume. Er ist ein befreiender Freigeist. Gleich nach unserer Ankunft in Chemnitz gab er mir mit auf den Weg: »Frank, du darfst wissen: Ich halte dir den Rücken frei, du darfst gerne neue Formate und Strukturen ausprobieren.« Mit einem Schmunzeln ergänzte er: »Und wenn es klappt, habe ich ja auch etwas davon.«

Und so probierten wir vieles aus: Einen Gottesdienst im Zirkuszelt, die Gründung des Vereins »Jumizu – Jugend mit Zukunft« oder »McTurtle«, ein Projekt, das durch den New Yorker Pastor Bill Wilson inspiriert wurde. Wie in den USA fuhr auch bei uns ein Team mit einem uralten Bühnenwagen, der wie eine Schildkröte aussah, in ein Neubauviertel und führte ein quicklebendiges Kinderprogramm auf – mit einer solchen Resonanz, dass daraus eine Gemeinde entstand.[8]

Das größte Wagnis war sicher unsere Fusion mit den Jesus Freaks. Äußerlich schienen uns Welten von diesen »schrägen Vögeln« zu trennen. Fahne, Uniform, Regeln und Verordnungen, Hierarchie auf der einen Seite, Tattoos, Hardcore-Mucke, Autonomie auf der anderen Seite. Doch was uns verband, war größer: ein brennendes Herz für Jesus und eine Leidenschaft für die Menschen am Rande der Gesellschaft. Bis heute bin ich überzeugt: Die Heilsarmee und die Jesus Freaks besitzen die gleichen Gene.

Ein blühendes, vielfältiges Gemeindeleben entstand – weil da jemand war, der mir die Freiheit gab, meine Verrücktheiten auszuleben, jemand, der mir erlaubte und mich darin unterstützte, so zu sein, wie ich bin. Dafür war es notwendig, meine Grenzen auszuprobieren und manchmal auch zu übertreten. Natürlich machte ich auch Fehler, stieß Leute vor den Kopf, agierte unüberlegt. Aber ich konnte Freiheit gewinnen, und damit Sicherheit.

Was mich besonders beeindruckte: Poldi Walz hatte noch eine Stärke. Er hielt mir nicht nur den Rücken frei, sondern er gab mir auch die Freiheit, ihn zu kritisieren. Das war ich von einem Leiter nicht gewohnt. So vermied ich beim ersten Mal, als ich etwas anzumerken hatte, das direkte Gespräch und schrieb ihm lieber einen Brief. Den warf ich nachts in seinen Briefkasten. Poldis Reaktion: Er nahm meine Kritik an und gab mir in der Sache recht, bat mich aber, solche Briefe künftig vorher anzukündigen. Er hatte den Brief schon vor dem Frühstück gelesen und das war ihm auf den Magen geschlagen. Erst mittags erreichte er mich dann endlich am Telefon, um mit mir darüber zu reden.

Poldis Vorbild half mir dreifach: Ich gewann den Mut und die Freiheit, kritische Gedanken zu äußern, ich lernte, wie man Kritik hilfreich vorbringt, und ich sah an einem lebenden Beispiel, wie man Kritik annimmt.

Als junger Pastor war es außerdem sehr befreiend, in einem regelmäßigen Austausch mit Kollegen aus anderen Gemeinden zu stehen, wie es im Missionsring geschah. Ihr Feedback half mir ebenfalls, mich als der zu entdecken und anzunehmen, der ich bin.

Manchmal überraschen uns die wohlmeinenden Rückmeldungen der anderen, weil sie etwas aussprechen, das wir uns gar nicht recht zugestehen wollen.

Am 18.06.2008 finden sich in meinem Tagebuch einige Stichworte von unseren jährlichen Einkehrtagen in der Lebensgemeinschaft Brunnen im sächsischen Niederalbertsdorf. Ich notierte ungeordnet, was in loser Runde über mich zusammengetragen wurde:

- *Humor, Sonnyboy (»bunter Hund« – positiv)*
- *Auflockerer*

- *Hast eine positive Weite, deine Grenzen sind weit gesteckt*
- *Bodenhaftung in dieser Welt*
- *»Der weite Horizont«*
- *Fühler in verschiedene Richtungen*
- *Forscher, Abenteurer, »weltoffen«, vielseitig interessiert*
- *Kontaktperson in verschiedene christliche und politische Lager*
- *Pionier, Beziehungsbauer, Integrierer*
- *Diakonisch*
- *Herz besonders für: Ausländer, Leiter, neue Gemeinden, Jugend, »Originale« (in Armut und Verzweiflung, Schwache, Penner, Politiker, Mentees ...)*
- *»Du hast nicht vergessen, dass wir alle zwischen Pinkel und Kacke zur Welt kommen«*

Da sind Sätze dabei, die mir heute noch die Tränen in die Augen treiben. Wer hätte bei meiner Ausgangssituation gedacht, dass mal jemand die »weiten Grenzen« und den »weiten Horizont« an mir wahrnehmen und als meine besondere Stärke beschreiben würde?

2010, wenige Monate nach meiner Wahl in den Bundestag, traf ich beim National Prayer Breakfast in Washington einen erfahrenen Senator, der mir sagte: »It's not so much what you say, but what people see in you. « (»Es kommt nicht so sehr darauf an, was Sie sagen, sondern darauf, was die Leute in Ihnen sehen.«) Ein weises Wort. Wenn unser Leben nicht mit unseren Worten in Einklang steht, können wir predigen, soviel wir wollen, es bleibt hohl und wirkungslos. Damit es aber wirklich zu einer Stimmigkeit kommen kann, muss ich lernen, mich als der anzunehmen, der ich bin. Dabei besteht immer die Gefahr, dass ich auf eine meiner vielen Seiten und Rollen festgelegt werde. Auf das, was die anderen in mir sehen oder sehen wollen. Und natürlich kann es auch passieren, dass ich mich selbst darauf reduziere.

Der »Happy« – klar, das bin ich. Aber auch bei mir ist nicht alle Tage »happy hour«. Die Innen- und die Außenwahrnehmung unterscheiden sich oft. Manchmal können die Widersprüche zwischen den Rollen und die zwischen innen und außen einen fast zerreißen. Auch dazu muss ich Ja sagen, wenn ich frei sein will.

Dietrich Bonhoeffer hat für diesen Zustand eindrückliche Worte gefunden. Der Pastor der Bekennenden Kirche war wegen seiner Beteiligung am Widerstand gegen Hitler, der in das misslungene Attentat vom 20. Juli 1944 mündete, von den Nazis verhaftet worden. Am 9. April 1945 wurde er im Konzentrationslager Flossenbürg hingerichtet.

In Gefangenschaft verfasste Bonhoeffer einige Texte, darunter auch das folgende Gedicht.

Wer bin ich?

Wer bin ich? Sie sagen mir oft,
ich träte aus meiner Zelle
gelassen und heiter und feste
wie ein Gutsherr aus seinem Schloss.

Wer bin ich? Sie sagen mir oft,
ich spräche mit meinen Bewachern
frei und freundlich und klar,
als hätte ich zu gebieten.

Wer bin ich? Sie sagen mir auch,
ich trüge die Tage des Unglücks
gleichmütig, lächelnd und stolz,
wie einer, der Siegen gewohnt ist.

Bin ich das wirklich, was andere von mir sagen?
Oder bin ich nur das, was ich selbst von mir weiß?
Unruhig, sehnsüchtig, krank, wie ein Vogel im Käfig,
ringend nach Lebensatem, als würgte mir einer die Kehle,
hungernd nach Farben, nach Blumen, nach Vogelstimmen,
dürstend nach guten Worten, nach menschlicher Nähe,

zitternd vor Zorn über Willkür und kleinlichste Kränkung,
umgetrieben vom Warten auf große Dinge.
Ohnmächtig bangend um Freunde in endloser Ferne,
müde und leer zum Beten, zum Denken, zum Schaffen,
matt und bereit, von allem Abschied zu nehmen.

Wer bin ich? Der oder jener?
Bin ich denn heute dieser und morgen ein andrer?
Bin ich beides zugleich? Vor Menschen ein Heuchler
und vor mir selbst ein verächtlicher Schwächling?
Oder gleicht, was in mir noch ist, dem geschlagenen Heer,
das in Unordnung weicht vor schon gewonnenem Sieg?

Wer bin ich? Einsames Fragen treibt mit mir Spott.
Wer ich auch bin, Du kennst mich, Dein bin ich, o Gott.[9]

Mit der Zerrissenheit, die in diesem Gedicht zum Ausdruck kommt, müssen wir leben. Der Mensch zu werden, der ich bin, heißt eben auch, zu den Widersprüchlichkeiten meines Lebens ein Ja zu finden.

Das schließt ein, dass wir nicht allen Ansprüchen genügen können. Wir müssen Prioritäten setzen. Tun wir das nicht aktiv, geschieht es unbewusst. Manchmal ist die eine Aufgabe so groß, dass wir die andere vernachlässigen. Manchmal liebe ich »den Fernsten« und vergessen den – buchstäblich – Nächsten. Manchmal verändern wir uns in eine Richtung, die wir selbst nicht wahrnehmen und eigentlich auch nicht wollen.

Der Mensch zu werden, der ich bin, heißt auch, zu den Widersprüchlichkeiten meines Lebens ein Ja zu finden.

Wir brauchen Menschen, die uns den Spiegel vorhalten, damit wir die blinden Flecken wahrnehmen können. Der Brief meiner Tochter, den ich in Kapitel 6 zitiert habe, gehört dazu. Um zu werden, wer ich bin, brauche ich Menschen, die ehrlich zu mir sind.

8. Worauf du dich verlassen kannst: Freundschaften

Die Zeit auf der Offiziersschule in Basel war sehr prägend für mich. Hier bekam ich nicht nur meinen Spitznamen »Happy Heinrich«, hier fand ich auch zum ersten Mal in meinem Leben einen »besten Freund«.

Die Schule war gleichzeitig ein Internat. Wir Kadetten lebten im Haus der Heilsarmee in der Habsburgerstraße. Die Lebensgemeinschaft mit gemeinsamen Mahlzeiten und Andachten war Teil der Ausbildung. Geteiltes Leben schult den Charakter. Viele der Offiziersanwärter waren ledig, sie bewohnten einzelne Zimmer, Regina und ich kamen schon als junge Familie und bezogen ein Appartement.

Björn und Angelika Marti waren in der gleichen Lebenssituation wie wir. Da ergaben sich die Gesprächsthemen wie von selbst, und es bot sich an, miteinander auf die Kinder aufzupassen oder bei einem Video die Uniformhemden zu bügeln. Schnell wurde mehr daraus, eine tiefe Freundschaft. Björn und ich verabredeten eine »Zweierschaft«. Das ist eine geistliche Übung, in der zwei Menschen sich auf verbindliche Treffen festlegen, um sich auszutauschen und zu beten. In einer Zweierschaft gibt man sich ehrlich Rechenschaft über sein Leben, man bekennt einander seine Sünden und spricht sich gegenseitig die Vergebung Gottes zu, denn in 1. Johannes 1,9 heißt es: »Wenn wir aber unsre Sünden bekennen, so ist er treu und gerecht, dass er uns die Sünden vergibt und reinigt uns von aller Ungerechtigkeit.«

Anders als beim Coaching oder Mentoring ist nicht einer der Coach, sondern man begegnet sich in einer Zweierschaft auf Augenhöhe als »Gleicher unter Gleichen«. Bekannt geworden ist das Prinzip der Zweierschaft im protestantischen Raum durch Eberhard Bethge und Dietrich Bonhoeffer, ohne dass dieser Begriff dabei gebraucht worden wäre. Bonhoeffer wirkte im Predigerseminar in Finkenwalde als Ausbilder für die Bekennende Kirche. Er hatte durch seine ökumenischen Kontakte die Kraft der Beichte entdeckt und führte eine entsprechende Praxis in Finkenwalde ein. Bonhoeffer bat den deutlich jüngeren Bethge, einen der Studenten, sein Beichtvater zu werden. Daraus entstand eine verbindliche Gemeinschaft, die sich später in einem intensiven Briefwechsel fortsetzte.

Eine Zweierschaft ist wirklich kraftvoll, eine Art »geistliche Psychohygiene«. Ich kann nur empfehlen, das einmal auszuprobieren. Durch die Verbindlichkeit und gegenseitige Offenheit entsteht Freiheit. Neben der ähnlichen Lebenssituation und der intensiven geistlichen Gemeinschaft hatten Björn und ich auch unheimlich viel Spaß miteinander. Wir lachten ganze Nächte durch bei Gesellschaftsspielen oder spannenden Filmen. Das brauchten wir einfach nach dem vielen Lernstoff.

Durch die Verbindlichkeit und gegenseitige Offenheit entsteht Freiheit.

Legendär ist eine Andacht, die wir beide gemeinsam halten sollten. Es gelang uns, in der Nacht heimlich einen Kleinwagen ins Haus zu bugsieren und damit den Speisesaal der Offiziersschule zu gestalten. Zum ersten Mal habe ich mich damals »ganz« gefühlt. Ich hatte eine Familie gegründet, Regina und ich hatten eine gemeinsame Berufung bekommen, nun hatte ich auch noch einen Freund gefunden, dem ich meine Seele öffnen oder mit dem ich Pferde stehlen konnte. Heute sehen wir uns leider nur noch selten. Ich lebe in Chemnitz und Berlin, Björn in der Schweiz. Aber wenn wir uns sehen, spinnen wir den Faden unserer Freundschaft da weiter, wo wir ihn losgelassen haben.

Tiefe Freundschaften sind ein Glücksfall. Die kann man sich nicht schnitzen, die bekommt man geschenkt. Und gerade darum sind sie ein unglaublicher Reichtum. Freundschaften geben Sicherheit. Und Sicherheit ermöglicht Freiheit. Es tut gut, Menschen zu haben, bei denen ich sicher sein kann, dass sie mich nicht in die Pfanne hauen, wenn ich einen Fehler mache. Freunde sind ehrlich, ein guter Freund packt dich nicht in Watte, er sagt dir auch, was ihm an dir nicht passt. Aber er lässt dich nicht fallen.

Beim Kickern in der Chemnitzer Innenstadt mit dem damaligen Verteidigungsminister Dr. Thomas de Maizière

Das haben die Jesus Freaks aus meiner Chemnitzer Gemeinde großartig ausgedrückt. Nach mehr als zehn gemeinsamen Jahren gab mir einer von ihnen zum Abschied auf den Weg in den Bundestag mit: »Wir werden dir sagen, was wir denken. Und wenn es nötig ist, werden wir mit Tomaten auf dich werfen, weil uns nicht passt, was du da anstellst. Aber du kannst sicher sein, wir stehen zu dir. Hinterher machen wir die Flecken auch wieder weg.« Das ist Freundschaft.

Sind Freundschaften im Bundestag möglich?

In der Politik gibt es als geflügeltes Wort – mit einem Augenzwinkern – einen bösen Satz mit der Steigerung: »Freund, Feind, Parteifreund.« Politiker, so suggeriert das, sind immer Konkurrenten. Sie belauern sich, warten auf die eigene Chance. Freundschaften sind da nicht drin. Parteifreunde sind schlimmer als die ärgsten Feinde. Manch einer hält die Politik für ein »Haifischbecken«.

Stimmt das? Ich würde lügen, wenn ich behauptete, es sei ganz falsch. Aber einfach so stehen lassen kann ich es auch nicht. Ich glaube, das negative Bild von Politikern wird überzeichnet. Konkurrenz gibt es nicht nur im Parlamentsbetrieb. Sind nicht auch Angestellte einer Firma Konkurrenten um die nächste Beförderung? Sind nicht Sportler Konkurrenten um den freien Platz im Team? Sind nicht Studenten Konkurrenten um die begrenzte Zahl der Studienplätze? Sind nicht sogar manche Pastoren Konkurrenten im Kampf um die abnehmende Zahl der Schäfchen?

Reden wir also von den Politikern nicht schlechter als von allen anderen Berufsgruppen auch. Tiefe Freundschaften mit den Kollegen im Bundestag scheitern eher daran, dass es einfach zu wenig Zeit gibt. Die Sitzungswochen sind vollgepackt mit Terminen. Oft beginnen die Tage am Morgen um 7 Uhr und sie enden selten vor Mitternacht. Und selbst dann sind noch nicht alle E-Mails beantwortet – trotz Multitasking während der Sitzungen.

Da bleibt wenig Zeit übrig, um tiefe Freundschaften aufzubauen. Immerhin kann ich sagen, dass ich einigen Abgeordneten freundschaftlich verbunden bin. Und dass ich in Berlin sehr viele wunderbare, charakterlich integre Menschen kennengelernt habe.

Dankbar bin ich, dass es im Bundestag auch Möglichkeiten gibt, sich geistlich zu begegnen. Ich persönlich schätze das wöchentliche Gebetsfrühstück sehr. Wann immer es möglich ist, nehme ich daran teil. Wir treffen uns, lesen die Losung, tauschen uns darüber aus, teilen unsere Anliegen und sprechen ein Gebet. Das verbindet – auch über Fraktionsgrenzen hinweg. Die frühere Bundestagspräsidentin Rita Süssmuth soll einmal gesagt haben, man spüre manchmal an der Art der Beiträge einer freitäglichen Debatte, wer vorher miteinander beim Gebetsfrühstück gewesen sei.

Ich bin dankbar, dass einige Freundschaften aus meiner Zeit vor dem Bundestag geblieben sind. Diese Freunde kennen mich noch als Frank oder als Happy, nicht nur als den »Herrn Abgeordneten«.

Manchmal ruft einer dieser Freunde spontan an oder schickt mir eine E-Mail. Wenn sie zur richtigen Zeit die richtigen Worte treffen, dann tut das einfach gut, wie in der folgenden E-Mail, die ein Freund mir am 16. Oktober 2011 schrieb. Zu dieser Zeit hagelte es gerade vernichtende Kritik von einigen konservativen Christen, die mit einer meiner Entscheidungen nicht einverstanden waren.

Hallo mein Freund,

es tut mir leid und ärgert mich kolossal, dass dir diese »Frommen« im Nacken sitzen und sich derart unfair äußern.

Ich freue mich sehr, dass du im Bundestag bist … und ich danke dir von Herzen, dass du lebst, was du glaubst. Gott stärke dich jeden neuen Tag.

Du bist ein Geschenk Gottes und ich freue mich, dass Menschen wie du unser Land mitregieren.

Denke an Josua 1,9! Niemand ist perfekt, aber du bist Gottes Kind und Botschafter und du machst einen großartigen Job da, ungeachtet dessen, dass du vielleicht noch mehr erreichen wolltest oder Besseres. Ich bin froh, dass Gott dich gebraucht als sein Werkzeug. DANKE!!

Ich wünsche dir, dass du aus aller Kritik die Substanz heraussaugen kannst und die »fiese Hülle« drum rum fallen lassen kannst.

Verliere darüber nicht deine unverwechselbare Gelassenheit und Fröhlichkeit, Happy!

Nochmals und ehrlich: Danke. Du bist ein Guter!

In Seinem Frieden, in Seiner Kraft

Dein Freund

Diese E-Mail war bewegend, ermutigend, wertschätzend. Aber eben auch nicht einfach lobhudelnd. In dem Satz »Ich wünsche dir, dass du aus aller Kritik die Substanz heraussaugen kannst und die ›fiese Hülle‹ drum rum fallen lassen kannst« steckt auch eine Aufforderung: Nimm Kritik in der Sache ernst und werde dem Menschen gegenüber nicht bitter.

Das macht wahre Freundschaft aus: Sie sagt mir, was ich noch besser machen kann. Und genau diese ehrliche Rückmeldung setzt in mir die Kräfte frei, die ich brauche, um als Persönlichkeit zu wachsen.

Wer keine Kritik mehr annimmt, steht in einer Gefahr, die mein Kollege, der Sozialexperte Karl Schiewerling, mir gegenüber einmal so ausgedrückt hat: »Wir sind alle gefährdet, unsern morgendlichen Gang vor den Spiegel für eine Audienz zu halten.«

9. Freiheit zur Verantwortung: Der Leiter in mir

»Chef?«, fragt mich mal wieder eine(r) aus dem Team im Berliner Büro – und grinst. Meine Mitarbeiter wissen, wie sie mich ärgern können. Ich mag es einfach nicht, wenn man mich so anspricht. Chef sein war nie mein Ding. Und schon gar nicht, wenn der Chef raushängen lässt, dass er der Chef ist. Trotzdem war es für mich eine große Befreiung, ein Ja dazu zu finden, Leiter zu werden und Verantwortung zu tragen. Man kann sich aus Faulheit davor drücken, Chef zu werden, oder aus falscher Bescheidenheit.

Für den Bundestag zu kandidieren, war sicherlich die größte Jacke, die ich mir – im positiven Sinne – in meinem bisherigen Leben angezogen habe. Nur 630 Abgeordnete vertreten unsere Republik im Parlament. Für 201 249 Wahlberechtigte aus Chemnitz bin ich der einzige direkt gewählte Repräsentant in Berlin und damit ihr unmittelbarer Ansprechpartner für die Bundespolitik. Das war schon ein richtig großer Schritt, vergleichbar in etwa mit einem Wechsel aus der Bezirksliga in die Bundesliga. In dieses mindestens zwei Nummern zu große Sakko musste ich erst mal reinwachsen. Aber Verantwortung kann man lernen. Chef kann man werden.

Meine ersten Erfahrungen als Leiter machte ich im Teenageralter bei der in Kapitel 3 erwähnten Reise nach Rumänien, bei der ich meinen Vater vertrat. Es war spannend, unter diesen Umständen in einem Land hinter dem Eisernen Vorhang Verantwortung zu tragen. Gleichzeitig war es aber auch leicht. Ich war Teil eines Teams von erfahrenen Mitarbeitern, meine Aufgabe war überschaubar und zeitlich begrenzt. Auf jeden Fall tat es mir gut, dass mein Vater mir etwas zutraute.

Auch in meinem Alltag begann ich, Verantwortung zu übernehmen. Damals war die Zeit der Teestuben, viele Gemeinden engagierten sich in solchen Projekten. In Baden-Baden hatten Christen ebenfalls eine sozial-missionarische Teestube eröffnet. Ich begann, dort mitzuarbeiten. Wir erreichten viele Menschen, die verarmt und einsam waren. Sie konnten etwas trinken, eine Kleinigkeit essen, und vor allen Dingen nahmen wir uns Zeit für Gespräche.

Kurz vor Weihnachten stieß ich auf einen Zeitungsbericht, der mich ziemlich aufwühlte. Dort stand, dass es an keinem Tag im Jahr eine höhere Selbstmordrate gibt als an Heiligabend. Viele einsame Menschen sind an diesem Tag mit ihren Gefühlen so überfordert, dass sie sich das Leben nehmen. Wie kann das sein, an dem Tag, an dem wir die Geburt des Retters feiern?

Dann hörte ich das Lied »Frohes Fest« von meiner Lieblingsband Arno & Andreas.

Frohes Fest

Wir saßen in der Kirche und sangen »Stille Nacht«
und im Stadtpark hat sich jemand umgebracht.
Man entdeckte ihn zu spät,
denn Heiligabend sind ja alle zu Hause.

Schöne Kerzen, warmes Licht, es war Weihnachtszeit.
»Macht hoch die Tür, die Tor macht weit« –
doch für Selbstmordkandidaten
war sie ausgerechnet heute geschlossen.

Frohes Fest, frohes Fest!
Welch ein wirkungsloser Rest.
Gott wird ein Mensch, weil er uns liebt,

und seit es diese Nachricht gibt,
gibt es Hoffnung.

Wir spenden immer viel für die Hungernden der Welt,
doch er hungerte nach Liebe, einem Freund, der zu ihm hält.
Heiligabend gab er auf und »leise rieselt« jetzt
»der Schnee« auf seine Leiche.

(…)

Frohes Fest, frohes Fest!
Welch ein wirkungsloser Rest.
Gott wird ein Mensch, weil er uns liebt,
und seit es diese Nachricht gibt,
gibt es Hoffnung.[10]

Nun stand für mich fest: Die Teestube muss Heiligabend öffnen. Die anderen im Team hatten ähnliche Gedanken, aber an Heiligabend waren die meisten schon verplant. Also ging es nach dem Sprichwort: Wer bestellt, der bezahlt. Wir, die wir die Idee gehabt hatten, bekamen die Verantwortung für diesen Abend übertragen.

Meine Eltern waren einverstanden. Wir fanden Mitarbeiter und alles gelang. Es wurde ein guter Abend. Unsere Besucher waren dankbar, dass wir uns Zeit für sie nahmen. Für mich war es auch persönlich eine gute Erfahrung: Zum ersten Mal erlebte ich, dass ich eine Idee hatte, mit anderen die Verantwortung für die Umsetzung übernahm und dass es auch klappte. Eigentlich hatte ich es mir selbst gar nicht zugetraut.

Lediglich die fromme Schwester aus dem Haus Rehoboth verunsicherte mich, als sie mich anfuhr, was mir einfiele, meine Eltern an Heiligabend alleine zu lassen. Aber auch das musste ich lernen: Wer Verantwortung übernimmt, kann es niemals allen recht machen. Ihre Kritik war in diesem Fall nicht gerechtfertigt, denn meine Eltern standen ja hinter der Aktion. Auch das will gelernt sein: falsche Kritik nicht (zu sehr) zu Herzen zu nehmen und gleichzeitig offen zu bleiben für berechtigte Kritik.

So wuchs ich langsam in immer größere Aufgaben und Verantwortungsbereiche hinein. Mit der Leitung der Insel, so hieß das Familiencafé der Heilsarmee in Freiburg, hatte ich zum ersten Mal ein Team zu führen. Später übernahm ich dann mit meiner Frau die Verantwortung für die wachsende Gemeinde und Sozialarbeit in Chemnitz.

Dort der Chef zu sein, fiel mir nicht leicht. Ich erlebte einerseits, dass – wie beim Sport – meine »Muskeln« als Leiter wuchsen, wenn ich mir etwas zutraute. Aber ich kam auch immer wieder an meine Grenzen.

Ich erinnere mich an eine Sitzung der Evangelischen Allianz in Chemnitz. Es wurde ziemlich hitzig diskutiert. Eine Einigung schien nicht in Sicht. Mir war das zu heftig. Einer Persönlichkeit wie der meinen fällt es sehr schwer, Konflikte auszuhalten. Schon erwischte ich mich dabei, wie ich auf die Toilette gehen wollte, nur um da herauszukommen – da fiel mir wieder ein: »Ich ja bin der Allianzvorsitzende, ich leite diese Sitzung.« Heute ist das zum Schmunzeln, damals brach mir der Schweiß aus.

Deswegen entschied ich mich, aktiv etwas dafür zu tun, ein besserer, ein möglichst guter Leiter zu werden. Um beim Bild vom Sport zu bleiben: Ich entschied mich zu trainieren. Ein Freund empfahl mir das Buch »Die 21 wichtigsten Führungsprinzipien« des Führungskräfte-Trainers und Bestsellerautors John Maxwell.[11] Was ich darin entdeckte, sprach mich sehr an, weil Maxwell es versteht, lebenskluge Dinge zu beobachten und diese dann trotzdem in einfachen Worten auszudrücken. Das bekannte Sprichwort: »Sometimes you win, sometimes you lose« verwendete Maxwell zum Beispiel als Titel eines anderen Buches: »Sometimes you win, sometimes you learn«.[12]

Nachdem ich das Buch »Die 21 wichtigsten Führungsprinzipien« gelesen hatte, meldete ich mich zu einem Fernkurs bei John Maxwell an. Das war intensiv und richtig gut. Ich lernte viel – vor allem, weil ein Teil der Aufgabe darin bestand, einen Kurs für andere Leiter anzubieten und sie bei der Umsetzung zu begleiten. Das war eine Herausforderung! Wenn man immer nur einen kleinen Schritt weiter ist als die anderen, darf man die Zügel nicht schleifen lassen und muss seine eigenen Aufgaben zügig erledigen. Für den Phlegmatiker in mir genau das Richtige. Ich kann, wenn ich muss!

Viele Prozesse wurden in mir angestoßen. Einer davon ist die Auseinandersetzung mit dem Wort »Privileg«. Im Amerikanischen wird es häufig benutzt: »It's a privilege.« Maxwell sprach davon, dass es ein Privileg sei, Pastor zu sein. Das stimmt. Man ist freigestellt aus dem normalen Alltag. Menschen vertrauen einem, man hat Zeit, um sie zu begleiten und zu prägen. Aber damit es wirklich ein Privileg werden kann, für mich und andere, muss ich es auch wahrnehmen. Das Privileg, Schuhe zu haben, besteht darin, in ihnen zu laufen, nicht sie zu besitzen. Das hat sich bei mir eingeprägt.

Ein echter Leiter befähigt seine Mitarbeiter dazu, gute Arbeit zu leisten.

Auch heute in meiner Rolle als MdB ist dieser Aspekt von entscheidender Bedeutung. Es ist ein Privileg, Mitglied des Deutschen Bundestags zu sein, es ist ein Privileg, der Regierungspartei anzugehören. Die Frage ist nur, was ich damit mache. Ob ich gestalte, präge, Inhalte bewege, Anliegen mit voranbringe. Und ob ich meine Mitarbeiter dazu befähige, gute Arbeit zu leisten. Ein guter Chef, ein echter Leiter, tut das, ob er nun so genannt werden möchte oder nicht.

10. Von anderen lernen: Vorbilder

Menschenfurcht kann lähmen. Wenn ich mich an anderen orientiere, weil ich von ihrer Rückmeldung oder ihrem Lob abhängig bin, dann blockiert mich das eher, als dass es mich freisetzt. Auch Vorbilder, die zu groß sind und deren Lebensleistung unerreichbar bleiben muss, können die eigene Freiheit beschneiden.

Anderseits sind es gerade Menschen, die mich motivieren. Durch ihr Beispiel kann ich mir ein Bild davon machen, wie ein gelingendes Leben aussieht. Vorbilder inspirieren mich. Biografien zu studieren bringt mich weiter – wenn ich ihnen nicht einfach nacheifere, sondern von anderen Menschen für mein eigenes Leben lerne, ohne zu meinen, es genauso machen zu müssen wie sie. Ich kann mir etwas abschauen: Wie waren ihre Startbedingungen? Was haben sie daraus gemacht? Was haben sie investiert, um ihre Stärken zu entwickeln? Wie haben sie schwierige Lebenssituationen gemeistert? Wie ihre Erfolge verkraftet? Wie haben sie ihren Glauben gelebt? Was hat sie inspiriert?

Unter den Menschen, die mich früh und nachhaltig geprägt haben, sind natürlich meine Eltern. Bei all dem, was in unserem frommen »Gewächshaus« schwierig war, haben sie mir viel Gutes mit auf den Weg gegeben. Ich bin ihnen dankbar für ihre »Weite in der Enge«, für die Freiheit und Weltoffenheit.

Etwas, das mir nachdrücklich in Erinnerung geblieben ist, war die Zeit, die sie uns widmeten. Beide waren voll eingespannt in ihre Arbeit. Auch wir Kinder hatten ein straffes Programm. Da blieben tagsüber oft wenige Möglichkeiten, sich zu begegnen. Doch abends stand immer ihre Schlafzimmertür offen. Wir Kinder konnten kommen und von den Hochs und Tiefs unseres Tages berichten. Meine Eltern teilten Freude und Leid, Stärken und Schwächen mit uns, indem sie einfach zuhörten. Sie haben mir nie den Eindruck vermittelt, dass ich etwas zu befürchten hätte, wenn ich Fehler gemacht hatte.

Mein Vater war ein echter Ermutiger, er verstand es, mir Rückenwind zu geben. In unserer Gemeinde gab es keinen festen Pastor. Eines Tages wurde ich gebeten, eine Predigt zu halten. Meine erste Predigt. Ich war »stolz wie Bolle« und sagte sofort zu. Kurz darauf meldete sich aber doch eine gewisse Unsicherheit. Mein Vater half mir: »Na, dann machen wir das gemeinsam.« Er bot mir Folgendes an: Ich sollte meine Predigt halten, er würde dann ergänzen. Damit war ich auf der sicheren Seite. Würde ich ins Stocken geraten oder irgendeinen Kuddelmuddel produzieren, war da mein Vater, der übernehmen konnte. Das gab mir Sicherheit.

In der Realität lief es dann jedoch ganz anders ab. Ich predigte meinen Part, ganz okay, aber mit dem einen oder anderen Stotterer. Nun war ich gespannt, was mein Vater ergänzen würde. Er stand auf, ging gemessenen Schrittes zur Kanzel und sagte trocken: »Dem habe ich nichts hinzuzufügen, wir singen Lied 220.« Außer mir hatte er niemandem verraten, dass er noch predigen wollte, dadurch hat niemand etwas vermisst. Ich glaube, er hatte es auch gar nicht vor. Er hatte einfach für seinen Sohn ein Sprungtuch aufgespannt. Für mich war das wie ein wertvolles Siegel, ein riesiger Stempel der Wertschätzung und Ermutigung.

So war mein Vater. Ein einfacher Mann, sehr humorvoll, lebenspraktisch, zupackend. Und er hatte einen lebendigen Glauben. Bei meinem Vater konnte ich mir eine Lebenshaltung abschauen, die die eigenen Grenzen kennt, aber Gott wirklich etwas zutraut: »Gott hat mehr drauf als ich!« Vor ein paar Jahren las ich das Buch »Oskar und die Dame in Rosa« von Eric-Emmanuel Schmitt. Dort fand ich den Satz: »Es gibt immer eine Lösung, irgendwo gibt es immer eine Tüte Mehl.«[13] Das hätte mein Vater sagen können.

Da ich schon als Kind fleißig die Bibel las, waren viele meiner frühen Vorbilder biblische Personen. Eine von ihnen war König Joschafat, von dem im zweiten Buch der Chronik berichtet wird. Sicher ist er eher eine Randfigur des Alten Testaments und nur Bibelkennern geläufig, aber Joschafat war dennoch eine sehr beeindruckende Person. Mich hat er inspiriert, gerade auch, weil in seinem Leben nicht alles glattging.

Joschafat war Sohn und Nachfolger von Asas, des Königs von Juda, und lebte von 870 bis 845 vor Christus. Es heißt über ihn: »er wandelte wie vormals sein Vater David« (2. Chronik 17,3). Außerdem »entfernte er wieder die Opferhöhen und die Ascherabilder aus Juda« (2. Chronik 17,6). Gott befestigte das Königtum in seiner Hand, und der Schrecken des Herrn fiel auf die umliegenden Königreiche. Gott gab ihm Frieden, und die Philister und die Araber brachten ihm Geschenke (2. Chronik 17,1-12).

So weit, so gut. Doch dann kommt der Bruch in Joschafats Leben: Er verbündete sich mit Israels König Ahab und dessen Frau Isebel, einer grausamen Frau, die den Götzen Baal anbetete. Joschafat gestattete sogar seinem Sohn, Ahabs Tochter Athalja zu heiraten. Gemeinsam mit Ahab zog Joschafat in den Krieg und verlor dabei fast sein Leben (2. Chronik 18,28-34). Ein Warnschuss. Als Gott daraufhin Jehu, einen Propheten, zu Joschafat schickte, fand dieser offene Ohren für seine deftige Botschaft: »Sollst du so dem Gottlosen helfen und die lieben, die den Herrn hassen? Darum kommt über dich der Zorn vom Herrn« (2. Chronik 19,2). Joschafat erkannte seinen Fehler und tat Buße. Er suchte wieder den Herrn. Die folgenden Kämpfe brachte er siegreich zu Ende (2. Chronik 19 und 20).

Was hat mich so beeindruckt an Joschafat? Die Bereitschaft, nachdem er einmal falsch abgebogen war, wieder neu auf Gott zu hören, statt starrsinnig an seinem falschen Weg festzuhalten. So ein Mensch wollte ich auch sein.

Auch die Geschichte von Josef, dem Sohn Jakobs, beeindruckte mich. Mit ihrem Bilderreichtum und ihrem interessanten Handlungsablauf hat sie Einzug in jede Kinderbibel gefunden: Josefs buchstäblich schillernde Persönlichkeit und die bunten Kleider, mit denen sein Vater ihn ausstaffierte; die eifersüchtigen Brüder, die ihn in die Sklaverei verkauften; das ständige Auf und Ab seines Lebens mit der hohen Stellung im Haus des Potifar, mit den Jahren, die er im Gefängnis verbringen musste; und schließlich das Happy End als Verwalter am Hof des Pharaos; seine Träume von Sternen, die sich verbeugen; sein Verständnis, die Träume anderer zu deuten; das eindrückliche Bild von den mageren Kühen, die die fetten Kühe fressen. Die Geschichte ist zu bekannt, als dass ich sie hier noch einmal vollständig nacherzählen müsste.

Was faszinierte mich an Josef? Seine Unbestechlichkeit, seine Treue und vor allem seine unerschütterliche Fähigkeit, aus jeder Situation das Beste zu machen. Ohne eigenes Verschulden landete er in der Sklaverei und im Gefängnis. Doch Josef blieb nicht am Boden liegen, immer wieder rappelte er sich auf und übernahm dort Verantwortung, wo er war. Und so konnte er am Ende seines Lebens zu seinen Brüdern, die ihm so übel mitgespielt hatten, sagen: »Was mich betrifft, hat Gott alles Böse, das ihr geplant habt, zum Guten gewendet. Auf diese Weise wollte er das Leben vieler Menschen retten« (1. Mose 50,20-21; NLB). Die spannendste Spur, der ich in Josefs Leben folgte, war für mich die Frage: Wie ist es ihm gelungen, angesichts all des Unrechts, das ihm widerfahren ist, nicht bitter zu werden? Wenn ich mir dagegen meine eigenen Gedanken ansah …

Jahre später nahm ich diese Fährte wieder auf, als ich mich näher mit dem Leben von Nelson Mandela beschäftigte. Natürlich hatte ich viel von Mandela gehört und einiges über ihn gelesen, ja, ich hätte ihn sogar in der Reihe meiner »Helden« mit aufgezählt: neben Joschafat und Josef, neben Mahatma Gandhi und Martin Luther King.

So richtig berührt und für Mandelas Biografie entflammt hat mich – wie so oft – aber erst ein Kinofilm: »Invictus – Unbezwungen«, der 2009 unter der Regie von Clint Eastwood gedreht wurde, mit Morgan Freeman als Nelson Mandela und Matt Damon als Captain des südafrikanischen Rugbyteams in den Hauptrollen.

Der Film spielt 1995, kurz nachdem Nelson Mandela zum Präsidenten Südafrikas gewählt worden ist. Nun sucht er Symbole, sichtbare Zeichen, die er setzen kann, um zu zeigen, dass sich die Rassentrennung nicht nur formal, sondern auch in den Herzen der Menschen überwinden lässt. Eine Gelegenheit bietet ihm die Rugby-WM, die im selben Jahr in Südafrika stattfindet. Rugby war während der Apartheid eine Domäne der Weißen. Dass sich der erste schwarze Präsident für dieses Team starkmacht, ist ein gewagtes Unterfangen. Bemerkenswert an Invictus sind für mich vor allem die Dialoge, die Gespräche zwischen dem Präsidenten und dem weißen Kapitän der Mannschaft, Francois Pienaar. Ein ganz starker Film!

Da war sie wieder, die Frage: Was hat Nelson Mandela dazu gebracht, diese Kraft zur Versöhnung aufzubringen? Die Kraft, in der Zelle von Robben Island 18 Jahre lang gedemütigt und geschlagen zu werden und dabei nicht zu verbittern, sondern sich von einem militanten Gegner des Regimes in einen Versöhner zu verwandeln? Es musste doch etwas geben, das ich von ihm lernen und auf mein eigenes Leben anwenden konnte!

Nicht lange danach bekam ich eine E-Mail von einer Frau, die mir gelegentlich Ermutigungen für meine Arbeit zuschickt. Sie zitierte darin ein Gedicht, das mich sehr bewegt hat:

> Unsere tiefgreifendste Angst ist nicht,
> dass wir ungenügend sind.
> Unsere tiefgreifendste Angst ist,
> über das Messbare hinaus kraftvoll zu sein.
> Es ist unser Licht, nicht unsere Dunkelheit,
> das uns am meisten Angst macht.
> Wir fragen uns, wer bin ich, mich brillant, großartig,
> talentiert, phantastisch zu nennen?
> Aber wer bist Du, Dich nicht so zu nennen?

Du bist ein Kind Gottes.
Dich selbst klein zu halten, dient nicht der Welt.
Es ist nichts Erleuchtendes daran, sich so klein zu machen,
dass andere um Dich herum sich nicht unsicher fühlen.
Wir sind alle bestimmt zu leuchten, wie es die Kinder tun.
Wir sind geboren worden, um den Glanz Gottes,
der in uns ist, zu manifestieren.
Und wenn wir unser eigenes Licht erscheinen lassen,
geben wir unbewusst anderen Menschen die Erlaubnis,
dasselbe zu tun.
Wenn wir von unserer eigenen Angst befreit sind,
befreit unsere Gegenwart automatisch andere.[14]

Was für Worte! Sie rütteln an mir. Sie sprechen unmittelbar in meine eigenen Gefühle und meine Kämpfe hinein.

Wenn ein Mensch beginnt, sich als Kind Gottes zu begreifen, groß von sich zu denken, kann das eine großartige Kreativität freisetzen.

»The enemy in you« – der eigentliche Feind steckt in mir. Nicht weil ich zu groß, sondern weil ich zu klein von mir denke. Für die Bitterkeit in meinem Herzen sind nicht die anderen Menschen oder die Lebensumstände verantwortlich, sondern ich selbst lähme mich immer wieder, weil ich kleiner von mir denke, als Gott es tut. Manchmal kämpfe ich so sehr mit meinen eigenen Ängsten, dass ich keine Freiheit mehr habe, für andere zu kämpfen.

Wenn ein Mensch beginnt, sich als Kind Gottes zu begreifen, groß von sich zu denken, kann das eine großartige Kreativität freisetzen. Und damit bin ich bei einem weiteren Vorbild: Regina, meiner Frau. Mit wie viel Kreativität sie unser Haus saniert, fasziniert mich immer wieder neu. Dabei macht sie das auch noch in Eigenregie. Dass sie das schafft, ist ein Wunder. Seit Jahren leidet Regina unter starken Schmerzen. Dann rutschte sie noch in ein Burnout, von dem sie sich nur langsam erholte. Davon berichtete sie dem Magazin »pro«. Hier Auszug aus dem Artikel von Norbert Schäfer:

> Das Leben nach dem Burnout
> Das gelb gestrichene Haus mit Fachwerk ist nur über einen holprigen Feldweg erreichbar, etwa sieben Kilometer vom Stadtgebiet Chemnitz entfernt. Nichts lässt darauf schließen, dass hier ein Berufspolitiker mit seiner Familie lebt: Frank Heinrich sitzt seit 2009 im Bundestag. Seine Frau Regina renoviert und baut an ihrem Zuhause. Hand- und Heimwerken ist ihre Welt: »Gott hat Kreativität in den Menschen hineingelegt – es bereitet mir Freude, ich bin gerne kreativ«, sagt sie. Schon als Mädchen hat sie Kleider genäht.
>
> Im Flur liegen Werkzeuge, Schraubenzieher, Pinsel, eine Leiter lehnt an der Wand. Die Diele ist mit einem Fischernetz und Seesternen dekoriert. Die Sicherheitsdame, Hündin Lizzy, begrüßt die Gäste mit wachen Augen und wedelndem Schwanz. Heinrichs haben sie aus dem Tierheim geholt. Mit Sozialfällen kennen sich die ehemaligen Heilsarmee-Offiziere aus. (…)
>
> Nach einer zweijährigen theologischen Ausbildung in Basel führt sie der erste Posten als Offiziere, im Fachjargon der Heilsarmee »Bestallung« genannt, 1997 mit drei Töchtern und einem Sohn nach Chemnitz. Das bedeutete neben der Sozialarbeit vor allem, einen Behindertentreff, einen Kinder- und einen Jugendclub zu leiten. Viel Arbeit, wenig Einkommen. Die Gemeinde wächst unter Heinrichs Einsatz von sieben auf später rund 100 Mitglieder, in Spitzenzeiten kommen 160 Besucher in den Gottesdienst. Weil ihr Mann oft im Büro beschäftigt ist, plant sie Umbauarbeiten und packt selbst mit an. »Mein Mann hat im Büro die Verwaltung und die vielen Antragstellungen erledigt und ich habe mich um das Haus gekümmert.« Neben der Gemeinde und den Sozialeinrichtungen der Heilsarmee kümmert sie sich noch um die Kinder und

den Haushalt. »Total durchorganisiert« sei sie gewesen. Abends und nachts erledigt sie die Hausarbeit, kocht, wäscht, näht, putzt.

Das Geld ist oft knapp. (…)

Die Seelsorge, in der sie damals tätig ist, wird für sie zunehmend zur Belastung. Die Geschichten gehen ihr nachts nach. Als Ehepartner leben Heinrichs in dieser Zeit zunehmend aneinander vorbei. Jeder für sich im Takt des vollen Terminkalenders. Die Ehe habe »nur noch auf dem Papier bestanden«, sagt Heinrich. Dazu kommt, dass die hochsensible Frau mit perfektionistischer Ader die Probleme anderer Menschen förmlich spüren kann. »Ich war ohne Ende überarbeitet«, erinnert sie sich. Sie steuert in einen Burnout: Als sie mit ihrem Mann wegen einer Lappalie streitet, bricht sie 2007 zusammen, kollabiert, erleidet einen Hörsturz. »Ich habe mich übernommen mit vielen Dingen. Ich hatte vergessen zu fühlen, zu weinen, zu lachen. Ich habe nur noch funktioniert«, sagt sie heute. »Ich konnte wochenlang gar nichts. Die ersten sechs Wochen wusste ich nicht, ob ich am Leben bleiben will.« Sie empfindet ihr Leben nicht mehr als lebenswert, aber umbringen, das verspricht sie Gott, wird sie sich nicht. Der Weg aus dem Burnout ist langwierig und gelingt mit Hilfe in einer christlichen Fachklinik. »Ich bin immer noch sehr geschwächt«, sagt Heinrich heute. Deshalb engagiert sie sich zur Zeit nicht in der Gemeinde oder in Sozialprojekten. Auch die Konzentration fällt ihr manchmal noch schwer. (…)

Die Treppe zum Schlafzimmer, die durch einen Speichertrakt im Rohbau führt, hat sie selber gebaut, die Stufen und Setzstufen im Internet erstanden. Das Geländer fehlt noch. (…)

Auf dem Weg durch die Küche ins Wohnzimmer warnt Heinrich: »Vorsicht, das Tischgestell habe ich frisch gestrichen.« Sie setzt sich auf ein schweres Ledersofa. »Die Wand ist oft feucht, deshalb wollen wir sie nicht verputzen«, erklärt sie und deutet auf die Bruchsteine. Die Fugen dazwischen hat sie mit Trass-Kalk verfugt, damit die Feuchtigkeit aus der Mauer kann. »Die Anleitung dazu habe ich aus dem Internet.« Wie vieles andere auch: Fenster einbauen, Rohrleitungen verlegen, Fliesen legen hat sie sich mithilfe von YouTube-Videos angeeignet oder sich vom Nachbarn zeigen lassen. Sie baute die Fenster ein, stemmte den alten Boden raus, malerte, klempnerte, mauerte. »Auch wenn es Arbeit ist, empfinde ich die Renovierung nicht als belastend«, sagt sie. Schließlich könne sie sich dabei nach ihrer jeweiligen körperlichen Verfassung richten. »Bauen ist auch Entspannung für mich. Nicht, wenn ich eine Wand umreiße, sondern beispielsweise mit Fliesen kreativ gestalten kann.«[15]

Es ist schön, so unmittelbar zu erleben, wie ein Mensch in seine Berufung hineinwächst und dadurch so heil wird, dass er sich frei entfalten kann.

11. Zeiten und Orte der Freiheit

You can't give what you don't have.
Nims Obunge

Wer mit dem Auto verreisen will, sollte den Tank füllen, Luftdruck und Ölstand überprüfen und regelmäßig Inspektionen durchführen lassen. Wer für die Menschenrechte und die Freiheit unterwegs ist, sollte ebenfalls nicht vergessen, sein »Fahrzeug« in Schuss zu halten. Freiheit braucht Voraussetzungen. Eine gute und regelmäßige Pflege von Leib, Seele und Geist, eine Abwechslung zwischen Kür und Pflicht, gehören dazu.

Jeder Mensch hat unterschiedliche Bedürfnisse und entsprechend andere, eigene Wege, um aufzutanken. Das musste ich erst lernen. Ich hatte ja bestimmte Regeln mitbekommen, was man geistlich zu tun hatte (Stichwort: Stille Zeit) und was nicht (Stichwort: Kino). Im Laufe der Jahre habe ich Zeiten und Orte der Freiheit entdeckt, die zu mir passen.

Zu meiner Aufgabe als Menschenrechtspolitiker gehören Vor-Ort-Besuche, um mir von den jeweiligen Gegebenheiten ein Bild zu machen. Das bringt einige Strapazen mit sich. Körperliche Anstrengungen wie die Zeitumstellung oder den Klimawechsel. Seelische Herausforderungen wie die Begegnungen mit Menschen in Not, seien es Christen in Nigeria, deren Gotteshäuser niedergebrannt wurden, entstellte Frauen in Bangladesch, die von zurückgewiesenen Männern mit Säure übergossen wurden, oder Flüchtlinge, die wie in Thessaloniki in Fabrikhallen zusammengepfercht leben müssen. Manchmal komme ich nach solchen Begegnungen nächtelang nicht zur Ruhe.

Säureopfer aus enttäuschter Liebe in Dhaka

So paradox es klingen mag: Trotzdem ziehe ich Kraft aus diesen Reisen. Der Mut und die Leidenschaft von Menschen, die sich nicht in ihr Schicksal fügen, sondern die unter schwersten Bedingungen (über)leben und für ihre Freiheit und die Zukunft ihrer Familien kämpfen, beeindruckt mich. Solche Begegnungen setzen in mir immer wieder eine neue Motivation frei, diese unbekannten »Helden« in ihrem Kampf zu unterstützen.

Menschen geben mir eigentlich immer viel Energie. Der Rahmen kann sehr unterschiedlich sein: das persönliche und offene Gespräch unter vier Augen im vertrauten Ambiente, eine Diskussion zu kontroversen Themen in größerer Runde und vor Publikum oder ein geselliger Spieleabend mit Freunden, bei dem wir aus dem Lachen nicht herauskommen.

Ich liebe das. Menschen lassen mich aufblühen. Da kann ich noch so müde sein, längst schon keinen Satz mehr lesen können beziehungsweise den gleichen Satz zum fünften Mal gelesen und immer noch nicht verstanden haben – wenn ich Menschen treffe, bin ich wieder wach.

Übrigens ist es eine spannende Aufgabe, hier mit meiner Frau ein gemeinsames Maß zu finden. Auch Regina liebt Menschen, aber nach intensiven Begegnungen ist sie körperlich viel schneller erschöpft als ich.

In meiner Zeit als Heilsarmeeoffizier gehörten der »Teamdream« an einem Abend im Monat und unsere Teamtage zu meinen Höhepunkten. Regelmäßig nahmen wir uns als Älteste der Gemeinde und Mitarbeiter der Sozialarbeit einen ganzen Tag Zeit. Wir »träumten« miteinander die Visionen für unsere Arbeit. Alles war erlaubt, ohne Zensur und Schranken im Kopf. Hinterher legten wir konkrete Ziele fest. Ein kreativer, bunter, offener Austausch, aus dem viele unserer Projekte in Chemnitz entstanden sind. Auch persönlich habe ich davon profitiert, als Leiter Teil eines Teams zu sein. Wenn man es zulässt, werden die Gaben der anderen zu einer Ergänzung, indem sie die eigenen Stärken unterstützen oder Schwächen abfangen.

Ein anderes Highlight waren für mich die ROOTS-Konferenzen der Heilsarmee in England. Inspirierende Tage »out of the box«. Wir packten ein paar Autos voll mit Chemnitzern und fuhren gemeinsam über den Kanal. Schon die Reise an sich war immer ein tolles Gemeinschaftserlebnis.

ROOTS ist eine Bewegung »von unten«, sie wird von der Basis organisiert. In den vergangenen Jahren ist ROOTS ein internationales Austauschforum von Mitgliedern und Freunden der Heilsarmee geworden. Tausende haben daran teilgenommen. Vorträge, Predigten, Workshops und Seminare bieten eine breite inhaltliche Palette. In der Form ist ROOTS ein unkonventioneller Heilsarmee-Kongress, wenig traditionell. Uniformen sieht man eher selten, die Kleidung ist »casual«. Moderne Bands treten auf. Im Inhalt wird dagegen bewusst an die Tradition und die Geschichte der Heilsarmee angeknüpft, dabei aber nach ihrem heutigen Auftrag gefragt. Daher auch das Motto: »Back to the ROOTS – zurück zu den Wurzeln«. ROOTS will Christen zu einer radikalen und zeitgemäßen Nachfolge herausfordern und damit zu den Wurzeln der Heilsarmee und denen der ersten Christen zurückzufinden.

Bei einer der ROOTS-Konferenzen hielt Nims Obunge eine Bibelarbeit. Er ist Pastor der Freedom's Ark Church in Tottenham und Vorsitzender der »Peace Alliance«, einer christlichen Initiative, die die jährliche »Woche des Friedens« in London aus der Taufe gehoben hat und seither verantwortet. Obunge ist eine absolut inspirierende Persönlichkeit. Aus seiner Bibelarbeit stammt das Eingangszitat dieses Kapitels. »Du kannst nicht geben, was du nicht hast.« Beeindruckend, dass gerade ein Mensch wie Obunge das sagt. Er steht einer lebendigen Gemeinde vor und ist in vielen anderen Projekten engagiert. Obunge gibt vielen Menschen viel. Umso ernster will ich es nehmen, wenn er betont, dass jeder Mensch, der etwas geben will, auch Zeiten braucht, in denen er etwas empfängt. Oder um es mit Worten auszudrücken, die Martin Luther zugeschrieben werden: »Ich habe heute viel zu tun, darum muss ich heute viel beten.«

Eine alte geistliche Übung ist für mich eine gute Möglichkeit zum Auftanken geworden. Seit einigen Jahren praktiziere ich sie regelmäßig: Ich faste. Manche Menschen haben feste Fastenzeiten im Jahr, einige fasten unter Anleitung in einer Gruppe. Bei mir ist das anders. Ich faste spontan. Immer wieder, wenn mich ein Thema umtreibt oder wenn ich bei einer wichtigen Entscheidung unsicher bin, manchmal auch, wenn es ein Anliegen »durchzukämpfen« oder für mich zu klären gibt, faste ich. Manchmal sind es nur wenige Tage, manchmal einige Wochen. Selten habe ich die Zeit, dabei ganz aus dem Alltag auszusteigen. Daher flechte ich das Fasten in den Alltag ein. Ich stelle meine Ernährung von Essen auf Tee und Säfte um, die »gesparten« Mahlzeiten widme ich dem Gebet.

Grundlage für das Fasten ist mir ein Text aus dem Alten Testament geworden, in dem es um falsches und echtes Fasten geht.

> Fasten, wie ich es liebe, sieht doch vielmehr so aus: Lasst die zu Unrecht Gefangenen frei und gebt die los, die ihr unterjocht habt. Lasst die Unterdrückten frei. Zerbrecht jedes Joch. Ich möchte, dass ihr euer Essen mit den Hungrigen teilt und heimatlose Menschen gastfreundlich aufnehmt. Wenn ihr einen Nackten seht, dann kleidet ihn ein. Verleugnet euer eigenes Fleisch und Blut nicht. Wenn du so handelst, wird dein Licht aufleuchten wie die Morgenröte. Deine Heilung wird schnelle Fortschritte machen. Deine Gerechtigkeit geht dir dann voraus und die Herrlichkeit des Herrn folgt dir nach. Dann wirst du rufen und der Herr wird antworten. Du wirst um Hilfe schreien und er wird antworten: ›Hier bin ich.‹ Entferne die Unterdrückung aus deiner Mitte. Lass die höhnischen Fingerzeichen und das trügerische Reden! Öffne dem Hungrigen dein Herz und hilf dem, der in Not ist. Dann wird dein Licht in der Dunkelheit aufleuchten und das, was dein Leben dunkel macht, wird hell wie der Mittag sein. Dann wird dich der Herr beständig leiten und dir selbst in Dürrezeiten innere Zufriedenheit bewahren. Er wird deinen Körper erfrischen, sodass du einem soeben bewässerten Garten gleichst und bist wie eine nie versiegende Quelle (Jesaja 58, 6-11; NLB).

Wenn ich faste, dann mit dem klaren Ziel, Gott zu suchen. Ich möchte ansprechbar sein für die feinen Töne des Heiligen Geistes, der mit leiser Stimme in meinem Inneren flüstert. Ich möchte Gott hören und ihm erlauben, dass er mein Herz, meinen Fokus, meine Kraft immer wieder auf das lenkt, was ihm wichtig ist. Ich möchte freigesetzt werden, um für Menschen zu kämpfen, die gefangen sind, denen Ungerechtigkeit geschieht.

Beim Fasten geht es nicht um mich, sondern um Gott und um

die Menschen, die Gott am Herzen liegen. Fasten ist keine »gute Tat«, mit der ich mir ein besonderes Ansehen bei Gott verschaffen könnte oder mit der ich bei anderen als besonders geistlicher Mensch wahrgenommen werden möchte. Das Fasten hilft mir dabei, mich persönlich neu auf Gott zu besinnen und auf Taten, die er inspirieren kann. Wenn ich das tue, was Gott am Herzen liegt, nämlich den Notleidenden helfe, dann hat das allerdings auch auf mein eigenes Leben Auswirkungen.

Der alte Text von Jesaja enthält eine große Verheißung: »Dann wird dich der Herr beständig leiten und dir selbst in Dürrezeiten innere Zufriedenheit bewahren. Er wird deinen Körper erfrischen, sodass du einem soeben bewässerten Garten gleichst und bist wie eine nie versiegende Quelle« (Vers 11; NLB).

Fasten tut, ganz nebenbei, auch körperlich gut. Ich kann es nur empfehlen. Es schärft die Sinne. Es entschlackt den Körper. Um nicht missverstanden zu werden: Fasten ist mitunter auch ein ziemlicher Kampf. Körperlich und geistlich. Auch hier ein Beispiel aus meinem Tagebuch.

Sonntag 21. Februar 2010:

Ich sitze auf meinem Sofa – eine Woche Fasten liegt hinter mir – und ich fühle mich so unfähig wie selten. Schwach, sündig, neben der Spur, nicht schlau genug, überfordert – und gleich soll ich über die Liebe Gottes predigen (Thema: »Lieben mit Hand und Fuß«).

Und dann lese ich die Losung: »In allem erweisen wir uns als Diener Gottes: (…) als die Armen, aber die doch viele reich machen; als die nichts haben und doch alles haben (2. Korinther 6,4.10).«

Danke, Gott.

Zeiten, die mir viel bedeuten, sind Urlaube. Früher war ich mit der ganzen Familie unterwegs, heute meistens mit meiner Frau und unserer Hündin Lizzy. Ich liebe es, die Natur zu genießen. Einen ganz besonderen Platz in meinem Herzen hat die Bretagne. Wilde, von der Brandung zerklüftete Küsten, weiter Himmel, sternenklare Nächte, bodenständige, herzliche Menschen. Traumhaft.

Oft begegnet mir Gott in der Natur. Auch dazu ein Blick in mein Tagebuch:

Vor mir liegt der Atlantik (Rade de Brest, Fort Bertheaume), ruhig wie selten, und die Sonne samt einer kleinen kühlen Brise vervollkommnen diesen Nachmittag.

Nicht, dass ich am Ende meiner Kräfte wäre, aber immer wieder berührst du, Gott, mich so tief, dass ich anfange zu weinen. Womit hab ich das verdient?

Am nächsten Tag:

In deiner Nähe. Wie schon gestern sitze ich am Meer (Île Vierge) und sehe die Sonne gen Horizont wandern. Genial! Mein Herz fühlt – und kann nicht genug davon bekommen. Ich glaube, hier liegt ein verkümmerter Teil von mir versteckt: Ich staune gerne; und heute gibt es viel Stoff dafür: das warme weiche Gras, auf dem ich sitze, der Blick in die Un-Endlichkeit. Noch sieht man viele Inseln, Steine und Felsen im ruhigen Wasser liegen. Bald sind es nur noch ein paar wenige, denn die Flut kommt herein. Riesig, wie du das gemacht hast. Diese Fluten, die sich wie von alleine aus und in diese Bucht bewegen – und das zweimal pro Tag – und dabei sind das für dich wohl eher Peanuts. Du trägst ja die Wasser dieser Erde in deiner hohlen Hand, Wow!

Oder am 3. August 2015, nachts, zwischen Mitternacht und 1 Uhr:

Jetzt gerade sind Wolken vor den Mond gezogen. Ich stehe am See und bin in den letzten Tagen einfach beeindruckt von der Natur, von den Bildern, von der Ruhe hier. Ganz leichtes Plätschern am Ende des Sees; Lizzy schnüffelt hier irgendwo in irgendwelchen Büschen. Die Lichter sind aus, deshalb gehe ich so gerne nachts spazieren, weil es schön dunkel ist, aber ein bisschen beleuchtet vom Mond.

Heute Nachmittag, gestern, vorgestern, wunderschöne Sonnenuntergänge. Schätze von Muscheln gesehen. Dann kamen Wolken und wir sind hergefahren. Wir sitzen an diesem schönen Abend hier auf der Terrasse, und die ganze Zeit denke ich, es ist wie die Ruhe vorm Sturm.

Tanke mich auf, Gott. Ich möchte rein sein, wie Du willst, dass ich rein bin. Heilig, geheiligt, dein Wille geschehe. Du bist großartig! Was Du gemacht hast, ist einfach der Hammer. Ich freue mich daran und ich freue mich, mit Dir weiterzugehen, aber bitte sei mir gnädig! Gib mir Gelingen, gib mir Gunst!

Häufig sind es solche Orte wie in der Bretagne, die den Lobpreis in mir wecken. Ich sehe die Schönheit und Majestät der Natur und das lässt mich überfließend dankbar für den Schöpfer werden, dem wir das alles verdanken.

Andere Orte treiben mich auf eine ganz andere Weise ins Gebet. Es gibt Orte, die sind wie vollgesogen mit Tränen und Blut und Schweiß. Es ist, als höre man die Schmerzensschreie bis heute. Wenn ich dort bin, kann diese Geschichte mich plötzlich packen und durchschütteln, bis ich den Schmerz körperlich spüre. Einer dieser Orte ist das polnische Oświęcim, zu Deutsch Auschwitz.

Vor einigen Jahren wurde ich angefragt, als ehrenamtliches Mitglied im Stiftungsrat der »IJBS – Internationale Jugendbegegnungsstätte« in Oświęcim mitzuwirken. Ohne zu zögern, sagte ich zu. Der Stiftungsrat tagt zweimal im Jahr vor Ort. So auch am Samstag, den 13. April 2013. Damals notierte ich:

Ich wache auf mit einem Wein-Anfall. Ich erinnere mich an den letzten Traum:

Große Aufregung. Den Anlass weiß ich nicht mehr, aber ich fühle mich verarscht, und schreie das auch raus. Aber ich fühle mich ohnmächtig, weil die, die ich anschreie, es nicht begreifen. Zugleich fühle ich mich schuldig, weil ich ausraste. Alles geht durcheinander …

Kurz drauf weine ich erneut – weil ich erst jetzt bemerke, wo ich hier bin. Und es ist, als wenn ich plötzlich Jesus sagen höre, und es ganz tief verstehe: »Hier habe ich viel gelitten und geweint.«

Irgendwie komme ich durch den Vormittag, doch in der Mittagspause fließen wieder Tränen.

Auch in solchen Momenten kommt Gott mir nah. Er tankt meine Empathiefähigkeit auf. Er schenkt mir die gleichen Tränen, die Jesus über die Grausamkeiten dieser Welt vergossen hat. Wir können den Kopf nicht in den Sand stecken. Wer sich dem Leid stellt, der gewinnt die Freiheit, von Herzen Verantwortung zu übernehmen.

Wer sich dem Leid stellt, der gewinnt die Freiheit, von Herzen Verantwortung zu übernehmen.

12. Gebetsunterstützung

Eine große innere Stärke und Freiheit ziehe ich aus dem Wissen, dass viele Menschen regelmäßig für mich beten. Fürbitte ist eine besondere Form der Unterstützung und Solidarität. Sie drückt aus, dass Menschen an mich denken. Und mehr noch: Gebet bewegt den Arm Gottes. Darum fordert die Bibel uns immer wieder auf, füreinander, und insbesondere für die Verantwortungsträger zu beten. Seit ich in den Bundestag gewählt wurde, spüre ich die Verantwortung wie nie zuvor in meinem Leben. Die Beter helfen mir, diese Last zu tragen.

Gebet bewegt den Arm Gottes.

Darum freue ich mich über Unterstützung. E-Mails wie die folgende sind immer willkommen:

Lieber Frank,

ich bitte Gott, dass er dich mit besonderer Kraft ausrüstet, damit du dieses Spannungsfeld, in dem du beruflich und sicherlich auch geistlich und womöglich auch familiär stehst, nicht nur aushältst, sondern dass er persönlich alle deine Kraft-Zeit-Wissens-Erfahrungs-Weisheits-Mut- und Übermut-Lücken mit göttlicher Gnade ausfüllt.

Ich kann dir gar nicht angemessen schreiben, wie sehr ich mich gefreut habe über das, was Gott schon mit dir getan hat. Ich versuche, diese Freude gerne ab sofort in Fürbitte umzuwandeln.

Gott segne dich und dein gesamtes Umfeld!

Manchmal bekomme ich auch E-Mails oder Briefe, in denen Menschen geistliche Eindrücke mit mir teilen.

Dabei geschieht es, dass jemand meint, mir »im Auftrag des Herrn« sagen zu müssen, was ich zu tun und zu lassen habe. Ich könnte das einfach in die Ablage »P« stecken, aber das gelingt mir oft nicht. Ich will – als Christ und als Politiker – die Anliegen der Absender ernst nehmen, nur manchmal schreiben sie so absurde Dinge, dass ich mich frage, was diese Menschen dazu getrieben haben mag. Da hagelt es Gerichtsdrohungen, es werden Verschwörungstheorien ausgebreitet oder wahllos zusammengewürfelte Bibelverse hingeklatscht. Wenn diese Nachrichten an alle Abgeordneten gehen – was für ein verzerrtes Bild entsteht da von den Christen?

Oft sind die geistlichen Impulse aber auch sehr Mut machend. Die Absender schreiben vorsichtig, bitten mich, den Inhalt zu prüfen, statt ihn mir aufzudrängen. Das mache ich dann gerne und ich nehme die Eindrücke auch sehr ernst. Ich glaube ja, dass der lebendige Gott auch heute noch redet. Und wenn Gott mir etwas zu sagen hat, ist es allemal gescheit, auch zuzuhören.

Manchmal sind es Ermutigungen oder biblische Verheißungen, die in meine konkrete Situation hineingesprochen werden. Manchmal sind es kritische Anfragen oder Appelle an meine Verantwortung. Beides ist wertvoll, wenn ich spüre, dass der Absender es aus einem ehrlichen Herzen sendet.

Auch hier einige Beispiele, die ich in meinem Tagebuch festgehalten habe:

Eine Frau schrieb mir: Gott erstattet Ihnen persönliche Dinge zurück (vielleicht aus der Kindheit). Jesaja 61,7: »Anstatt eurer Schmach werdet ihr das Doppelte haben, und anstatt der Schande werden sie jubeln über ihr Teil; darum werden sie in ihrem Lande das Doppelte besitzen, werden ewige Freude haben.«[16]

Das war ein Volltreffer – denn es erreichte mich in einem Moment, als unsere finanzielle Lage sehr angespannt war. Als Heilsarmeeoffiziere hatten wir jahrelang am Rande des Existenzminimums gelebt, wir konnten keine Rücklagen bilden. Den Wahlkampf hatte ich zum größten Teil aus eigener Tasche über Kredite finanziert. Nun rückte das Ende der ersten Legislaturperiode näher, einige Darlehen wurden fällig, der nächste Wahlkampf war vorzubereiten und zu finanzieren. Da bauten sich die Sorgen manchmal turmhoch über uns auf.

Diese E-Mail mit einem schlichten Bibelvers, als Zusage für mich persönlich, half den Knoten meiner Sorgen zu lösen. Und diese Zusage traf dann auch tatsächlich ein, unsere finanzielle Lage entspannte sich. Rückblickend kann ich heute sagen: Gott hat mich mit dem versorgt, was ich – und wir als Familie – brauchten.

In einer anderen E-Mail schrieb jemand:

Ihr Ehering symbolisiert den Bund mit Gott und den Bund mit Ihrer Frau. Beides hat immer höchste Priorität. Das Material des Rings kann zwar im Feuer stehen, wird aber nicht verbrennen, nur gereinigt.

Auch das traf in mein Leben. Regina und ich hatten als Ehepaar einige sehr schwere Jahre zu überstehen. Sie hat davon in dem Artikel des Medienmagazins »pro« berichtet, den ich in Kapitel 10 zitiert habe.

Durch die Arbeit im Bundestag war ich nun noch weniger zu Hause als früher. Das verlangt einer Ehe viel ab. Wie gut tut es da zu wissen: »Es wird nicht verbrennen.« Unser Ja zueinander wird auch in schwierigen Zeiten Bestand haben – wenn wir selbst das wollen und uns darum bemühen. Eine Ehe ist kein Selbstläufer. Deshalb nahm ich mir auch die Aufforderung zu Herzen, dem Bund mit Gott und dem Bund mit meiner Frau die höchste Priorität einzuräumen.

Jemand hatte den Mut, mir einen Impuls aus dem Gebet weiterzugeben, und Gott hielt Wort. Neulich war ich mit Regina im Urlaub. Wir lagen nachts am Strand, eingewickelt in dicke Wolldecken, und zählten Sternschnuppen. Ein traumhafter, romantischer Moment wie bei frisch Verliebten. Ich kann nur bestätigen: An der Ehe auch in schweren Zeiten festzuhalten, lohnt sich.

Es gab eine Phase am Anfang unserer Zeit in Chemnitz, da war ich auf Gebet angewiesen wie selten in meinem Leben. Damals erlebten wir heftige Anfeindungen. Die Heilsarmee war im Osten Deutschlands kaum bekannt. Zu DDR-Zeiten war sie verboten, ihr

Eigentum war beschlagnahmt worden. Nach der Wende wurden viele Immobilien rückübereignet und die Arbeit neu gestartet, so auch in Chemnitz. Als wir 1997 unsere »Bestallung« (so der Heilsarmee-Jargon für die Einführung in eine neue Tätigkeit) bekamen, bestand die Arbeit schon einige Jahre, war aber noch sehr klein. Als nun das Wachstum und die positive öffentliche Berichterstattung einsetzten, erhielten wir plötzlich eine Menge Gegenwind.

Konkret wurde die Bedrohung, als wir einer Gruppe messianischer Juden Räume in unserem Haus zur Verfügung stellten. Wir seien Antisemiten und betrieben Judenmission, hieß es. Eine Organisation, die uns wohl als Konkurrenz wahrnahm, drohte unverhohlen: »Wir wenden uns an den Sektenbeauftragten.« Sie kündigten eine PR-Kampagne gegen die Heilsarmee an, es war regelrecht Erpressung.

Die öffentliche Diffamierung blieb zwar aus, aber »hinten herum« wurde gegen uns gehetzt. Unsere Förderung wurde gekürzt, wir wurden überraschend einer akribischen Prüfung unterzogen, ob wir öffentliche Mittel korrekt verwendet hatten, das Arbeitsamt forderte Belege. Ich war allein im Büro und wusste nicht, wie ich das alles bewerkstelligen sollte. In dieser Zeit betete ich viel. Manchmal fehlten mir die Worte dazu, alles, was ich herausbrachte, war ein gestammeltes: »JESUS!« Unterstützung fand ich beim Missionsring. Viele andere Christen standen zu uns und beteten für uns. Die Vorwürfe klärten sich auf und unsere Arbeit kam wieder in geordnete Bahnen. Ein echter Kampf lag hinter uns.

Dazu kam eine gruselige Geschichte, wie man sie sonst nur aus Horrorfilmen kennt. Verschiedene Besucher, die in unserem Gästezimmer geschlafen hatten, erzählten uns, dass sie nachts plötzlich mit Schlägen traktiert worden seien. Niemand war außer ihnen im Zimmer gewesen. Es war absolut unerklärlich. Poltergeister? Dämonen? Geradezu absurd, wenn man – wie Regina und ich – nicht sonderlich abergläubisch ist. Da es sich wiederholte, mussten wir irgendeinen Weg finden, das abzustellen. Doch wie kann man das jemandem erzählen? Unsere Vorgesetzten in

Köln, wo das Hauptquartier der Heilsarmee seinen Sitz hat, wiegelten alles ab, als wir ihnen die Vorfälle schilderten. Ich vermute, sie hielten uns einfach für überspannt.

Aber diese merkwürdigen nächtlichen Übergriffe hörten nicht auf. Wir zweifelten schon an uns selbst, doch dann erfuhren wir von Freunden, die ähnliche Erfahrungen gemacht hatten. Wir waren also doch nicht verrückt geworden. Unsere Freunde gaben uns verschiedene Empfehlungen. Wir forschten über die Geschichte des Hauses nach und erfuhren dabei von blutigen Vorfällen. Mit Freunden gingen wir in die betroffenen Räume und beteten um Befreiung. Wir geboten den Dämonen zu fliehen. Und tatsächlich: Wir wurden befreit. Die nächtlichen Übergriffe hörten auf, dauerhaft. Bemerkenswert für uns war, dass unsere Kinder seit diesem Tag deutlich seltener Albträume hatten.

Das liest sich sicher merkwürdig und passt irgendwie nicht in diese aufgeklärte Welt. Auch in unsere Welt hat es nicht gepasst. Aber uns wurde eindrücklich bewusst: Es gibt so vieles zwischen Himmel und Erde, das wir Menschen nicht verstehen. Die Bibel spricht häufig von Dämonen. Das müsste Christen eigentlich nicht fremd sein. Doch wie dem auch sei: Wir hatten erlebt, dass unser Gott auf die Gebete reagiert und uns offensichtlich Freiheit geschenkt hatte.

»Manchmal fehlten mir die Worte«, so habe ich im vorigen Abschnitt die Situation damals beschrieben. Bis heute geht es mir immer mal wieder so. Dann hilft es mir, meine Gedanken aufzuschreiben. Nicht wie sonst, als Tagebuch, sondern wie einen Brief, der direkt an Gott adressiert ist. Diese Briefe sind eine ganz persönliche Art zu beten. Ich schreibe auf, was mich bedrückt oder was mich jubeln lässt, oder ziehe einfach nur Bilanz.

So auch am 22. September 2013. Das war für mich ein sehr markantes Datum. An diesem Tag war die Bundestagswahl, meine zweite Kandidatur. Damals schrieb ich:

Und ich sitze hier oben, in Adelsberg, und schaue auf Chemnitz, und es ist natürlich ein anderer Blick. Unter anderem ein farbigerer

Blick, weil mindestens die eine Esse inzwischen an Farbe gewonnen hat.

Und ich schaue zurück und ich schaue voraus und weiß natürlich nicht, was in zwei, vielleicht drei oder vier Stunden mit mir passiert. Aber mein Gefühl ist, dass ich weitermachen darf. Viele denken das, und ich hoffe, es sind genügend Chemnitzer, die das so wünschen.

Wenn ich zurückschaue, bin ich überrascht, was in diesen vier Jahren gesteckt hat, diesen vier Jahren für Chemnitz, diesen vier Jahren für meine Familie, für mich selber, für meine Kinder, meine Frau. Aber auch in den vier Jahren, in denen ich mich einbringen durfte mit meinem kleinen Zahnrad. In verschiedenen Gremien und Ausschüssen. Aber jetzt soll das weitergehen. Und ich wünsche mir ein klares Signal. Ich wünsche mir, dass ich je länger, je härter an der Stirn werde und Kritik besser aushalte. Und dass ich auch Mut und Kraft und ein starkes Kreuz habe, um wenn nötig noch mehr zu tragen.

Ich wünsche mir, dass ich, sollte ich heute Abend doch nicht gewonnen haben, tatsächlich die Stirn, die Kraft und den Mut habe, sowohl was mich betrifft als auch was meine Familie und mein Team betrifft, klare Worte zu finden, aufrecht zu sein, meinen Weg zu finden, unseren Weg zu finden. Aber noch viel mehr wünsche ich mir, ein klares Signal zu bekommen, um für Sachsen, von Chemnitz aus und von Deutschland in die Welt tatsächlich mitreden zu dürfen.

Und ich freue mich und segne diese Stadt, für die ich arbeiten durfte. Ich möchte sie gerne, gerne weiter segnen, bearbeiten, beackern, erfreuen, ermutigen.

Ich wurde wiedergewählt an diesem Abend. Die Verantwortung ist gestiegen. In der neuen Legislaturperiode wurde ich zum Obmann meiner Fraktion im Ausschuss für Menschenrechte und Humanitäre Hilfe und zum stellvertretenden Vorsitzenden der sächsischen Landesgruppe. Arbeitskreise und Ehrenämter kamen hinzu.

Darum möchte ich noch einmal wiederholen: Die Beter helfen mir, diese Last zu tragen.

13. Frei, sich zu binden

Freiheit ist eine paradoxe Eigenschaft. Niemand ist im eigentlichen Sinne frei. Wir haben Bedürfnisse, die uns drängen. Wir sind durch familiäre und kulturelle Prägungen geformt. Wir leben in sozialen Umfeldern, die unsere Rücksicht erfordern. Unsere Gedanken sind gebunden an Kategorien. Unsere körperlichen Möglichkeiten sind endlich.

Die eigentliche Freiheit des Menschen ist daher nicht die Unabhängigkeit von Menschen und Einflüssen, sondern die Fähigkeit, sich zu entscheiden. Ich habe nicht die Freiheit, gleichzeitig nach links und rechts zu gehen. Aber ich habe die Freiheit, mich für eine Seite zu entscheiden. Wenn ich keine Entscheidung treffe und stehen bleibe oder wenn ich nach wenigen Schritten zu zaudern beginne, umkehre und dort dann wieder unsicher werde, komme ich nicht vorwärts. Frei bin ich da, wo ich mich entscheide und dann festlege.

Das ist, wie gesagt, (scheinbar) paradox, doch schon bei so einem kleinen Beispiel wie einer Weggabelung leuchtet der Zusammenhang von Entscheidung und Freiheit ein. Wie viel mehr muss das dann für die großen Lebensbereiche gelten? Wer wirklich frei sein will, statt in seiner Unsicherheit gefangen zu bleiben oder von Lebensumständen getrieben zu werden, der legt sich fest.

Frei bin ich da, wo ich mich entscheide und dann festlege.

Allerdings legt er sich aus freien Stücken fest, und nicht, weil er dazu genötigt wird.

Nehmen wir die Ehe. Sie ist ein hervorragendes Beispiel. In der Ehe versprechen sich ein Mann und eine Frau, einander treu zu sein, sich zu lieben und zu ehren. Ein Leben lang. Sie legen sich fest. Sie binden sich. Wer zu einem Partner Ja sagt, sagt damit zu allen anderen Nein. Wer eine Ehe eingeht, verliert die Freiheit, die er vorher hatte. Und was gewinnt er? Vertrauen, Intimität, Exklusivität, Souveränität, Korrektur. Er wird frei, nicht mehr suchen zu müssen, nicht zu posieren. Er gewinnt die Möglichkeit, einen Menschen zu lieben, wie niemand anderes diesen Menschen liebt. Er gewinnt die Möglichkeit, eine Familie zu gründen, Vater oder Mutter zu werden, der Familie einen verbindlichen und sicheren Rahmen zu bieten und nebenbei noch völlig neue Seiten an sich zu entdecken. Die Ehe schränkt ein – und macht frei.

Dass eine Ehe nicht das Paradies auf Erden ist, dass sie Arbeit erfordert und dass sie scheitern kann, braucht eigentlich keine gesonderte Erwähnung. Aber das ist das Risiko der Freiheit: Wer sich entscheidet und bindet, der kann scheitern. Wer sich nicht entscheidet, verschenkt Möglichkeiten zur Entfaltung, die er alleine nicht entdecken kann.

Dem Geheimnis von Freiheit durch Selbstbeschränkung kann man mit einem Blick auf die Gelübde der Ordensleute auf die Spur kommen. Für Mönche und Nonnen sind feste Regeln von großer Bedeutung. Wegbereiter waren die Benediktiner, die sich auf die Regel des Benedikt von Nursia verpflichteten. Ordensleute legen feierliche Gelübde ab, in denen sie sich verpflichten, den sogenannten »Evangelischen Räten« zu folgen, Ratschlägen, die sie aus dem Evangelium (insbesondere aus Matthäus 19) ableiten. Sie verpflichten sich zu Armut *(paupertitas)*, zu Keuschheit *(castitas)* und zu Gehorsam *(oboedientia)* gegenüber ihrem Oberen, sofern dessen Anordnungen der klösterlichen Regel gemäß erfolgen. Die verschiedenen Orden haben noch weitere Verpflichtungen, die Benediktiner etwa bleiben lebenslang im selben Kloster, die Jesuiten stehen uneingeschränkt dem Papst zur Verfügung.

Das klingt nach Knechtschaft. Wer sich aber die Mühe macht, mit einem Ordensbruder oder einer Ordensschwester über ihren Lebensstil zu sprechen, die sich aus freien Stücken für diesen Weg entschieden haben, dem begegnet eine Beschreibung von Freiheit. Der Verzicht auf einige der eigenen Bedürfnisse macht frei zum Dienen.

Wer mit dem Ordenswesen nicht vertraut ist oder keine Mönche und Nonnen persönlich kennt, dem wird das alles möglicherweise sehr fremd und kaum nachvollziehbar erscheinen. Es ist auch nicht einfach kopierbar. Zu einer solchen verbindlichen Selbstverpflichtung gehören eine Berufung und das innere Einverständnis. Dann, und nur dann, macht sie frei.

Das kann ich aus meiner eigenen Erfahrung bestätigen. Als Mitglied der Heilsarmee habe ich ebenfalls ein Gelübde abgelegt. Vorher hatte ich – gemeinsam mit meiner Frau – lange und gründlich darüber nachgedacht. Als wir ein ganzes Ja dazu hatten, unterschrieb jeder von uns das Gelübde – und wir hielten uns daran. Denn wenn ich mich festlege, dann stehe ich auch zu meinem Wort.

Das Gelübde der Heilssoldaten

Ich will in meinem Leben offen sein für das Wirken des Heiligen Geistes, seiner Führung gehorchen und in der Gnade wachsen durch die Gemeinschaft mit den Gläubigen, Gebet, Bibellesen und Dienst.

Ich will die Werte des Reiches Gottes und nicht die Werte der Welt zum Maßstab meines Lebens machen.

Ich will, dass lautere christliche Gesinnung jeden Bereich meines Lebens bestimmt. Nichts, das unwürdig, unrein, unwahr, gemein, unehrlich oder unsittlich ist, soll in meinen Gedanken, Worten und Taten Raum finden.

Ich will, dass der Geist Christi erkennbar ist in meinen Beziehungen zu anderen Menschen, in meiner Familie und Nachbarschaft, bei Kollegen und anderen Heilssoldaten; im Umgang mit solchen, für die ich verantwortlich bin, wie auch jenen gegenüber, denen ich verantwortlich bin.

Ich will die Unverletzlichkeit der Ehe und Familie hochhalten.

Ich will verantwortungsbewusst und treu mit meiner Zeit, meinen Gaben, meinem Geld, meinem Besitz, meinem Körper, meinem Geist und meiner Seele umgehen in dem Wissen, dass ich Gott darüber Rechenschaft ablegen muss.

Ich will mich enthalten von alkoholischen Getränken, Tabak, von nicht ärztlich verschriebenen Drogen, dem Glücksspiel, der Pornographie, dem Okkultismus und allem, was meinen Körper, meiner Seele oder meinen Geist abhängig machen könnte.

Ich will an den Zielen festhalten, zu denen Gott die Heilsarmee ins Leben rief, indem ich das Evangelium von Jesus Christus anderen weitergebe, sie für ihn gewinne und in seinem Namen Notleidenden und Benachteiligten helfe.

Ich will mich so weit wie möglich am Korpsleben mit seinen verschiedenen Aktivitäten und am Gottesdienst beteiligen. Ein Teil meines Einkommens soll der Korpsarbeit und den weltweiten Aufgaben der Heilsarmee zugutekommen.

Ich will den Grundsätzen und Methoden der Heilsarmee treu sein und mich ihren Leitern gegenüber loyal verhalten und ich will den Geist echter Heilsarmeegesinnung zeigen sowohl in Zeiten der Anerkennung als auch in Zeiten der Verfolgung.[17]

Auch wenn dieses Gelübde nicht ganz so stark befremden mag wie die Evangelischen Räte, ist es doch auch schon recht starker Tobak. Das Gelübde der Heilssoldaten enthält eine Menge Verpflichtungen, diese einzuhalten ist mitunter lästig und nicht immer leicht. Wie kann das trotzdem frei machen?

Zunächst einmal, indem ich nicht vergesse, dass es keine äußere Einschränkung ist. Oft wurde mir gesagt: »Du darfst das ja nicht!« Nein, es ist kein »Du darfst nicht«, sondern die Selbstverpflichtung ist meine eigene Entscheidung. Wie gesagt: Wer für sich die Entscheidung trifft, sich in gewissem Maße selbst zu beschränken, der ist genau deshalb frei. Nicht mehr gesellschaftliche Konventionen oder Erwartungen bestimmen mich. Ich tue Dinge nicht mehr einfach, weil »man« sie tut, sondern ich handle aus meiner bewussten Entscheidung heraus.

Freiheit erlebte ich durch mein Gelübde aber auch ganz konkret. So wie ich mich kenne und wie ich es ja auch mit meinem Fernsehkonsum erlebt hatte, wurde ich durch das Gelübde in anderen Bereichen vor Sucht und einem ausschweifenden Leben bewahrt. Ich wurde daran erinnert, mein Leben mit Gott und für Gott zu leben. Auch wenn es merkwürdig klingt, durch die Uniform kam noch eine Freiheit dazu: Ich hatte für jeden Anlass die richtige Kleidung, ohne lange nachzudenken, ob ich vielleicht under- oder overdressed sein könnte.

Früher legten Mitglieder der Heilsarmee lebenslange Gelübde ab. Das ist heute nicht mehr so. Trotzdem fiel es mir schwer, den Dienst als Offizier der Heilsarmee zu beenden. Auslöser war kein Streit oder eine Unzufriedenheit, was ja durchaus legitime Gründe sein können, sondern der Eindruck, dass meine Berufung mich in eine andere Funktion führte.

Psalm 82,3 steht für meine Berufung in die Heilsarmee: »Schaffet Recht dem Armen und der Waise und helft dem Elenden und Bedürftigen zum Recht.« Doch dieser Vers war auch mein Beweggrund, in die Politik einzusteigen. Als Heilsarmeeoffizier ging es um einzelne Schicksale, in der Politik geht es um Strukturen. In beiden Bereichen geht es um ein und dieselbe Berufung, nämlich um Menschen.

Trotzdem war es ein langer innerer Prozess, mich von der Heilsarmee zu verabschieden. Emotionaler Höhepunkt war der 30. April 2009. Mit dem Dienstwagen fuhr ich nach Berlin ins Divisionshauptquartier (DHQ) der Heilsarmee. Meine letzte dienstliche Aktion war die Übergabe des Autos und der Schlüssel. Dann fuhr ich mit dem Zug weiter ins Bundeskanzleramt zu einem Empfang, als frisch nominierter Kandidat für den Deutschen Bundestag. Die gleiche Berufung, ein völlig neues Gewand. Ganz schön groß, wie ich fand. Aber zur Freiheit gehört auch, in neue Aufgaben langsam hineinwachsen zu dürfen.

Noch ein letztes Beispiel möchte ich für den engen Zusammenhang zwischen Verpflichtung und Freiheit geben. Ein weltweit bekanntes Programm zur Selbstverpflichtung hat Tausende, wenn nicht Millionen Menschen aus diversen Abhängigkeiten geführt: Das 12-Schritte-Programm der Anonymen Alkoholiker.

Der Börsenmakler William Griffith (»Bill«) Wilson war ein hoffnungsloser Alkoholiker. Im November 1934 traf er einen anderen Trinker, der mittlerweile trocken geworden war. Auslöser war ein Treffen der Oxford-Gruppe gewesen. Frank Buchmann hatte diese christlichen Gruppen ins Leben gerufen. Ein Kernelement der regelmäßigen Treffen war Verbindlichkeit. Die zwei Stunden liefen nach einem wiederkehrenden Muster ab: Bekenntnis der Sünden, »Zeugnis Geben«, als offenes Erzählen aus dem eigenen Leben, Gebet und Wiedergutmachung. Buchmanns Motto lautete: »World changing through life changing – Die Welt verändern, indem Leben verändert werden«.

Bill Wilson besuchte einige dieser Treffen und war sehr beeindruckt. Ende 1934 hatte er wieder einen Alkoholabsturz. Nach einem intensiven Bekehrungserlebnis im Krankenhaus schloss er sich der Gruppe an und blieb nüchtern. Nach und nach begann Wilson, ein Programm zu entwickeln, mit dem er eine größere Gruppe von Menschen erreichen wollte. Er lernte den Arzt Robert

Holbrook Smith (»Dr. Bob«) kennen, ebenfalls ein trockener Alkoholiker. Gemeinsam entwickelten sie ein Selbsthilfeprogramm, das sie 1939 in ihrem Buch »Alcoholics Anonymous« vorstellten. Heute arbeiten viele Gruppen nach diesem Programm.

Die zwölf Schritte der Anonymen Alkoholiker:

1. Schritt
Wir gaben zu, dass wir dem Alkohol gegenüber machtlos sind – und unser Leben nicht mehr meistern konnten.

2. Schritt
Wir kamen zu dem Glauben, dass eine Macht, größer als wir selbst, uns unsere geistige Gesundheit wiedergeben kann.

3. Schritt
Wir fassten den Entschluss, unseren Willen und unser Leben der Sorge Gottes – wie wir Ihn verstanden – anzuvertrauen.

4. Schritt
Wir machten eine gründliche und furchtlose Inventur in unserem Inneren.

5. Schritt
Wir gaben Gott, uns selbst und einem anderen Menschen gegenüber unverhüllt unsere Fehler zu.

6. Schritt
Wir waren völlig bereit, all diese Charakterfehler von Gott beseitigen zu lassen.

7. Schritt
Demütig baten wir Ihn, unsere Mängel von uns zu nehmen.

8. Schritt
Wir machten eine Liste aller Personen, denen wir Schaden zugefügt hatten, und wurden willig, ihn bei allen wiedergutzumachen.

9. Schritt
Wir machten bei diesen Menschen alles wieder gut – wo immer es möglich war –, es sei denn, wir hätten dadurch sie oder andere verletzt.

10. Schritt
Wir setzten die Inventur bei uns fort, und wenn wir Unrecht hatten, gaben wir es sofort zu.

11. Schritt
Wir suchten durch Gebet und Besinnung, die bewusste Verbindung zu Gott – wie wir Ihn verstanden – zu vertiefen. Wir baten Ihn nur, uns Seinen Willen erkennbar werden zu lassen und uns die Kraft zu geben, ihn auszuführen.

12. Schritt
Nachdem wir durch diese Schritte ein spirituelles Erwachen erlebt hatten, versuchten wir, diese Botschaft an Alkoholiker weiterzugeben und unser tägliches Leben nach diesen Grundsätzen auszurichten.[18]

Unverkennbar sind diese Schritte von der Oxford-Gruppe beeinflusst. Auch das Bekehrungserlebnis des Gründers hat seine Spuren hinterlassen. Wilson und Holbrook Smith war es aber wichtig, ihre eigene Erfahrung vielen Menschen zugänglich zu machen, nicht nur Christen. Darum haben sie offene Formulierungen benutzt.

Der Franziskanerpater Richard Rohr schreibt dazu in seinem Newsletter: »Das Zwölf-Schritte-Programm macht Spiritualität auch den Menschen zugänglich, die schlechte Erfahrungen mit Religion gemacht haben.« Das halte ich für eine wichtige Erkenntnis. Eine gute Ordnung Gottes hilft allen Menschen, nicht nur den Gläubigen. Was ich zum Beispiel eingangs über die Ehe geschrieben habe, hat für Christen, Muslime oder Atheisten immer die gleiche Bedeutung.

Allerdings gilt für das Zwölf-Schritte-Programm auch: Nur wer sich tatsächlich festlegt, nur wer verbindliche Entscheidungen trifft, der wird wirklich frei vom Alkohol. Dazu noch einmal Richard Rohr: »Wenn die Menschen nicht ernsthaft versuchen, alle diese Schritte in ihrem täglichen Leben umzusetzen, insbesondere Schritt 11, tägliche Meditation und Gebet, und Schritt 12, Tatkraft und Dienst an anderen, werden sie keine Fortschritte machen.«

Teil 3

Der Kampf für die Freiheit – politische Dimension von Freiheit

14. Freiheit für andere

Der erste, wenn man so will, »politische« Einsatz meines Lebens war die erwähnte Teilnahme an der Demonstration vor der Rumänischen Botschaft. Nachdem ich die Nachricht erhalten hatte, dass unser Freund Manni von der Securitate verhaftet und ins Gefängnis geworfen worden war, schloss ich mich der Demo an. Auch unsere Bekannten in Rumänien wurden mutiger, öffentlich füreinander einzustehen. Viele Mitglieder der Gemeinde begannen, die Prozesse gegen Christen zu besuchen. Leise betend saßen sie hinten im Gerichtssaal. Das war gelebte Solidarität. Viele der Angeklagten wurden durch diese Unterstützung ermutigt.

Mich hat das beeindruckt. Oft sind es die kleinen, scheinbar unbedeutenden Gesten, die anderen Menschen in bedrängten Situationen Mut machen. Dadurch signalisiert man: Du bist nicht allein, ich bin für dich da. Für einen Gefangenen beginnt Freiheit, wenn er weiß: Ich bin weggesperrt, aber nicht vergessen.

Do Thi Minh-Hanh, eine Gewerkschafterin in Vietnam, die in einem fadenscheinigen Verfahren wegen ihres Einsatzes für soziale und politische Gerechtigkeit zu sieben Jahren Haft verurteilt worden war, konnte ich im Gefängnis besuchen. Weil ich die Besuchserlaubnis sehr spontan bekam, hatte ich nichts im Gepäck, um ihr Hoffnung zu machen, keine irgendwie geartete Zusage, dass sie freikommen könnte. Aber immerhin konnte ich sie sehen und mir ihre Geschichte anhören. Am Schluss des Gesprächs ließ ich ihr unbemerkt meine Visitenkarte zurück. Auf die Schnelle hatte ich einige ermutigende Worte darauf gekritzelt. Diese kleine Geste und die Kontaktdaten haben ihr, wie sie mir später berichtete, in den darauffolgenden Monaten Mut gemacht und sie über Wasser gehalten. Ein Steinchen zu ihrer Brücke in die Freiheit.

Do Thi Min Han – die vietnamesische Gefangene kurz nach ihrer Freilassung

Anfang der 1980er-Jahre hatte ich einen Brieffreund in der DDR. Wir konnten beide nicht allzu viel und schon gar nicht sehr offen schreiben, weil wir wussten, dass alle Briefwechsel zwischen West und Ost kontrolliert wurden. Die Stasi las mit. Sie öffnete die Briefe und reagierte empfindlich auf jede Form von »Verschwörung« mit dem Klassenfeind. Aber alleine der Kontakt an sich war wertvoll. Er schlug für uns beide eine Brücke in das jeweils so ganz andere Deutschland. Wir wussten durch den Austausch, dass wir zusammengehören.

Schon als Jugendlicher lernte ich, wie wichtig es ist, Gefangenen, Unterdrückten und Verfolgten zu signalisieren: Ich bin für dich da, ich stehe an deiner Seite. Durch Briefe, durch Gebete, durch Kontakte. Das erforderte manchmal Mut, aber eigentlich hat es mich nicht viel gekostet. Es braucht sich also niemand abschrecken zu lassen, weil er sich selbst und seine Möglichkeiten für zu klein hält. Wichtig war die Kontinuität. Einmalige Gesten verkommen leicht zu billigem und oft schädlichem Aktivismus. Sie wecken kurzfristig Hoffnung, führen aber langfristig zur Enttäuschung. Wer wirklich für Menschen da sein will, der muss auch treu sein.

Die Richtung, die mein beruflicher Weg nahm, war früh von diesen Begegnungen und Erfahrungen geprägt. Lange hatte ich mit Mathematik oder Technik geliebäugelt, aber ich entschied mich für ein Studium der Sozialarbeit. Und so führte mein Weg in die Arbeit im Café der Heilsarmee in Freiburg. Quasi »logisch« schloss sich unsere Ausbildung zum Heilsarmeeoffizier an und dann die zwölf Jahre bei der »Heilse« in Chemnitz.

Ein Schlüsselerlebnis, das diese Berufung und meinen Lebensweg in die Politik münden ließ, war ein Vortrag von Bernd Siggelkow am 9. Juni 2008. Siggelkow ist Gründer und Leiter der Arche in Berlin-Hellersdorf, einer Einrichtung für sozial benachteiligte Kinder, die mittlerweile eine Reihe von Ablegern in anderen Städten gegründet hat. Er ist auch Autor mehrerer Bücher, darunter der Bestseller »Deutschlands vergessene Kinder – Hoffnungsgeschichten aus der Arche«[19]. In seinem Vortrag berichtete Siggelkow zunächst von seiner Arbeit und zog daraus einige politische und strategische Schlussfolgerungen. Er erklärte, dass wir die soziale Not nur wirksam bekämpfen können, wenn wir an mehreren Fronten der Gesellschaft kämpfen. Es werden Fachkräfte benötigt, die an der Basis arbeiten, und ebenso Menschen, die in die Politik gehen, um dort die gesetzlichen Weichen der Sozial- und Bildungspolitik zu stellen. Beides sollte mit ganzem Herzen geschehen. Dabei zitierte er unter anderem Micha 6,8: »Es ist dir gesagt, Mensch, was gut ist und was der Herr von dir fordert, nämlich Gottes Wort halten und Liebe üben und demütig sein vor deinem Gott.«

Das war der letzte Anstoß. Kurz darauf entschied ich mich dazu, für den Bundestag zu kandidieren. Eigentlich ein aussichtsloses Unterfangen. Dass ein völliger Newcomer überhaupt von der Basis nominiert wird, ist die absolute Ausnahme. Dass es gelungen ist, die Finanzen für den Wahlkampf zusammenzubringen, erstaunt mich noch heute. Dass ich nach mehreren Bundestagswahlen mit Niederlagen in Chemnitz tatsächlich das Direktmandat für meine Partei zurückzugewinnen konnte, stellte die meisten Prognosen auf den Kopf. All das kommt wirklich einem Wunder gleich. Für mich wird hier Gottes Fügung sichtbar, und entsprechend verstehe ich meine Arbeit im Bundestag auch als einen Auftrag, den ich nicht auf die leichte Schulter nehme und der mit einer großen Verantwortung verbunden ist. Als Bundestagsabgeordneter habe ich eine ganze Reihe von Möglichkeiten, für die Freiheit zu kämpfen. Das ist ein Privileg und eine Verpflichtung zugleich. Wo es geht, versuche ich, diese Freiheit zu nutzen.

Davon erzähle ich in den folgenden Kapiteln. Dort sind in erster Linie positive Beispiele genannt. Ich erzähle von Projekten und Initiativen, die gelungen sind. Ich berichte von Menschen, die auf unterschiedliche Weise frei werden konnten. »Best practice« nennt man solche Beispiele. Nicht immer konnte ich direkt helfen. Aber immerhin konnte ich den Menschen und den Anliegen durch Reden im Deutschen Bundestag oder Vorträge, die ich bei Veranstaltungen gehalten habe, Aufmerksamkeit verschaffen. Darum werde ich einige dieser Reden in Auszügen beifügen.

Aber natürlich ist auch vieles misslungen. Ich habe in meiner Arbeit manchen Schock erlebt. Mir wurden Fälle geschildert, die ich mir in meinen schlimmsten Albträumen nicht hätte ausmalen können. Häufig ist es die unglaubliche Schere zwischen Arm und Reich, die mich mit voller Wucht trifft, wenn sie mir vor Ort begegnet.

In Mumbai führte mich Timothy Gaikwad, Leiter eines indischen Kinderhilfswerks, nachts durch die Slums. Die Bilder brannten sich in meine Netzhaut, die Gerüche stachen mir in die Nase: Ganze Familien leben in winzigen Zimmern in rostigen Blechverhauen, inmitten von Müllbergen, in denen die Ratten wühlen. Leere Augen starrten uns an. Timothy erzählte die Geschichten dieser Menschen. Von Kinderarbeit, Vergewaltigung, Zwangsprostitution, brutaler Gewalt, Verstümmelung. Von höhnischen Wucherern und korrupten Beamten. Von Müttern, die ihre Kinder verkaufen, und Kindern, die Klebstoff schnüffeln, um dadurch für eine Weile der grausamen Realität zu entfliehen. Um drei Uhr in der Nacht kehrte ich in mein Hotelzimmer zurück. Der Bürgersteig auf der Straße zum Hotel hatte nicht genügend Platz für alle, die darauf schliefen, Männer, Frauen, Kinder. Mich dagegen erwartete ein großer heller Raum, angenehm klimatisiert, ein weiches Bett, hochwertige Materialien, technisch voll ausgestattet. Erschöpft legte ich mich in die Badewanne. Erst jetzt bemerkte ich den Flachbildschirm: Ein moderner Zusatz-Fernsehapparat war über der Wanne montiert. In diesem Moment erschlugen mich diese Eindrücke geradezu. Wie konnte das sein? Solch ein verschwenderischer Luxus hier, mörderische Armut nur wenige Schritte weiter.

In Uganda besuchte ich mit einer Delegation des Bundestags ein Elendsviertel. Wir trafen Frauen, die sich jahrelang prostituieren mussten, um mit dem Geld ihre Familien durchzubringen. Die deutsche Entwicklungshilfe half, Arbeitsplätze zu schaffen, einfache Hand- und Näharbeiten, mit denen die Frauen eigenes Geld verdienen können. Vielen gelingt damit nach und nach der Ausstieg aus der Prostitution. Die Frauen empfingen uns mit Begeisterung, dankbar für diese Möglichkeit, neu anzufangen. Nach einer Weile öffneten sie sich und erzählten von ihren Erlebnissen als Prostituierte: von der Verachtung, die ihnen in der Gesellschaft entgegenschlägt, von der täglichen Gewalt durch die »Sexkäufer«, von Schlägen und von brutalen Vergewaltigungen. Grauenhaft.

Nach dieser Begegnung stand für die Delegation ein Empfang in der deutschen Botschaft auf der Agenda. Edles Ambiente. Die Tische bogen sich, man trug teure Kleidung. Der Gegensatz traf mich wie ein Schlag.

Von solchen Situationen spricht auch mein Tagebuch in einer Notiz von 2012:

Heute Morgen beginnt der Tag mit der Sitzung über Kongo. Ich bin rausgegangen aus der Sitzung, auf die Toilette und habe geheult. Das Ganze geht mir zu nah. Ich höre diese Geschichten, wie die Menschen im Bürgerkrieg dort, teilweise aus Hunger, teilweise, um ihre Macht zu demonstrieren, Babys geschlachtet und den eigenen Kindern dann die Knochen zum Abkochen gegeben haben. In was für einer Welt leben wir eigentlich? Was tun Menschen Menschen an? Das dreht mich, das dreht mir alles um.

Und jetzt sitze ich hier und bin – eigentlich – an der Grenze meiner Kraft. Es ist aber nicht die körperliche Kraft oder die seelische Spannkraft, es ist …

Ich weiß nicht, was ich wirklich ändern kann. Was ich hier soll, wenn ich nicht für eine Veränderung stehe, sondern nur mithelfe, dieses System zu erhalten. Gott, du musst da was machen. Ich renne irgendwie gegen die Wand.

Manchmal bin ich verzweifelt. Verzweifelt wegen dem, was ich höre, sehe, was mir Menschen erzählen. Die Menschen vor Ort oder Hilfesuchende in meinem Büro. Berichte, die ich von Menschen in verzweifelten Lebenssituationen zugesandt bekomme. Ich kann die vielen Eindrücke mitunter kaum sortieren. Doch es gehört zu meiner Aufgabe als Menschenrechtspolitiker, diese Geschichten zu hören. Ich kann und darf nicht einfach auf ein anderes Programm schalten. Und ich will es auch nicht, selbst dann nicht, wenn ich die Ungerechtigkeit kaum noch ertragen kann.

»Wir haben die Freiheit, in Verantwortung zu leben.« (Joachim Gauck)

Denn die Verzweiflung hat in meinem Leben nicht das letzte Wort. Resignation ist weder Gottes Idee noch hilft sie irgendjemandem weiter. Resignation schnürt mich ein und nimmt mir die Luft zum Atmen. Resignation macht das Leid schlimmer. Das will ich nicht zulassen. Lieber schöpfe ich meine Möglichkeiten aus, um etwas für die

Menschen, die in Armut leben oder Opfer von Gewalt werden, zu tun. So frei will ich sein.

Bundespräsident Joachim Gauck hat es auf den Punkt gebracht: »Wir haben die Freiheit, in Verantwortung zu leben.« Von dieser Freiheit und Verantwortung erzählen die nächsten Kapitel.

15. Frei, um zu leben

Freiheit braucht eine Idee. Freiheit ist ein philosophischer Entwurf. Freiheit ist die Botschaft des Evangeliums und gehört auf die Kanzeln dieser Welt. Aber Freiheit darf nie zu einer abstrakten Theorie verkommen. Von meinem Vater und durch meine Erfahrungen auf den Reisen nach Rumänien habe ich gelernt, dass der Kampf für die Freiheit ganz klein beginnt: bei den elementaren Grundbedürfnissen, beim Essen und Trinken, bei einem sicheren Zuhause. Freiheit ist für viele Menschen zuallererst die Freiheit, den nächsten Tag zu überleben.

Auch wenn wir es in unserer Wohlstandsgesellschaft häufig ausblenden. In dieser Welt, im 21. Jahrhundert sterben Millionen von Menschen an Hunger, an unzureichender Wasserversorgung oder durch Gewalt, der sie schutzlos ausgeliefert sind. In vielen Ländern dieser Erde ist der Mangel an Grundnahrungsmitteln und auch an Sicherheit bis heute trauriger Alltag. Dürren, Erdbeben, Überschwemmungen, Waldbrände oder Kriege und Terroranschläge töten Tag für Tag unschuldige Menschen, Alte und Kranke, Frauen und Kinder. Wer noch die Kraft dazu hat, macht sich auf den Weg in eine ungewisse Zukunft. Schlechter, das wissen sie, kann es nicht werden. Mehr als 60 Millionen Menschen weltweit sind auf der Flucht.

> ***Freiheit ist für viele Menschen zuallererst die Freiheit, den nächsten Tag zu überleben.***

Der Ausschuss für Menschenrechte und Humanitäre Hilfe beschäftigt sich mit diesen Themen. Deshalb sah ich hier die beste Möglichkeit, im Bundestag etwas für die Ärmsten der Armen zu tun. Das entspricht meiner

Berufung und es entspricht der Aufgabe von Politik. Denn Politik darf niemals Selbstzweck sein. Der Mittelpunkt der Politik ist immer der Mensch.

Jeder Abgeordnete hat inhaltliche und regionale Schwerpunkte, über die er als Berichterstatter seine Kollegen informiert. Meine Themen sind unter anderem das Menschenrecht auf Wasser und der Bereich Humanitäre Hilfe, mein regionaler Schwerpunkt ist Afrika. Vier Jahre konnte ich mich je länger, je mehr in diese Themen einarbeiten. Nach meiner Wiederwahl 2013 wurde ich der Obmann meiner Fraktion im Ausschuss für Menschenrechte und Humanitäre Hilfe und damit auch stellvertretender Sprecher für Menschenrechte. Das gibt mir eine Stimme, um Themen auf die Tagesordnung zu setzen, damit sie im Ausschuss behandelt und auch breiter öffentlich wahrgenommen werden.

Doch was kann ich konkret tun? Ein Beispiel: Um die Themen Wasser und Afrika miteinander zu verknüpfen, habe ich 2010 einen runden Tisch mit afrikanischen Botschaftern angeregt. Er findet seither jährlich statt und wird sehr gut angenommen. In der Regel nehmen 20 bis 30 Botschafter oder ihre Vertreter teil. Wir laden Experten ein, die über gelungene Projekte berichten und daraus Lösungen für andere Länder ableiten.

Warum mache ich das? Der globale Kampf um knappe Ressourcen wird immer härter. Nutzwasser und vor allem sauberes Trinkwasser sind vielerorts nur begrenzt verfügbar. Es zeichnet sich ab, dass der Streit um den Zugang zum Wasser eine der wesentlichen Konfliktursachen der kommenden Jahrzehnte werden wird. In manchen Regionen ist dies auch heute schon der Fall. Die Dürreperioden in den Staaten der afrikanischen Subsahara im Süden des Kontinents nehmen deutlich zu, die Folgen des Klimawandels zeichnen sich weltweit ab.

Bei den Round-Table-Gesprächen wird lösungsorientiert gearbeitet und auch präventiv gedacht. In diesem informellen Rahmen spielen offizielle Spannungen zwischen den Staaten kaum eine Rolle. Wo es nötig und möglich ist, versuchen wir mit den Diplomaten grenzübergreifende Zusammenarbeiten anzustreben. Wenn wir hier rechtzeitig ansetzen, können wir Menschenleben retten und Fluchtursachen beseitigen. Es ist wichtig, dass Entwicklungshelfer Brunnen bauen. Und es ist wichtig, dass Politiker Strukturen schaffen, um das Wasser auch rechtmäßig und gerecht zu verteilen. Letztlich lässt sich diese Mammutaufgabe nur gemeinsam bewältigen.

Die Bedeutung der humanitären Hilfe kann man kaum überschätzen. Humanitäre Soforthilfe rettet im Katastrophenfall Tausende von Menschenleben. Geberländer stellen Mittel zur Verfügung, Organisationen wie das Internationale Komitee vom Roten Kreuz und viele andere verteilen Hilfsgüter in den Krisengebieten. Leider nimmt die Zahl der Katastrophen und der Hilfseinsätze rapide zu. Für eine Rede im Deutschen Bundestag habe ich einige Zahlen und Hintergründe dazu zusammengetragen. Anlass war die Debatte im Mai 2015 zum »Bericht der Bundesregierung über die deutsche Humanitäre Hilfe im Ausland von 2010 bis 2013«. Im Berichtszeitraum von 2010 bis 2013 haben sowohl die Anzahl als auch das Ausmaß humanitärer Krisen weltweit weiter zugenommen. Alleine der von den Vereinten Nationen ermittelte weltweite finanzielle Bedarf ist von 9,75 Milliarden US-Dollar im Jahr 2009 auf 12,8 Milliarden US-Dollar im Jahr 2013 gestiegen.

Auch die Gründe für diesen steigenden Bedarf sind bekannt:

- die allgemeine Zunahme von Extremwetterereignissen wie Trockenheit, Fluten und Überschwemmungen in Afrika und Wirbelstürmen in Asien
- große Naturereignisse mit katastrophalen Folgen wie das Erdbeben in Haiti oder die Fluten in Pakistan
- die Zunahme der Anzahl, der Dauer und des Ausmaßes von Krisen und Konflikten, insbesondere sind dies die lang anhaltenden Krisen in Afrika wie in der Demokratischen Republik Kongo
- drei große zeitgleiche Konflikte in Syrien, im Südsudan und in der Zentralafrikanischen Republik

Dabei sind in diesem Bericht die Entwicklungen der sogenannten »Flüchtlingswelle«, die im Sommer 2015 Europa und auch Deutschland erreicht hat, noch gar nicht berücksichtigt. Flucht ist ein Thema, das mich schon seit Jahren bewegt hat – lange vor der unkontrollierten Einreise Tausender Menschen über die Balkanroute nach Deutschland. Wer sich für ein sicheres und zugleich humanitäres Deutschland einsetzt, für den sind der aktuelle Flüchtlingsschutz und langfristig gesehen die Fluchtursachenbekämpfung ein absolutes Muss.

Mich ließen vor meiner Rede am 8. Mai 2015 seit Wochen die Bilder aus den Nachrichten nicht mehr los. In meiner Funktion als Menschenrechtler hatte ich Flüchtlingslager in Afrika und im Nahen Osten besucht. Die Lebenssituation der Menschen dort stand und steht mir intensiv vor Augen. Doch im April 2015 gab es mir noch einmal einen tiefen Stich ins Herz. Über 700 Menschen ließen ihr Leben, als ein einziges Flüchtlingsboot auf dem Mittelmeer kenterte. Und das war nur eines von vielen. Direkt vor unserer Haustür, doch Europa und die Weltgemeinschaft schauten zu. Mich trieb die Frage um: Können wir wirklich wollen, dass unsere Kinder in dreißig Jahren einmal am Strand des Mittelmeeres Urlaub machen, an dem heute Leichen angeschwemmt werden? Können wir zulassen, dass sie sagen: »Und unsere Eltern behaupten, sie hätten nichts gewusst?«

Meine Rede an diesem 8. Mai begann ich mit einem allgemeinen Teil zum Thema Humanitäre Hilfe. Zum Ende hin kam ich auf die Flüchtlingssituation zu sprechen. Ich wurde emotional. 50 Millionen Menschen sind weltweit auf der Flucht. Leichen werden ans Ufer der EU geschwemmt. Das kann einen doch nicht kaltlassen! Wie hätten die Propheten des Alten Testaments reagiert? Sie hätten ihre Kleider zerrissen und die Ungerechtigkeit mit lautem Gebrüll angeklagt!

Die Rede berührte meine Zuhörer und ich fand Mitstreiter für das Thema. Das war gar nicht so selbstverständlich, wie es im Rückblick scheinen mag. Damals bestimmten Griechenland und die Eurorettung alle Debatten. Doch ich konnte Mitte Mai 2015 in meiner Fraktion einen Initiativkreis zum Flüchtlingsschutz anregen. Dabei habe ich gesagt: »Die Flüchtlingsproblematik ist menschenrechtlich und politisch mehr als akut. Es besteht Handlungsbedarf. Gerade für uns als C-Partei. Unser Handeln sollte davon bestimmt sein, dass uns die einzelnen Schicksale zu Herzen gehen und dass wir strukturell konstruktive und nachhaltige Lösungen suchen. Also mit Herz und Verstand.«

Ich fand offene Türen. Viele Kollegen zeigten Interesse, wir trafen uns zu einem Austausch. Bis dahin hatte jedes politische Ressort sich unabhängig mit dem Thema Flucht beschäftigt. Erstmals wurde nun übergreifend diskutiert. Mitglieder der Arbeitsgruppen für Menschenrechte und Humanitäre Hilfe, Auswärtiges, Innenpolitik, Entwicklungszusammenarbeit, Wirtschaft, Europa, Gesundheit und Umwelt waren dabei, darunter zwei Minister.

Schon wenige Monate später haben wir alle erlebt, wie dringend das Thema wurde. Heute ist »Fluchtursachenbekämpfung« in aller Munde, die abgestimmte Zusammenarbeit steht außer Frage. Ich bin dankbar, einen Teil dazu beigetragen zu haben.

16. Religionsfreiheit

Wenn man von Freiheit spricht, kommt man zwangsläufig auch zur Religionsfreiheit. Religionsfreiheit ist ein verbrieftes Menschenrecht, ähnlich wie Gewissensfreiheit oder Meinungsfreiheit. Aber Religionsfreiheit ist noch mehr. Religion geht tiefer: Das Gewissen eines Menschen wird durch seinen Glauben geprägt, unsere Wertmaßstäbe wurzeln in der Religion und unsere Meinungen wiederum beruhen auf unseren Werten. Religionsfreiheit betrifft den innersten Kern eines Menschen. Religion bezieht sich auf die persönliche Beziehung eines Menschen zu Gott und auf die Art und Weise, wie jemand diese Beziehung gestalten (oder nicht gestalten) möchte. Glaube muss seinem Wesen nach frei sein und die Lebensäußerungen des Glaubens dürfen nicht eingeschränkt, sanktioniert oder verboten werden.

Artikel 18 der Allgemeinen Erklärung der Menschenrechte lautet daher:

> Jeder hat das Recht auf Gedanken-, Gewissens- und Religionsfreiheit; dieses Recht schließt die Freiheit ein, seine Religion oder seine Weltanschauung zu wechseln, sowie die Freiheit, seine Religion oder seine Weltanschauung allein oder in Gemeinschaft mit anderen, öffentlich oder privat durch Lehre, Ausübung, Gottesdienst und Kulthandlungen zu bekennen.

Auch Artikel 9 der Europäischen Menschenrechtskonvention (EMRK) und Artikel 4 des deutschen Grundgesetzes verankern Religionsfreiheit als Menschenrecht.

So weit, so gut. Leider sieht die Realität anders aus. In 64 Ländern der Erde, in denen zusammen fast 70 Prozent der Weltbevölkerung leben, ist die Religionsfreiheit sehr stark eingeschränkt oder gar nicht existent. Schätzungen gehen davon aus, dass bis zu 100 Millionen Menschen von diesen Einschränkungen betroffen sind.

Bereits seit meiner ersten Wahl bin ich im Stephanuskreis aktiv. Der Stephanuskreis ist ein überkonfessionelles Gesprächsforum meiner Fraktion, das für Toleranz und Religionsfreiheit eintritt und sich insbesondere um die Situation verfolgter Christen in aller Welt kümmert.

Bischof Damian beim Stephanuskreis im Deutschen Bundestag; ihn kannte ich bisher nur über die Jesus Freaks.

Darüber hinaus hat der Bundesfachausschuss der CDU für »Außen-, Sicherheits-, Entwicklungs- und Menschenrechtspolitik« 2015 die Arbeitsgruppe »Verfolgte Christen« eingesetzt, in der ich mitarbeite. Religionsfreiheit ist ein Menschenrecht. Sie ist immer ein schützenswertes Gut. Für Juden, Christen, Muslime, Hindus, Buddhisten, Bahai und jeden Anhänger einer anderen Religion. Warum dann zwei besondere Arbeitskreise für verfolgte Christen? Es ist immer gut, sich um die »eigene Familie« zuerst zu kümmern. Christen sind nicht nur für Christen da. Aber wer, wenn nicht die Christen in den freiheitlich-demokratischen Staaten, soll sich für Christen in Unfreiheit einsetzen? Paulus schreibt: »Lasst uns jede Gelegenheit nutzen, allen Menschen Gutes zu tun, besonders aber unseren Brüdern und Schwestern im Glauben« (Galater 6,10; NLB).

Dazu kommt noch ein Zweites:

> Von allen Religionsgruppen leiden Christen weltweit am stärksten unter Bedrängnis und Verfolgung. Dies ist mittlerweile unbestritten. In den vergangenen Jahren hat das Ausmaß der Verfolgung sogar zugenommen. Die Art der Bedrängnis ist vielfältig: Sie reicht von mangelndem Schutz über staatliche Diskriminierung und öffentliche Herabwürdigung bis zu offener Gewaltanwendung. Oft werden Christen gezwungen, ihre Religion aufzugeben. Der Übertritt zum Christentum wird mancherorts sogar als todeswürdiges Verbrechen angesehen. Christen werden aber nicht nur staatlicherseits verfolgt, sondern auch von anderen ethnischen Gruppen angegriffen. Das ist besonders in Afrika sowie im Nahen und Mittleren Osten zu beobachten. Dort leiden sie vor allem unter islamischem Extremismus. Weltweit leiden ebenso Angehörige anderer Religionen unter Benachteiligung und Verfolgung, etwa die Ba'hai im Iran oder Menschen jüdischen Glaubens in vielen Teilen der Welt. Es gibt

auch Fälle, in denen Gewalt auch von Christen ausgeht, z. B. in Zentralafrika.[20]

Dass Christen, die eigentlich ihre Feinde lieben sollten, ebenfalls Gewalt anwenden, ist schrecklich. Der Verfolgung von Juden oder Bahai und anderen Minderheiten trete ich ebenso entschieden entgegen wie der Verfolgung von Christen. Aber manchmal ist es notwendig, einen Schwerpunkt zu setzen. Auf die Brüder und Schwestern. Auf diejenigen, die am stärksten verfolgt werden.

Doch was sind die Gründe dafür, dass Christen am häufigsten unter Benachteiligung und Verfolgung leiden?

Die Gründe für Christenverfolgungen sind fast immer vielschichtig und oft nicht nur allein religiös bestimmt. So können politische, kulturelle, nationalistische, wirtschaftliche und persönliche Motive eine wichtige Rolle spielen.

Christen berufen sich oft auf Botschaften der Heiligen Schrift wie Gerechtigkeit und Solidarität. Dies empfinden andere Bevölkerungsteile mitunter als Bedrohung überkommener gesellschaftlicher Werte und Strukturen. So sind etwa Übergriffe in Indien zu erklären. Diktaturen wie die in Nordkorea wiederum bekämpfen den Freiheitsgedanken, der vom Christentum ausgeht. In Nordkorea wird schon der Besitz einer Bibel mit dem Tod bestraft.

In islamischen Staaten dient die Staatsreligion als Klammer für die nationale Einheit. Andersgläubige werden daher aus politischen Gründen benachteiligt. In Ländern wie Nigeria versuchen Angehörige anderer Religionen, Christen aus ihren angestammten Gebieten zu verdrängen, um diese selbst zu beherrschen. Besonders in den nördlichen Provinzen Nigerias, in denen die Islamistengruppe Boko Haram wütet, hat sich die Situation der Christen verschlechtert.

Es geht nicht darum, die Verletzung von Religionsfreiheit

gegen die Unterdrückung von Frauen, gegen Völkermord oder fehlende Pressefreiheit auszuspielen. In der Realität hängen die Menschenrechte immer eng zusammen, so dass Staaten, die die Religionsfreiheit verletzen, meist auch viele andere Menschenrechte verletzen und umgekehrt. Wenn jedoch ein Anhänger einer verhassten Religion und Träger einer verhassten Hautfarbe gefoltert wird, darf man weder den Rassismus mit der Begründung verharmlosen, es sei ja in Wirklichkeit eine religiöse Komponente im Spiel, noch umgekehrt. Sowohl Rassismus als auch Religionshass sind verabscheuungswürdig – wenn sie gleichzeitig auftreten, müssen sie gleichsam bekämpft werden.[21]

Zu den Möglichkeiten eines Abgeordneten, sich für verfolgte Christen einzusetzen, gehören Besuche vor Ort, um sie zu ermutigen und um ihre Anliegen bekannt zu machen. 2014 hatte ich die Gelegenheit, Christen in Nigeria zu besuchen. Ich versprach ihnen, ihre Lage in den Medien anzusprechen. Dies erzeugte ein erstaunlich großes Echo. Die Deutsche Welle berichtete darüber und verschiedene Printmedien. Dabei ist auch das folgende Interview mit Uwe Heimowski (meinem Co-Autor) für das Internetportal Jesus.de entstanden, das ich hier wiedergeben möchte. Die Lage in Nigeria ist ein exemplarisches Beispiel dafür, wie es vielen Christen auf der Welt ergeht.

Besuch in Nigeria: »Die Angst der Christen ist mit Händen zu greifen«

Der Bundestags-Abgeordnete Frank Heinrich (CDU) ist eine Woche durch Nigeria gereist, um sich vor Ort ein Bild von der Lage der verfolgten Christen zu machen. Im Interview erzählt er von zerstörten Schulen, Krankenhäusern und Kirchen – und der Angst der Menschen, die trotzdem für die »Boko Haram«-Terrorristen beten.

Familie Heinrich (Senior) – Hans und Ruth mit meinen Schwestern Bärbel und Christel (etwa 1980)

»Den Wind um die Nase und das Meer vor Augen – das Lebensgefühl schlechthin!«

Familie Heinrich (Junior) – manchmal etwas verrückt (2010)

Zusammen mit meinem besten Freund und Heilsarmeeoffizier Björn Marti zum Thema Zusammenarbeit von Heilsarmee und Jesus Freaks

Open-Air-Live-Gottesdienst im ZDF

Frank und Regina Heinrich

Mit Ertan Cevik (Baptistenpastor aus der Türkei) und Erika Steinbach bei einer Pressekonferenz

Frau von der Leyen zu Besuch in Chemnitz

Fraktionsoffene Sondersitzung zum Thema Fluchtursachen mit Gert Müller, Volker Kauder, Thomas de Maizière, Thomas Strobel

Besuch bei Opfern der Katastrophe um die Textilfabrik bei Rama Plaza in Bangladesch

Ein Projekt von *streetfootballworld* mit benachteiligten Kindern in Lima

In einer Schule in Ghana – mit der Bildung steht und fällt fast alles

Mit Volker Beck in dem Flüchtlingslager der Westsahara in Südalgerien

Zu Besuch bei hungerstreikenden aserbaidschanischen Ehefrauen, deren Männer als politische Gefangene in Haft sitzen

Eine Demonstration in Berlin für Verteidigung von Menschenrechten in Mali

Begegnung mit afrikanischen Frauenrechtlerinnen im Bundestag

»Tu deinen Mund auf für die Stummen und für die Sache aller, die verlassen sind.«

Mit CARE bei einer Schulspeisung auf dem Land

Immer wieder »Wasser«, da haben wir als Deutschland viel zu bieten

Projektbesuch in Malawi. Gespräche mit Entwicklungshelfern

Mit Gudrun Gundelach, leidenschaftliche Mitkämpferin beim Thema Menschenhandel – vielen bekannt als Oma Charlotte in der Telekom-Werbung

Herr Heinrich, was war der Anlass für Ihre Reise?
Frank Heinrich: Mir persönlich und auch meiner Fraktion ist die Situation der verfolgten Christen ein vordringliches Anliegen in der Menschenrechtspolitik, nicht weniger als 80 Prozent aller religiös verfolgten Menschen sind Christen. Ich selber war 2009 als Neuling im Bundestag verwundert, wie präsent dieses Thema ist. Der Stephanuskreis etwa ist sehr aktiv. Wir erhalten Berichte von verschiedenen Kirchen und Nichtregierungsorganisationen, die uns oft erschüttern. Auch in meiner Funktion als Obmann hörte ich öfter von Nigeria. Nun wollte ich die Lage selber in Augenschein nehmen, ein persönlicher Eindruck ist immer tiefer und prägender als eine indirekte Information. Ein zweiter Grund: Mit meinen Eltern war ich als Kind oft bei Christen hinter dem Eisernen Vorhang, in Rumänien oder der DDR. Dort habe ich erlebt, wie ermutigend das für die Christen vor Ort war. Es gab im Vorfeld meiner Reise vehemente Warnungen des Auswärtigen Amtes wegen der Sicherheitslage und der Angst vor Entführungen, aber ich wusste, dass es kaum persönliche Besuche und Unterstützung für die Christen in Nigeria gibt. Deswegen habe ich mich im Auftrag des Bundestages auf den Weg gemacht.

Vielleicht zunächst ein Überblick.
Wie ist die Situation in Nigeria?
Je nach Region ist die Lage sehr divers, allgemein ist Unsicherheit zu spüren, Nigeria ist von Gewalt geprägt. Im angehenden Präsidentschaftswahlkampf ist vieles undurchsichtig. Das ganze Land ist durchdrungen von Korruption, schwachen staatlichen Akteuren und einer Kultur, in der Aggression und Terror zum Alltag gehören. Der Süden ist vor allem von Christen geprägt, dort leben viele Reiche, auch Christen sind vielfach sehr wohlhabend. Hier sind Entführungen und Alltagskriminalität aus wirtschaftlichen Gründen an der Tages-

ordnung. Der mittlere Gürtel wird erschüttert von Überfällen und Auseinandersetzungen verschiedener ethnischer Gruppen. Eine unrühmliche Rolle spielen die Fulani, ein Nomadenvolk, das hin und wieder ganze Dorfbevölkerungen ermordet oder vertreibt. Sie verzehren die Ernten, vernichten das Saatgut und damit die Lebensgrundlage der Menschen. Mehrheitlich Christen sind Ziel dieser Überfälle. Im muslimischen Nordosten verübt die Boko Haram ihre terroristischen Anschläge und versetzt ganze Regionen in Angst und Schrecken. Auch hier trifft es hauptsächlich Christen, allerdings sind auch gemäßigte Muslime Ziel der Angriffe.

Wie stark beeinflusst die Angst der Menschen ihren Alltag?

Die Gefahr der Verfolgung ist allgegenwärtig. Mir wurde eine drei Daumen dicke Mappe übergeben, in der die Kirchen das Ausmaß der Verfolgung dokumentiert haben: vernichtete Gotteshäuser, Listen mit den Namen von Hunderten, ja Tausenden von Pastoren und anderen Christen, die verschleppt oder ermordet wurden. Bei einem solchen Ausmaß der Zahl und der Breite der Angriffe – von einer Region heißt es, 97 Prozent aller Kirchengebäude wurden attackiert und zerstört – ist die Angst natürlich allgegenwärtig. Und trotzdem hat mich beeindruckt, mit welcher Gefasstheit die Menschen von ihrer Not berichtet haben.

Welche Auswirkungen haben die Verfolgungen auf den Alltag der Christen? Wie leben sie persönlich und als Kirchen ihren Glauben?

Krankenhäuser, Schulen und Kirchen von Christen im Norden sind fast vollständig zerstört oder von der Boko Haram enteignet und umgewidmet worden. Wir waren auf dem Campus eines ehemals blühenden Theologischen Seminars, er lag brach – viele Studenten wurden getötet, der Rest vertrieben.

In manchen Regionen ist christlicher Religionsunterricht verboten, manchmal wird sogar Zwang ausgeübt, islamischen Unterricht zu besuchen. Und doch habe ich erlebt, dass die Christen ihren Glauben leben und fröhliche Gottesdienste feiern. Sehr beeindruckt hat mich auch, dass die verschiedenen Kirchen einen gemeinsamen Vertreter gewählt haben, um mit einer Stimme zu sprechen.

Wie spürbar ist die Angst vor weiteren Entführungsfällen?
Die Angst ist mit Händen greifbar. In einer Stadt, die ich besuchte, durfte ich bestimmte Viertel nicht betreten, weil sie regelmäßig angegriffen werden. Und selbst die Militärpatrouille, die mich auf dieser Reise begleitete – alleine schon, dass es für notwendig erachtet wurde, mich zu meinem Schutz permanent mit acht bewaffneten Soldaten zu begleiten, spricht Bände –, wollte bestimmte Straßen wegen kurz zuvor erfolgter Attacken nicht benutzen.

Christen und Muslime haben in Nigeria lange Zeit friedlich zusammengelebt. Ist das Misstrauen im Alltag gewachsen oder gibt es auch Solidarität miteinander gegen Boko Haram?
Ich habe die Hauptmoschee von Nigeria in Abuja besucht und mich mit dem Generalsekretär und dem geistlichen Führer unterhalten. Sie distanzierten sich vehement von der terroristischen Form des Islam, wörtlich sagten sie: »Das ist nicht unser Glaube, das ist nicht der Islam.« Von Christen hörte ich ein Beispiel für Solidarität: Einige Kirchen wurden unter Mithilfe von Muslimen wieder aufgebaut, Hilfsgüter wurden unter Christen und Muslimen geteilt, und in einem Fall wurde der Pastor im Anschluss an die Einweihung eingeladen, eine Rede in der Moschee zu halten. Das sind zwar Ausnahmen, aber durchaus ermutigende Beispiele. Mir

kommt es so vor, als wären die meisten Muslime nicht zu Gewalt bereit, schweigen aber aus Angst vor eigener Gefährdung, womit sie sich allerdings indirekt von den Extremisten instrumentalisieren lassen. In der Hauptstadt gibt es einen lebendigen interreligiösen Dialog, an dem auch Vertreter staatlicher Organisationen wie Behörden, Polizei und Militär beteiligt sind.

Fühlen sich die Menschen von der Regierung und Armee ausreichend geschützt?

Das würde ich vollkommen verneinen, auch wenn ich es natürlich nicht für alle Regionen und alle Menschen behaupten kann. Folgendes Erlebnis zur Illustration: Wir fahren in ein Dorf, in dem sehr viele Flüchtlinge Unterschlupf gefunden haben. Kaum taucht das Auto mit den Soldaten auf, das uns vorausfährt, verschwinden die meisten Menschen fluchtartig von der Straße. Erst als sich herausstellt, mit welchem Auftrag die Militärs unterwegs sind, nämlich zum Schutz eines deutschen Abgeordneten und von Kirchenvertretern, kommen die Menschen langsam zurück. Viele sind von uniformierten Menschen bedroht und vertrieben worden. Die Regierung, das muss man festhalten, bemüht sich nach Kräften, die Menschen zu schützen, doch durch die Korruption versickern die Bemühungen auf den Dienstwegen. Die ethnischen, religiösen und politischen Konflikte verhindern eine stabile Sicherheitslage.

Was können Menschen in Deutschland tun, um den Christen in Nigeria zu helfen?

Ich habe einen ganz konkreten Auftrag mitbekommen, der mich übrigens sehr überrascht und umso mehr berührt hat. Pastoren verschiedener Kirchen baten mich, den Christen in meinem Land zu sagen, dass sie nicht vergessen sollen, auch für Boko Haram zu beten. »Liebet eure Feinde«, kann ich dazu nur sagen. Das »auch« schließt natürlich ein, dass wir auch für die Christen beten und ihre Sorgen und Not überhaupt erst einmal wahrnehmen und sie dann auch kommunizieren. Eine konstruktiv formulierte, aber deutliche Klage der Geschwister war, dass »die Christenheit« es nicht schafft, das Leiden der verfolgten Christen in Nigeria wahrzunehmen und als eine einheitliche Stimme anzusprechen. Also: Geben wir den Menschen eine Stimme und beten wir für sie.[22]

17. Gefangene freisetzen

Eingesperrt. Abgeschlossen. Es gibt wohl kaum einen Ort, den wir stärker mit Unfreiheit in Verbindung bringen, als eine Gefängniszelle. Und so führt der Kampf für die Freiheit folgerichtig auch zum Einsatz für Gefangene.

Als Christ komme ich ohnehin nicht an diesem Thema vorbei. Wie bedeutend es für Jesus war, zeigt sich gleich am Anfang seines Dienstes. In der Synagoge in Nazareth, seiner Heimatstadt, wurde Jesus gebeten, eine Passage der Bibel zu lesen. Es war der Text aus dem Propheten Jesaja, Kapitel 61, Vers 1-2: »Der Geist des Herrn ruht auf mir, denn er hat mich gesalbt, um den Armen die gute Botschaft zu verkünden. Er hat mich gesandt, Gefangenen zu verkünden, dass sie freigelassen werden, Blinden, dass sie sehen werden, Unterdrückten, dass sie befreit werden und dass die Zeit der Gnade des Herrn gekommen ist.« Nachdem Jesus die Schriftrolle zurückgegeben hatte, sahen alle ihn an und er sagte: »Heute ist dieses Wort vor euren Augen und Ohren Wirklichkeit geworden!« (Lukas 4,18-19.21; NLB).

Die Zeit der Gnade des Herrn für Arme, Gefangene, Blinde und Unterdrückte ist angebrochen. Jesus macht unmissverständlich klar, für wen er sich einsetzt. Theologen haben dafür einen Begriff geprägt: »Option für die Armen«. Mir ist es ein Anliegen, Gefangene freizusetzen. Das kann ich nicht direkt tun, aber ich kann meinen Teil dazu betragen. Insbesondere gilt es, diejenigen zu unterstützen, die zu Unrecht in Gefängnissen sitzen: politische Häftlinge oder Menschen, die wegen ihrer Religionszugehörigkeit eingesperrt sind. In vielen Ländern gibt es fragwürdige Inhaftierungen von kritischen Bürgern wie Menschenrechtsverteidigern,

Journalisten, Bloggern oder Oppositionellen. Sie werden unter fadenscheinigen Gründen verhaftet und ohne ein rechtsstaatliches Verfahren festgehalten.

Eine Gefängniszelle in Lateinamerika mit 30 Doppelstockbetten für 180 Frauen

Dass sich der Einsatz für diese Gefangenen lohnen kann, möchte ich am Beispiel von Do Thi Minh-Hanh beschreiben, deren Fall ich im nächsten Kapitel etwas ausführlicher dokumentiere. Vorher noch ein anderer Gedanke: Nicht alle Gefangenen sind unschuldig. Gerade in einem Rechtsstaat wie Deutschland wird niemand schnell und schon gar nicht ohne Grund ins Gefängnis gesteckt. Die Justiz ist unabhängig. Angeklagte haben das Recht auf einen Verteidiger. Gegen Urteile kann auf mehreren Instanzen Berufung eingelegt werden. Bei Menschenrechtsverletzungen kann der Europäische Gerichtshof für Menschenrechte eingeschaltet werden. Viele Länder dieser Erde würden sich einen solchen Zustand wünschen. Natürlich gibt es auch in Deutschland Justizirrtümer, aber die liegen im Promillebereich.

Doch auch diese zu Recht verurteilten Menschen liegen Gott am Herzen. Weder Jesaja noch Jesus sprechen von »Unschuldigen«. Als Christ weiß ich: Kein Mensch kann seine Würde verlieren. Niemals. Jeder Mensch kann neu anfangen. Wir alle werden schuldig, und ein Kerngedanke des christlichen Glaubens ist die Vergebung und die Möglichkeit zum Neuanfang.

Die Gefängnisseelsorge ist darum ein wichtiges Feld der kirchlichen Arbeit. In Deutschland findet sie ökumenisch statt: katholisch, evangelisch, freikirchlich. Die Deutsche Bischofskonferenz schreibt zu diesem Aufgabengebiet in einem Brief von 2006: »Die Präsenz der Kirche im Justizvollzug will die Vermittlung der frohen Botschaft von der Befreiung leisten. Sie ist sich dabei der Verantwortung für den Rechtsstaat und der Loyalität ihm gegenüber bewusst.«[23]

Seelsorge sieht immer den einzelnen Menschen. Sie will helfen, Schuld aufzuarbeiten und einen Neubeginn zu ermöglichen. Aber zugleich ist Gefangenenseelsorge weit mehr als das. Sie ist auch ein Dienst an der gesamten Gesellschaft. Wenn die Kirchen sich um Gefangene kümmern, hat das Auswirkungen auf deren Verhalten und damit auf ihren Umgang mit anderen Menschen.

Wenn die Kirchen sich um Gefangene kümmern, hat das Auswirkungen auf deren Verhalten und damit auf ihren Umgang mit anderen Menschen.

Die christliche Straffälligenhilfe Schwarzes Kreuz schreibt dazu auf ihrer Website:

> Wir im Schwarzen Kreuz unterstützen inhaftierte Menschen. Allerdings: Die Schuld von Straftätern wollen wir nicht verharmlosen. Sie müssen die Verantwortung für ihr Handeln übernehmen.
>
> Aber irgendwann lassen sie das Gefängnis hinter sich zurück und werden wieder unsere Nachbarn. Wir möchten, dass

sie es schaffen, ihr Leben neu auszurichten – ohne neue Straftaten.

Wo das gelingt, bleibt uns allen vieles erspart: der Schaden anderer Menschen, auch Steuergelder für das Leben in Haft. Aber vor allem ersparen wir uns das Leid neuer Opfer, die es dann gar nicht erst gibt.

So ist Straffälligenhilfe gleichzeitig Opferprävention.[24]

Straffälligenhilfe ist Opferprävention. Das ist ein wesentlicher Aspekt insbesondere bei der Arbeit mit jungen Menschen. Die Erfahrung zeigt: Im herkömmlichen Jugendknast wird niemand gebessert. Im Gegenteil: Einige kommen hier erst recht auf die schiefe Bahn. Deshalb ist es wichtig, Konzepte zu entwickeln, die einen prägenden positiven Einfluss auf die jungen Straftäter haben.

Ein Projekt, das mich aufgrund der Art, wie es Jugendlichen eine Perspektive bietet, besonders überzeugt, ist der Verein Seehaus e.V. Angelehnt an die Arbeit der Organisation »Prison Fellowship International« hat Tobias Merckle 2001 diesen Verein gegründet. Mehrfach hat er mich in meinem Berliner Büro besucht und mir die neuesten Entwicklungen im Seehaus vorgestellt. Eine inspirierende Persönlichkeit – und ein sehr durchdachtes Konzept:

Der Seehaus-Verein betreibt die Modelleinrichtungen für straffällige Jugendliche »Seehaus Leonberg« und »Seehaus Störmthal«. Der »Jugendstrafvollzug in freien Formen« bietet eine dritte Alternative neben den klassischen Formen des offenen und geschlossenen Jugendstrafvollzuges. Jugendliche und Heranwachsende zwischen 14 und 23 Jahren, die bereit sind, an sich zu arbeiten, können sich vom Jugendstrafvollzug aus für das Seehaus bewerben. Nach Zustimmung des Anstaltsleiters verbringen sie ihre gesamte Haftzeit im Seehaus. Bis zu 7 Jugendliche wohnen mit Hauseltern und deren Kin-

> dern zusammen und erfahren so – oft zum ersten Mal – »funktionierendes« Familienleben, Liebe und Geborgenheit. Gleichzeitig erwartet sie ein durchstrukturierter und harter Arbeitsalltag:
>
> Um 5:45 Uhr beginnt der Tagesablauf mit Frühsport.
>
> Bis 22:00 Uhr sind die Jugendlichen in ein konsequent durchgeplantes Erziehungsprogramm eingebunden.
>
> Hausputz, Schule, Arbeit, Berufsvorbereitung, Sport, gemeinnützige Arbeit, Auseinandersetzung mit den Auswirkungen von Straftaten für die Opfer, Wiedergutmachung, soziales Training und die Vermittlung christlicher Werte und Normen sind fester Bestandteil des Konzepts. Sie dienen dazu, dass die Jugendlichen lernen, Verantwortung zu übernehmen, und die besten Voraussetzungen haben, um sich als gesetzestreue Bürger in die Gesellschaft einbringen zu können.[25]

Darüber hinaus bietet das Seehaus Traumaberatung für Opfer von Straftaten und den sogenannten Täter-Opfer-Ausgleich an. Hier kommen Täter ins Gespräch mit Opfern von Straftaten. Dies hilft ihnen, den Blick für die Not zu entwickeln, die durch ihre Straftat entstanden ist. Dabei geht es nicht um den finanziellen Verlust, sondern um die emotionale Belastung wie Angstzustände nach einem Einbruch. Wenn Täter mit Opfern ins Gespräch kommen, wird gegenseitiges Verständnis möglich und Heilung. Das hat mich besonders überzeugt. Denn alle notwendige Fürsorge für die Gefangenen darf nie zulasten der Opfer gehen. Der barmherzige Samariter, den Jesus uns als Beispiel für gelebte Nächstenliebe vorstellt, kümmert sich um einen Mann, der unter die Räuber gefallen ist, ein Opfer von Gewalt. Die »Option für Armen« schließt die Täter mit ein, vergisst aber niemals die Opfer.

Ob im Seehaus, beim Schwarzen Kreuz, in der Gefängnisseelsorge der verschiedenen Kirchen oder beim Engagement Einzelner – viele Christen haben das biblische Anliegen aufgenommen, sich um die Gefangenen zu kümmern, und leisten eine qualifizierte Arbeit an einzelnen Menschen und zum Wohl der gesamten Gesellschaft.

Als Repräsentant des Parlaments möchte ich dafür einfach mal »Danke!« sagen.

18. Do Thi Minh-Hanh

In einigen Ländern dieser Erde werden die Menschenrechte mit Füßen getreten und Personen, die dies zur Sprache bringen, unrechtmäßig eingesperrt. Das alles scheint für uns vielleicht weit weg und gleichzeitig haben wir das Gefühl, dagegen völlig machtlos zu sein. Wir denken, dass wir nichts für diese Menschen tun können. Dass dem nicht so ist, zeigt die Geschichte der vietnamesischen Gewerkschafterin und politischen Gefangenen Do Thi Minh-Hanh. Sie ist ein Beispiel dafür, dass der öffentliche Einsatz von Parlamentariern einen Unterschied machen kann. Durch Berichte über Menschen wird die politische Arbeit konkret, der abstrakte Alltag bekommt ein Gesicht.

Die Mitglieder im Menschenrechtsausschuss bekommen regelmäßig Informationen zu politischen Gefangenen. Immer wieder kommt es auch zu Besuchen von deren Freunden oder Angehörigen im Deutschen Bundestag, wo die Besucher uns Abgeordneten die jeweilige Lage der Betroffenen schildern.

Anfang 2014 wendete sich die Menschenrechtsorganisation VETO! an den Ausschuss. Sie bat um einen Gesprächstermin mit Abgeordneten für die Mutter von Do Thi Minh-Hanh und gab uns in einem Brief folgende Hintergrundinformation:

Frau Do Thi Minh-Hanh, geb. 1985, ist Buchhalterin in der vietnamesischen Provinz Lam Dong. Schon im jungen Alter von 16 engagierte sie sich für die »Opfer der sozialen Ungerechtigkeit«, die sich gegen die unrechtmäßige Beschlagnahmung ihrer Grundstücke und Häuser wehrten. Später trat sie in das Komitee zum Schutz der Arbeiter in Vietnam ein. Nach einem Streik in einer Schuhfabrik in der südvietnamesischen Provinz Tra Vinh, den sie mit organisiert hatte, wurde sie 2010 verhaftet und später wegen »Störung der öffentlichen Ordnung« unter Ausschluss der Öffentlichkeit und ohne Rechtsbeistand zu sieben Jahren Haft verurteilt. Sie wurde im Gefängnis mehrmals gefoltert und brutal misshandelt, nur weil sie kein Geständnis ablegen wollte. Außerdem ist Minh-Hanh gesundheitlich angeschlagen. Sie befand sich zuletzt im Lager Thanh Xuan bei Hanoi, 1 700 km von ihrem Zuhause entfernt. Damit waren Besuche und die Versorgung mit notwendigen Lebensmitteln durch die Familie erschwert.

Die Dachgewerkschaft der Arbeiter in Vietnam (DGAV) ist die einzige zugelassene Gewerkschaft in dem kommunistischen Land. Die Ausbeutung der Arbeitskräfte im niedrigen Lohnsektor hat sich in den letzten Jahren verschärft und immer wieder zu »wilden« Streiks geführt. Die Regierung betrachtet diese als illegal, weil sie die hohen gesetzlichen Anforderungen nicht erfüllen und keine Zustimmung der DGAV erhalten haben. Unabhängige Gewerkschaftler, die sich für den Schutz der Arbeiterrechte einsetzen, werden verhaftet und zu hohen Haftstrafen verurteilt.

Die Lederschuhfabrik My Phong beschäftigte in 2010 rund 11 000 Arbeiter in der südvietnamesischen Provinz Tra Vinh. Die Arbeiter waren im Januar 2010 wegen der schlechten Bezahlung und der Kürzung von Prämien unzufrieden. Außerdem hatten taiwanesische Manager Mitarbeiterinnen beleidigt und misshandelt. Am 28.1.2010 wurde dort zum Streik ausgerufen. Um die Ausbreitung des Arbeitskampfes zu verhindern, hatte die Schuhfabrik die Arbeiter in ihren Werkstätten eingesperrt. Die Arbeiter konnten sich später aus der Gefangenschaft befreien, nachdem 13 Frauen wegen Sauerstoffmangel bewusstlos geworden waren. Während des Streiks wurden Flugblätter verteilt. Unter anderem forderten die Arbeiter die Fabrik dazu auf, ihre Menschenwürde zu respektieren und die verantwortlichen Personen zur Rechenschaft zu ziehen. Außerdem sollten zukünftig die Gewerkschaftsvertreter von den Arbeitern selbst gewählt werden. Der Streik endete am 4.2.2010, nachdem die Fabrik sich auf Kompromisse eingelassen hatte.

Nach dem Streik suchte die vietnamesische Polizei nach den Organisatoren des Streiks. Drei Personen wurden verhaftet, weil sie angeblich die Flugblätter verteilt haben sollen: Herr Doan Huy Chuong, Herr Nguyen Hoang Quoc Hung und Frau Do Thi Minh-Hanh.

Verhaftung, Folter, Unrechtsprozesse, unmenschliche Haft

Minh-Hanh wurde mit einem fadenscheinigen Vorwand am 23.2.2010 zu der Polizei der Provinz Lam Dong gelockt und verhaftet. Dort wurde sie von Polizisten im Beisein ihrer Mutter zusammengeschlagen. Sie wurde danach in das Haftzentrum B14 des Ministeriums für Öffentliche Sicherheit in Ho-Chi-Minh-Stadt überwiesen. Dort und in jedem der darauffolgenden Haftzentren versuchte die Polizei immer wieder, ein Geständnis von ihr abzupressen. Schon während der Untersuchungshaft trat sie in einen Hungerstreik, um gegen die willkürliche Verhaftung und Misshandlung zu protestieren.

Der erste Prozess in der Provinz Tra Vinh fand am 26.10.2010 unter Ausschluss der Öffentlichkeit statt, in dem Minh-Hanh nicht anwaltlich vertreten war. Ihre Familie, die erst eine Woche vor dem Gerichtstermin benachrichtigt worden war, konnte keine Rechtsverteidiger für sie finden. Wegen »Störung der öffentlichen Ordnung« wurden sie und Doan Huy Chuong zu jeweils sieben und Nguyen Hoang Quoc Hung zu neun Jahren Haft verurteilt.

Nach der Verurteilung wurde Minh-Hanh zum Haftlager der Provinz Tra Vinh zurückgebracht. Dort durfte sie über das Thema Berufung mit ihrer Familie während des Besuchs nicht sprechen. Der von ihrer Familie engagierte Rechtsanwalt wurde nicht ins Gefängnis gelassen. Auf vehementen Protest des Anwalts wurde der geplante Gerichtstermin am 24.1.2011 verschoben. Der Berufungsprozess fand am 18.3.2011 – erneut unter Ausschluss der Öffentlichkeit – statt und bestätigte die hohen Haftstrafen gegen die drei unabhängigen Gewerkschaftler.

Der Haftort von Minh-Hanh wurde ständig gewechselt, um Besuche zu erschweren. Ihre Familie erfuhr erst davon, wenn sie vor dem alten Lager stand. In nur vier Jahren durchlebte Minh-Hanh sieben verschiedene Gefängnisse. Nach den Lagern in der Provinz Lam Dong, Ho-Chi-Minh-Stadt und Provinz Tra Vinh folgen die Gefängnisse in der Provinz Long An (Ben Luc), Provinz Binh Thuan (Z30D) und Provinz Dong Nai (Z30A). Im Oktober 2013 wurde sie zum Lager Thanh Xuan in der Hauptstadt Hanoi gebracht – 1 700 km von ihrer Familie entfernt. Die Inhaftierung an einem fernen Ort ist eine unmenschliche Strafmaßnahme. Gefangene werden damit von der Außenwelt isoliert und können von ihren Familien nur unzureichend mit Lebensmitteln versorgt werden, was jedoch für die unterernährten Gefangenen lebensnotwendig ist. Minh-Hanh ist außerdem immer wieder von Gefängniswärtern misshandelt, in Einzelhaft genommen, mit HIV-Kranken zusammen in eine Zelle gesteckt oder zur Bestrafung stundenlang der heißen Sonne ausgesetzt worden. Der Grund: Mal weigerte sie sich ein Geständnis abzulegen, mal protestierte sie gegen die Zwangsarbeit oder gegen die unmenschliche und erniedrigende Behandlung durch das Gefängnis. Minh-Hanh wurde zweimal von anderen Gefangenen zusammengeschlagen. Die Mitgefangenen machten Minh-Hanh dafür verantwortlich, dass sie wegen ihres »Fehlverhaltens« von den Aufsehern kollektiv bestraft worden waren.

Gesundheit

Da sie im Gefängnis häufig am Kopf geschlagen wurde, leidet Minh-Hanh an chronischen Kopfschmerzen. Seit August 2013 hat sie Schmerzen an der Brust. Ihre Familie vermutet Brustkrebs. In Hanoi wurde ihr eine Therapie versprochen, die nicht stattfand.

UN verurteilt Willkürhaft

Die Arbeitsgruppe über willkürliche Haft des UN-Menschenrechtsrates befand im November 2012, dass Do Thi Minh-Hanh, Nguyen Hoang Quoc Hung und Doan Huy Chuong willkürlich inhaftiert sind, und forderte die vietnamesische Regierung auf, die Gefangenen freizulassen und zu entschädigen. Der Fall wurde auch an den UN-Sonderberichterstatter für Folter überwiesen.

Die Mutter schickte uns einen Bericht zum aktuellen Wohlergehen ihrer Tochter. Der Menschenrechtsausschuss nahm die Bitte auf und lud VETO! zu einem Gespräch ein. Wir trafen die Mutter Do Thi Minh-Hanhs im Bundestag. Eine bewegende, aufrüttelnde Begegnung. Da der Ausschuss für wirtschaftliche Zusammenarbeit und Entwicklung bald darauf eine Reise nach Vietnam geplant hatte, versprach ich der Mutter während meines Aufenthaltes in ihrem Heimatland einen Besuch bei Do Thi Minh-Hanh zu beantragen. Die Aussichten waren gering, in den letzten Jahren hatte kein einziger europäischer Abgeordneter ein vietnamesisches Gefängnis besuchen dürfen. Doch mir war bewusst: Auch wenn das Treffen nicht zustande kommen würde, war allein der Antrag auf diesen Besuch eine politische Botschaft. Die vietnamesischen Behörden würden erfahren: Wir schweigen nicht! So beantragte die deutsche Botschaft gemeinsam mit der norwegischen Botschaft einen Besuchstermin bei Do Thi Minh-Hanh in Camp 3 des Gefängnisses Thanh Xuan. Unsere erste Antwort vor Ort hieß: Abgelehnt. Es sei nicht möglich, die Gefangene zu treffen. Am nächsten Morgen kam die überraschende Kehrtwende: Uns wurde die Erlaubnis erteilt, die junge Frau im Gefängnis zu besuchen.

Die Gesprächsatmosphäre war positiv, Do Thi Minh-Hanh berichtete sehr offen. Sie sprach über Gewalt, die ihr persönlich zugefügt wurde, auch in den anderen Gefängnissen, in denen sie bisher inhaftiert gewesen war. In dem aktuellen Gefängnis habe es sich aber gebessert, erklärte sie. Dennoch: Alleine schon der Umstand, dass sie überhaupt im Gefängnis saß, stellte eine gravierende Menschenrechtsverletzung dar. Am Ende des Gesprächs übergab ich ihr, wie bereits erwähnt, in einem unbemerkten Moment meine Visitenkarte mit einer schnell hingeworfenen Nachricht und versprach ihr zum Abschied, ihren Fall auch öffentlich zur Sprache zu bringen. Das tat ich mit einer Pressemitteilung:

Frank Heinrich besucht inhaftierte Gewerkschafterin in Vietnam

Berlin, 28.04.2014

Besuch bei inhaftierter Gewerkschaftlerin Do Thi Minh-Hanh in Vietnam,

Menschenrechtspolitiker Frank Heinrich plädiert für Freilassung aller politischen Gefangenen und schnelle Ratifizierung von UN-Konvention gegen Folter.

Überraschend war es dem Menschenrechtspolitiker Frank Heinrich, MdB, möglich, die in Vietnam inhaftierte Do Thi Minh-Hanh im Gefängnis Camp 3 Thanh Xuan bei Hanoi zu treffen. Die Gewerkschafterin steht auf der EU-Liste politischer Gefangener.

Sie ist auch eine von etwa drei Dutzend inhaftierter Vietnamesen, die von der Arbeitsgruppe gegen willkürliche Verhaftungen der Vereinten Nationen namentlich benannt und deren umgehende Freilassung gefordert wurden.

Erst am 8. April 2014 hatte Frau Tran Thi Ngoc-Minh, Mutter der inhaftierten Gewerkschafterin, gemeinsam mit Mitgliedern der Nichtregierungsorganisation VETO! bei einem Treffen mit Menschenrechtspolitikern im Deutschen Bundestag von der Lage Do Thi Minh-Hanhs berichtet. Frank Heinrich, Mitglied der deutschen Delegation des Ausschusses für wirtschaftliche Zusammenarbeit und Entwicklung, konnte am 24. April im Rahmen dieses Arbeitsbesuches überraschend als erster europäischer Abgeordneter seit Jahren eine prominente politische Gefangene treffen. Das Gespräch mit Do Thi Minh-Hanh war in guter Atmosphäre und großer Offenheit möglich.

Frank Heinrich bewertet die Möglichkeit dieses Besuches als einen positiven Schritt und fordert Vietnam gleichzeitig dazu auf, die Rechte aus dem Internationalen Pakt über bürgerliche und politische Rechte (UN-Zivilpakt), den Vietnam unterzeichnet hat, zu achten. Die aktuellen Haftbedingungen von Frau Do Thi Minh-Hanh seien nach dem oberflächlichen Eindruck akzeptabel. Die Berichte über Folterungen in anderen Gefängnissen während ihrer zweijährigen Haftzeit zeigten aber auch, so Heinrich, dass eine baldige Ratifizierung und konkrete Umsetzung der Antifolterkonvention der Vereinten Nationen zeitnah erfolgen müssen. Die Lage einzelner Gefangener muss verbessert, willkürliche Verhaftungen eingestellt und das Verbot unabhängiger Gewerkschaften aufgehoben werden. Alle politischen Gefangenen müssen freigelassen werden.

Um ehrlich zu sein: Meine Hoffnung, dass dieser Besuch und die Pressemitteilung zu einer baldigen Freilassung führen könnten, waren nicht allzu groß. Doch es ist allemal besser, einen Strohhalm zu ergreifen, als tatenlos zuzusehen. Und hatte nicht der Besuch selbst schon jeder Wahrscheinlichkeit widersprochen?

Als dann nach ziemlich genau zwei Monaten die Nachricht von Do Thi Minh-Hanhs Freilassung eintraf, war das ein echter Gänsehautmoment. Dafür arbeiten wir im Menschenrechtsausschuss!

Erneut setzte ich eine Pressemitteilung auf:

Do Thi Minh-Hanh ist frei.
Am Donnerstag, 26. Juni, wurde die in Vietnam inhaftierte Gewerkschaftlerin aus der Haft entlassen.

Frank Heinrich, Obmann der AG Menschenrechte der CDU/CSU-Bundestagsfraktion äußert sich erleichtert: »Mit großer Freude habe ich von Do Thi Minh-Hanhs Freilassung erfahren. Nach Auskunft verlässlicher Quellen ist sie gesund und wird ihre Kräfte weiter im Kampf für die Menschenrechte in Vietnam einsetzen.«

Heinrich war es als erstem westlichen Politiker nach jahrelangen Besuchsverboten der vietnamesischen Regierung am 24. April möglich gewesen, Do Thi Minh-Hanh in der Haft zu treffen.

Die Menschenrechtsorganisation VETO! schreibt dazu: »Für Frau MINH-HANH war dieser Besuch und die damit offenkundig gewordene internationale Aufmerksamkeit für ihr Schicksal von entscheidender Bedeutung für ihre Freilassung.«

Wieder einmal hatte sich bestätigt, was ich schon früh im Leben gelernt habe: Schon eine kleine Geste kann große Auswirkungen haben. Dabei war dies nicht mir und meinem Einsatz für sie alleine zuzuschreiben. Auch andere Mitglieder des Menschenrechtsausschusses hatten sich für Do Thi Minh-Hanh eingesetzt, allen voran der Vorsitzende Michael Brand, der eine sogenannte parlamentarische Patenschaft für die Vietnamesin übernommen hatte. Am 4. Juli 2014 gab auch der Ausschuss eine Pressemitteilung heraus und erklärte darin:

Menschenrechtsausschuss begrüßt Freilassung vietnamesischer Menschenrechtsaktivistin Do Thi Minh-Hanh – Einsatz von »Parlamentarier schützen Parlamentarier«.

Der Vorsitzende des Ausschusses für Menschenrechte und humanitäre Hilfe, Michael Brand MdB, begrüßt die »überfällige« Freilassung der vietnamesischen Menschenrechtsaktivistin Do Thi Minh-Hanh.

Brand zeigte sich als Pate im Rahmen des Programms »Parlamentarier schützen Parlamentarier« für Frau Do Thi Minh-Hanh »erleichtert und erfreut« und hob den Einsatz seines Ausschusskollegen Frank Heinrich MdB hervor, der die Menschenrechtsaktivistin im Gefängnis besucht hatte.

Die Gewerkschafterin war immer wieder für soziale und politische Gerechtigkeit eingetreten. Im Oktober 2010 war sie mit zwei weiteren Aktivisten verhaftet und zu 7 Jahren Haft verurteilt worden.

Leider gebe Vietnam weiter »Anlass zur Sorge«, bedauerte Brand: »Wir stehen als Ausschuss und als Parlament an der Seite der politischen Gefangenen, die wegen mangelnder

Meinungsfreiheit und demokratischer Strukturen verfolgt werden.« (…)

So wie der Ausschussvorsitzende selbst haben sich viele Abgeordnete aus allen Fraktionen des Deutschen Bundestages dazu bereitgefunden, eine individuelle Patenschaft im Rahmen des Programms »Parlamentarier schützen Parlamentarier« zu übernehmen. Damit wollen sie gefährdete oder zu Unrecht verfolgte oder verurteilte Abgeordnete sowie politisch Engagierte und Aktivisten für Bürger und Menschenrechte international unterstützen. Im Gegensatz zu den Abgeordneten im Deutschen Bundestag und anderen freien Parlamenten sind weltweit Abgeordnete bei der Ausübung ihres Mandats im Einsatz für Bürger- und Menschenrechte gefährdet, bedroht oder verfolgt.

Den Einsatz von Abgeordneten und anderen in aller Welt für Menschen- und Bürgerrechte will das Programm »Parlamentarier schützen Parlamentarier« des Deutschen Bundestages mit seinen individuellen Patenschaften schützen und stärken.

Die Freude über Do Thi Minh-Hanhs Freilassung war also groß – doch hatte Michael Brand recht: Es blieb Anlass zur Sorge. Die vietnamesische Regierung hatte zwar unter dem großen öffentlichen Druck einer Freilassung zugestimmt, doch sofort gab es neue Repressalien. Und damit blieb es unsere Aufgabe, uns weiterhin um das Anliegen zu kümmern. Was konnte ich tun? In zwei Fällen von gravierenden Menschenrechtsverletzungen schrieb ich einen Brief.

Brief vom Oktober 2014 an den vietnamesischen Botschafter:

Betreff: Sorge um Frau Do Thi Minh-Hanh
Sehr geehrte Exzellenz,
seit einigen Stunden erreichen mich Nachrichten aus Vietnam, die Anlass zur Sorge geben. Sie betreffen die vietname-

sische Gewerkschafterin Frau Do Thi Minh-Hanh, deren Fall Ihnen sicher bekannt ist. Selbst die UN-Arbeitsgruppe gegen willkürliche Verhaftung (UN Working Group on Arbitrary Detention/ UNWGAD) – international und unabhängig besetzt – hat sich mit Frau Hanh befasst, nicht zuletzt, um Aufmerksamkeit auf ihren Fall zu lenken.

Wenige Wochen vor der Freilassung von Frau Hanh im Juni 2014 hatte ich die Gelegenheit, sie im Gefängnis in Hanoi zu besuchen. Nach eigener Aussage war der Besuch für Frau Hanh sehr wichtig, die Begegnung hat ihr offenbar viel Mut gemacht.

Seither stehen wir in gutem Kontakt. Die Mutter von Frau Hanh, die sich sehr für die Freilassung ihrer Tochter engagiert hat, ist krank und wird derzeit in einem Krankenhaus in Österreich behandelt. Frau Hanh plante eine Reise nach Österreich, um ihre kranke Mutter zu besuchen. Ihr wurde ein Visum gewährt vom 03.09.2014 bis 18.10.2014.

Gestern nun wurde Frau Hanh die Ausreise am Flughafen von Hanoi verweigert. Nachdem sie 12 Stunden festgehalten und ihr zwischenzeitlich der Reisepass abgenommen wurde, konnte sie den Flughafen inzwischen wohl wieder verlassen.

Meines Wissens ist Frau Hanh ohne Auflagen im Juni 2014 freigelassen worden. Daher bitte ich Sie dringend um eine Erklärung, warum Frau Hanh am Flughafen von Hanoi festgehalten und ihr die Ausreise verweigert wurde.

Hochachtungsvoll
Frank Heinrich, MdB

Auch den Brief an den Staatspräsidenten, den ich nach einer erneuten Inhaftierung von Frau Minh-Hanh im November 2015 schrieb, möchte ich in Auszügen wiedergeben.

Im April 2014 hatte ich die Gelegenheit, Frau Hanh im Gefängnis in Hanoi zu besuchen. Kurze Zeit später wurde sie ohne Auflagen aus der Haft entlassen.

Umso mehr bestürzen mich die neuesten Nachrichten, die mich aus Vietnam erreichen. Frau Hanh soll am 22. November 2015 gemeinsam mit Herrn Truong Minh Duc, beide Gewerkschafter und Mitglieder der Lao Dong Viet Independent Union, verhaftet worden sein. Anlass sei ein Treffen mit Arbeitnehmern des südkoreanischen Unternehmens Yupoong gewesen, wobei es um Arbeitnehmerrechte und Verdienstausfall ging. Während des Festhaltens in Polizeigewahrsam bis zum frühen Nachmittag des Folgetages wurden Frau Hanh und Herr Duc von Polizeikräften offenbar brutal geschlagen. Inzwischen befindet sich Frau Hanh im Krankenhaus in Behandlung, sie hat Verletzungen am Kopf und am Auge und leidet an Sehstörungen.

Ich bitte Sie dringend um eine Stellungnahme zu diesem Vorfall, um rasche Aufklärung sowie um Ihre Unterstützung zugunsten der Sicherheit von Frau Hanh und aller Gewerkschafter in Vietnam.

Eine Möglichkeit für einen Abgeordneten, Themen in die Öffentlichkeit zu bringen, sind Reden im Plenum des Deutschen Bundestags. Auch dort sprach ich über die menschenrechtliche Lage in Vietnam und die spezielle Situation von Do Thi Minh-Hanh. Im Dezember 2015 etwa hielt ich bei meiner Rede zum Schutz von Menschenrechtsverteidigerinnen und -verteidigern ein Bild von ihr in die Höhe.

Ich war überrascht, welche Kreise diese Rede zog. Wenige Tage danach schrieb mir ein vietnamesischer Menschenrechtsaktivist Folgendes in einer E-Mail:

Vielen Dank auch für Ihre Rede am 3.12.2015, von der wir uns angesprochen gefühlt haben. Daraus haben wir eine kleine

Aktion gemacht. Wir haben Ihre Rede ins Vietnamesische übersetzt und mit einem Interview mit mir ergänzt, in dem ich erklärt habe, wie es zu der Patenschaft für Minh-Hanh gekommen ist, was Menschenrechtsverteidiger bedeutet, was der Bundestagsbeschluss »Schutz von Menschenrechtsverteidigerinnen und -verteidigern weltweit verstärken« beinhaltet.

Der Beitrag erschien auf vielen oppositionellen vietnamesischen Websites in Vietnam und in der Diaspora am Tag der Menschenrechte 10. Dez 2015. Der Beitrag wurde auch von vielen vietnamesischen Facebookern geteilt, darunter vielen aus Ostdeutschland.

Wir konnten als Parlamentarier in diesem Fall eine Menge erreichen. Das ist gut. Aber mir ist es auch ein Anliegen, dass »ganz normale« Bürger ihre Möglichkeiten erkennen.

Viele Nichtregierungsorganisationen wie Amnesty International, die Internationale Gesellschaft für Menschenrechte (IGfM) oder auch Open Doors dokumentieren Fälle von Menschenrechtsverletzungen. Sie brauchen eine breite Unterstützung. Und hier kommt jeder Einzelne ins Spiel. Den Inhaftierten bedeutet es sehr viel, zu merken, dass sie nicht vergessen sind. Jeder von uns kann zum Beispiel einen Brief schreiben. Das ist ein kleiner Aufwand, aber er hat eine große Wirkung.

Den Inhaftierten bedeutet es sehr viel, zu merken, dass sie nicht vergessen sind.

19. William Wilberforce – mein Vorbild im Kampf gegen Sklaverei

Das zehnte Kapitel hatte ich Vorbildern gewidmet. Einen Mann, dessen Biografie mich entscheidend geprägt hat, möchte ich an dieser Stelle noch hinzufügen. Er hat Erstaunliches geleistet und ist ein Vorbild darin, nicht aufzugeben und sich nicht mit einer Absage zufriedenzugeben. Vielleicht ähnelt er darin der Witwe, von der Jesus erzählt (Lukas 18,1-8). Sie kämpfte vor dem hartherzigen Richter nur um ihr eigenes Recht (auch das ist wichtig), Wilberforce ging es um Größeres.

William Wilberforce bewirkte als Abgeordneter des britischen Unterhauses die Abschaffung der Sklaverei in Großbritannien. Heute gibt es Sklaverei in dieser Form kaum noch. Stattdessen sehen wir uns einer modernen Form von Sklaverei gegenüber, dem Menschenhandel. Daher ist das Thema auch heute noch hochaktuell.

Im Oktober 2015 erschien im Brendow-Verlag das Buch »Der verdrängte Skandal – Menschenhandel in Deutschland«[26]. Den folgenden Artikel habe ich für diesen Sammelband verfasst:

William Wilberforce – ein Leben für die Abschaffung der Sklaverei

Es ist der 24. Februar 1807. Ein lang ersehnter, historischer Moment. Ohne Übertreibung kann man von einem »kairos« der Menschheitsgeschichte sprechen. Die Uhrzeiger rücken auf vier Uhr morgens. Im britischen Unterhaus steht eine letzte Abstimmung auf der Tagesordnung. Und tatsächlich: Das Gesetz zur Abschaffung der Sklaverei wird verabschiedet. Fast zwanzig Jahre lang hatte ein und derselbe entschlossene Abgeordnete gegen die

Sklaverei protestiert und den Antrag auf die Abschaffung Jahr für Jahr (mit einigen wenigen Unterbrechungen) erneut ins Parlament eingebracht. Ihm ist dieser Erfolg hauptsächlich zu verdanken.

Wer ist dieser Mann?

William Wilberforce wird am 24. August 1759 in Hull, England, geboren. Seine Eltern sind Elizabeth und Robert Wilberforce, wohlhabende und angesehene Kaufleute. William ist das einzige Kind der beiden. Als William neun Jahre alt ist, stirbt sein Vater. William zieht aus der Grafschaft Hull nach London zu Onkel und Tante, weil die Mutter dort bessere Bildungschancen für ihren Sohn sieht. Als sie aber erkennt, dass die Verwandten religiösen Einfluss auf William nehmen, schickt die Mutter ihn auf ein Internat in der Nähe von Hull.

1776 stirbt Williams Großvater und hinterlässt ihm ein ansehnliches Vermögen. Im gleichen Jahr beginnt Wilberforce ein Studium in Cambridge, 1779 wechselt er nach London. Dort lernt er den gleichaltrigen Jurastudenten William Pitt kennen, und eine tiefe Freundschaft entsteht. Beide verbindet der Wunsch, Politiker zu werden. Wilberforce hat beste Aussichten. Seine gute Herkunft, sein Charme und seine brillante Rhetorik öffnen ihm viele Türen. Im September 1780, nur wenige Wochen, nachdem er volljährig geworden ist, wird Wilberforce als parteiloser Abgeordneter ins britische Parlament gewählt. Sein Freund Pitt wird 1782 Schatzkanzler und im Jahr darauf britischer Premierminister: im Alter von 24 Jahren.

1784 lernt Wilberforce auf einer Reise durch Europa Isaac Milner kennen, einen anglikanischen Priester. Sie führen lange Gespräche, lesen gemeinsam geistliche Bücher und das Neue Testament. Entscheidend wird ihm der Kontakt zu John Newton, dem bekehrten ehemaligen Kapitän von Sklavenschiffen und Verfasser des – schon damals – sehr bekannten Liedes »Amazing Grace«. Wilberforce erlebt eine geistliche Erneuerung, die er später als seine »große Wandlung« bezeichnete. Beiden, Newton und Wilberforce, lag am Herzen, dass Glaube sich auch in tätiger Nächstenliebe ausdrücken muss.

1787 hört Wilberforce den Vortrag eines Missionars und wird erneut auf den Sklavenhandel aufmerksam. Er ist tief erschüttert und setzt sich wieder mit John Newton in Verbindung, um Details zu erfahren. Wilberforce will es aber nicht bei seinem Entsetzen belassen, er findet sein Lebensthema und den Schwerpunkt seiner politischen Berufung.

Wilberforce lernt engagierte Christen kennen, vielfach mit pietistisch-evangelikalem Hintergrund, und auch etliche Quäker, die sich für eine »sittliche Erneuerung« einsetzen. In der Tradition der Puritaner lehnen sie Alkohol, Glücksspiel, Pornografie oder Sonntagsarbeit ab. Sie streiten für ein Ende der Todesstrafe und setzen sich für die Abschaffung der Sklaverei ein. Sie argumentieren theologisch. Mit der Menschenwürde: Jeder Mensch ist ein Geschöpf und Ebenbild Gottes. Auch Galater 3,28 spielt eine wichtige Rolle: »Da ist nicht Jude noch Grieche, da ist nicht Sklave noch Freier, da ist nicht Mann noch Frau; denn ihr alle seid einer in Christus Jesus.« Viele dieser Christen hatten sich in der »Society for effecting the abolition of slavery« (Gesellschaft zur Abschaffung der Sklaverei) zusammengeschlossen, daher ihr Name »Abolitionisten«. Sie sind außerordentlich aktiv: Die Abolitionisten schreiben Leserbriefe und Flugblätter, organisieren Vorträge und initiieren Petitionen, dabei sammeln sie knapp 400 000 Unterschriften für ihr Anliegen.

Auch Wilberforce veröffentlicht eine Reihe von Schriften, darunter das Büchlein: »An Appeal to the Religion« (»Ein Appell an den Glauben«). Er gründet weitere Vereine und wirkt im Laufe seines Lebens in insgesamt 69 wohltätigen Organisationen mit.

Wilberforce wird, wenn man so will, der »parlamentarische Arm« der Abolitions-Bewegung. Politische Unterstützung erhält er von William Pitt.

Das Anliegen, den Sklavenhandel zu verbieten, scheint trotz der Umtriebigkeit der Bewegung und guter Kontakte von Wilberforce schier aussichtslos. Sklavenhandel ist im 19. Jahrhundert ein weltweit verbreitetes Phänomen und ein wichtiges Fundament der britischen Wirtschaft. Kaum jemand aus der breiten Gesellschaft nimmt Anstoß an dieser Praxis.

Seine erste Rede gegen den Sklavenhandel hält Wilberforce 1789 im britischen Unterhaus. Zwei Jahre später bringt er einen Gesetzentwurf ins Parlament ein. Dieser wird mit großer Mehrheit abgelehnt.

Doch Wilberforce lässt nicht locker: »Mir erschien die Verderbtheit des Sklavenhandels so enorm, so furchtbar und nicht wiedergutzumachen, dass ich mich uneingeschränkt für die Abschaffung entschieden habe. Mögen die Konsequenzen sein, wie sie wollen, ich habe für mich beschlossen, dass ich keine Ruhe geben werde, bis ich die Abschaffung des Sklavenhandels durchgesetzt habe.« (Rede vor dem Unterhaus, Quelle: Wikipedia).

Jahr für Jahr legt er einen neuen Gesetzesentwurf vor, immer wieder in leicht überarbeiteten Versionen. Jeder einzelne davon wird abgelehnt – und Wilberforce erntet Hohn und Spott von den Befürwortern der Sklaverei.

Für ihn selbst und seine Mitstreiter sind diese Jahre, die wir im Rückblick nur allzu schnell überlesen, weil wir das »Happy End« der Story kennen, eine enorme Belastung. Immer wieder müssen sie gegen die Resignation ankämpfen, einige Mitstreiter steigen aus. Starke gesundheitliche Probleme und eine schwere Erschöpfung bei Wilberforce kommen hinzu. Auch Wilberforce hat Momente, in denen er seine Berufung infrage stellt. Er überlegt, sein Mandat zurückzugeben. In einer der tiefsten Krisenzeiten ist es seine Bekannte und spätere Frau Barbara, die ihn ermutigt. Später hat sie ihn zeitlebens in seinem Kampf gegen die Sklaverei unterstützt.

Fast 18 lange Jahre gehen ins Land, seit Wilberforce seine erste abolitionistische Rede im Unterhaus gehalten hat. 1807 kommt dann tatsächlich der große Moment: Schon zehn Stunden dauert die Debatte im Parlament. Als es um vier Uhr morgens zur Abstimmung kommt, sind viele der Befürworter der Sklaverei nicht mehr anwesend. Sie rechnen nicht mit einer Niederlage. So wird die Vorlage mit einer überwältigenden Mehrheit von 283 zu 16 Stimmen angenommen. Ober- und Unterhaus stimmen dem Gesetz gegen den Sklavenhandel (»Slave Trade Act«) zu, der König willigt ein: Die Abschaffung des Sklavenhandels ist beschlossene Sache.

Doch selbst dieser historische Sieg ist nur ein Teilerfolg auf dem Weg zur Abschaffung der Sklaverei. Und damit geben sich die Abolitionisten und Wilberforce nicht zufrieden. Die »Slave Trade Act« betrifft nur den Handel mit Sklaven. Sklaverei an sich bleibt weiterhin erlaubt. Der Kampf geht also weiter. Wilberforce setzt sich fortan im Parlament für eine gänzliche Abschaffung der Sklaverei ein.

Wieder gehen lange Jahre ins Land. Die endgültige Entscheidung erlebt Wilberforce nicht mehr als Abgeordneter. Seine Gesundheit zwingt ihn 1825, seine Tätigkeit im Parlament aufzugeben. Dennoch wirkt er durch viele Gespräche und Schriften bis zu seinem Tod weiter. Und – es klingt wie im Märchen – es geschieht tatsächlich noch zu seinen Lebzeiten: Auf dem Sterbebett liegend, drei Tage vor seinem Tod, erfährt er, dass die zweite Lesung des Gesetzentwurfs zur Abschaffung der Sklaverei vom Parlament angenommen wurde. William Wilberforce stirbt am 29. Juli 1833 im Alter von 73 Jahren.

William Wilberforce ist ein Mann mit einem klaren Ziel. Mit einem Lebensthema. Ein Vorbild, das neu zu entdecken sich lohnt. Seine Biografie fordert heraus, den eigenen, bequemen Lebensstil zu überdenken, und macht gleichzeitig Mut, den Kampf für die Würde des Menschen und gegen die Sklaverei weiterzuführen. Heute ist Sklaverei weltweit geächtet, in den meisten Ländern der Erde verboten. Und doch findet sie in neuen Formen und in einem erschreckenden Ausmaß tagtäglich mitten in unserer Gesellschaft statt. Knapp 46 Millionen Menschen sind Opfer von Menschenhandel, sie landen in Arbeitssklaverei und Zwangsprostitution, die organisierte Kriminalität verdient Milliarden. Es braucht mutige Menschen an der Basis wie die Abolitionisten und ausdauernde Politiker wie William Wilberforce, um das gemeinsam zu ändern.

Wie viel ein Einzelner dabei bewirken kann, lässt sich treffender nicht ausdrücken als mit den Worten von Geoff Tunnicliffe. Der damalige Direktor der World Evangelical Alliance sagte anlässlich der Vorstellung des Films »Amazing Grace«: »Eine kraftvolle Geschichte, die zeigt, wie ein gläubiger Mensch die kulturelle und soziale Umgebung eines ganzen Landes verändern kann.«

Filmtipp: Amazing Grace: Der Mann, der die Welt veränderte, Regie: Michael Apted, 2006

Lektüreempfehlung: Eric Metaxas: Wilberforce. Der Mann, der die Sklaverei abschaffte. Holzgerlingen: SCM Hänssler, 2. Aufl. 2013

20. Sklavenhandel

Schon in meiner Ausbildung zum Heilsarmeeoffizier begegnete mir das Thema Menschenhandel. Bereits im 19. Jahrhundert, wenige Jahre nach ihrer Gründung, war die Heilsarmee im Kampf gegen Menschenhandel aktiv, bis heute ist dies eines ihrer Schwerpunktthemen. Weltweit gibt es Projekte gegen Menschenhandel und Zwangsprostitution, darunter auch mehrere in Deutschland. Einem geschichtlichen Rückblick dazu ist das nächste Kapitel gewidmet.

Richtig zum »Anfassen« wurde das Thema für mich durch Gespräche mit ehemaligen Prostituierten in Chemnitz. Sie berichteten mir sehr offen von ihren Erlebnissen, von den katastrophalen »Arbeitsbedingungen« einer Prostituierten und den tatsächlichen Zuständen im Rotlichtmilieu mit Drogen und Gewalt. Ich wusste, dass hier weltweit ein riesiges Problem besteht. Nun verstand ich immer mehr: Die Drehscheiben für modernen Menschenhandel sind nicht mehr nur in Thailand oder Moldawien zu suchen, sondern Menschenhandel floriert mitten in Deutschland. In meiner unmittelbaren Nachbarschaft werden Frauen missbraucht und Menschen gehandelt wie jede x-beliebige Tauschware. Das ist ein Skandal für unseren Rechtsstaat. Latent stand für mich deshalb fest: Sollte ich gewählt werden, wird das auch ein Schwerpunktthema meiner Arbeit werden. Seit meinem Einzug in den Bundestag 2009 stehen Menschenhandel und Zwangsprostitution ganz oben auf meiner Agenda.

Bald wurde ich darin bestätigt. Mir begegnete das Thema regelmäßig, immer deutlicher wurde das verborgene Ausmaß dieses Verbrechens. Der erste Verein, der in meinem Büro saß und mir seine Arbeit vorstellte, war »IJM – International Justice Mission«, eine Organisation, die sich gegen Sklaverei richtet. Unter dem Motto »damit aus Recht Gerechtigkeit wird«, dokumentieren sie Fälle von Menschenhandel und Zwangsarbeit in vielen Ländern dieser Erde, insbesondere in Afrika und Südostasien. IJM führt verdeckte Operationen durch, wodurch Sklaven aus Bordellen oder Steinbrüchen befreit werden, häufig sind es ganze Familien oder einzelne Kinder. Ein spezifisches Merkmal von IJM sind Musterprozesse. In vielen Ländern sind Menschenhandel und Sklaverei gesetzlich verboten, doch können Opfer ihre Rechte oft nicht durchsetzen. IJM stellt diesen Menschen Anwälte zur Seite und vertritt sie in Gerichtsprozessen. Auch sozial hilft IJM, indem die Organisation die befreiten Sklaven in Schutzhäuser und Nachsorgeeinrichtungen vermittelt. Dort werden seelische Traumata aufgearbeitet und neue berufliche Perspektiven entwickelt. In Indien konnte ich mir später vor Ort ein Bild von der Arbeit der Organisation machen. Das war erschütternd und beeindruckend zugleich.

Was mir nach dieser und vielen anderen Begegnungen immer klarer wurde: Sklaverei und Menschenhandel sind nicht nur ein Problem auf der südlichen Welthalbkugel oder in den Ländern Osteuropas. Die Zielorte der Opfer liegen in Bordellen in der Europäischen Union, vor allem in Deutschland. Hier bei uns arbeiten sie als Zwangsprostituierte und haben alleine fast keine Chance, sich aus dieser modernen Form von Sklaverei zu befreien. Eine absurde Situation ist entstanden. In den westlichen Gesellschaften leben wir offiziell in Freiheit. Wir stehen in der Tradition großer Vorbilder, die für die Abschaffung der Sklaverei gekämpft haben, wie William Wilberforce. Die legale Sklaverei ist lange überwunden, ja in den meisten Staaten auf unserem Globus ist Sklaverei sogar gesetzlich verboten.

Doch gleichzeitig blüht der illegale Sklavenmarkt. Kriminelle Banden machen brutale, aber lukrative Geschäfte in Milliardenhöhe. Die Internationale Arbeitsagentur ILO beziffert den weltweiten

Umsatz mit Arbeitssklaven auf 150 Milliarden US-Dollar. Menschenhandel ist neben Drogen- und Waffenhandel das größte Betätigungsfeld der organisierten Kriminalität geworden. Die Statistiken steigen auf nie da gewesene »Rekordzahlen«. So überrascht es nicht, dass der »Global Slavery Index« Anfang 2016 die Zahl der Sklaven weltweit auf insgesamt über 46 Millionen schätzt. Das wäre jeder zweite Einwohner in Deutschland und es sind mehr Menschen als alle Sklaven während der Zeit des offiziellen Sklavenhandels zusammengenommen. Sechsundvierzig Millionen, das sind sechsundvierzig mal tausend mal tausend Menschen – und jeder einzelne von ihnen ist ein Geschöpf Gottes. Die Statistiken belegen, dass dieses weltweite Verbrechen auch mitten in Europa, vor unserer Haustüre geschieht. Regelmäßig legt das Statistische Amt der Europäischen Union (Eurostat) die offiziellen Zahlen zum Thema Menschenhandel in Europa vor.

Im Mai 2016 stellte die EU-Kommission Folgendes fest: Rund 15 800 Menschen wurden 2013 und 2014 in der EU als Opfer von Menschenhandel erfasst. Mehr als 2 300 von ihnen waren Minderjährige. Schon im April 2013 hatte die Studie festgestellt, dass die Zahl der erfassten Opfer von 2008 bis 2010 um 18 Prozent gewachsen war. Die Brüsseler Behörde geht aber davon aus, dass es eine große Dunkelziffer gibt und die tatsächlichen Opferzahlen deutlich höher liegen.

Erschütternd dabei: Die deutlich gestiegene Zahl der Opfer ging mit einer gesunkenen Zahl an Strafverfolgungen einher, weil viele Opfer nicht den Mut fanden, als Zeugen auszusagen oder weil gesetzliche Grundlagen für einen Prozess und personelle Ressourcen bei der Ermittlung fehlen. »Es ist schwer vorstellbar, dass in unseren freien und demokratischen EU-Ländern Zehntausenden Menschen die Freiheit entzogen wird, dass sie gehandelt werden wie Waren. Doch das ist die traurige Wahrheit: Menschenhandel ist überall um uns herum, näher als wir denken«, kommentierte EU-Kommissarin Cecilia Malmström 2013 die damalige Studie.[27] Meiner Wahrnehmung nach ist die öffentliche Aufmerksamkeit in den vergangenen Jahren massiv gestiegen, verstärkt seit 2013, als der Spiegel in der Ausgabe 22 auf der Titelseite in großen Buchstaben die Situation beim Namen nannte: »Bordell Deutschland«.

Doch schon bevor die Öffentlichkeit auf das Thema aufmerksam wurde, gab es Menschen, die diesen Skandal nicht hinnehmen wollten. Etwa die katholische Ordensfrau Lea Ackermann, die seit dreißig Jahren mit ihrem in Kenia gegründeten Verein Solwodi auch in Deutschland aktiv ist, oder Frauenrechtlerinnen wie die Journalistin Alice Schwarzer.

Nach meiner Wahl fragte ich mich, was ich aktiv gegen Menschenhandel und Zwangsprostitution in Deutschland tun kann. Neben der parlamentarischen Arbeit war es mir wichtig, das Thema breit in der Gesellschaft zu verankern, wie mein Vorbild William Wilberforce es gemacht hatte. Auch wollte ich gerne Kräfte von Initiativen gegen Menschenhandel bündeln. In Thorsten Riewesell, dem Gründer von »jumpers« (Jugend mit Perspektive e.V.) fand ich einen Mitstreiter. Wir luden einige uns bekannte Initiativen und Vereine, die mit Opfern von Menschenhandel arbeiten, zu einem Erfahrungsaustausch ein. Aus diesem ersten Treffen wurden regelmäßige runde Tische und ein Bündnis entstand: »Gemeinsam gegen Menschenhandel« (GGMH), das sich 2013 als eingetragener Verein konstituierte. Seitdem ist die Zahl der Mitglieder und Partner kontinuierlich gestiegen.

Das Bündnis ersetzt dabei nicht die Arbeit der einzelnen Mitglieder, sondern versteht sich als Netzwerk, das die anderen unterstützt und ergänzt.

GGMH verfolgt vier Ziele:
1. Öffentlichkeitsarbeit: Den Skandal Menschenhandel, insbesondere in der Form der Zwangsprostitution, durch Kampagnen und Publikationen sichtbar machen.
2. Prävention: Aufklärung in Herkunftsländern und Deutschland.

3. Opferhilfe und Opferschutz: Durch Unterstützung und Vernetzung der Mitglieds-Organisationen, die sich um Opfer kümmern.

4. Verbesserung der politischen und juristischen Rahmenbedingungen: Unterstützung von Maßnahmen, die die strafrechtliche Verfolgung von Menschenhändlern sowie Opferschutz und -entschädigung verbessern. Hierzu gehören auch politische Forderungen und Initiativen.[28]

Um die Öffentlichkeit zu erreichen, Menschen zu sensibilisieren und um »Sexkäufer« aufzuwecken, hat GGMH drei Magazine herausgebracht, in denen wir über Menschenhandel informieren.

2016 ist der bereits erwähnte Sammelband »Der verdrängte Skandal. Menschenhandel in Deutschland«[29] erschienen, den ich zusammen mit Uwe Heimowski herausgegeben habe. Darin stellen sich einige der GGMH-Mitglieder vor. Ergänzt wird dies durch nüchterne Zahlen und Fakten ebenso wie durch authentische Erlebnisberichte Betroffener, die unter die Haut gehen. Wer dieses Buch gelesen hat, den wird das Thema nicht mehr unberührt lassen. »Wir können die Augen verschließen, aber wir können nicht behaupten, wir hätten nichts gewusst!«, sagte William Wilberforce.

Im gesellschaftlichen Bereich haben wir als Bündnis verschiedene Kampagnen initiiert, darunter mehrere Briefaktionen. GGMH stellte Musterbriefe zur Verfügung. Viele Bürgerinnen und Bürger haben das genutzt, um die Abgeordneten ihres Wahlkreises auf das Problem der Zwangsprostitution aufmerksam zu machen.

»Wir können die Augen verschließen, aber wir können nicht behaupten, wir hätten nichts gewusst!« (William Wilberforce)

Als Abgeordneter treibt mich das Thema natürlich auch politisch um, immerhin ist der Bundestag das gesetzgebende Organ in Deutschland. 2002 wurde in Deutschland ein – sehr liberales – Prostitutionsgesetz beschlossen. Dieses Gesetz war im Ansatz gut gemeint, weil es darauf zielte, den Prostituierten bessere Arbeitsbedingungen und die Möglichkeit zum Eintritt in die Sozialversicherungssysteme zu schaffen, indem ihr Gewerbe als Beruf anerkannt wurde. Doch ist das Gegenteil eingetreten. Es hat eindeutig dazu geführt, dass Menschenhandel in Deutschland unter dem Deckmantel der Legalität verschleiert werden kann. Und so wurde aus dem gut gemeinten Gesetz von 2002 alles andere als ein Prostituiertenschutzgesetz.

Immer wieder wurde eine Überarbeitung des Gesetzes gefordert, die sich aber jahrelang verzögerte. 2016 wurde dann endlich ein neuer Gesetzesentwurf vorgelegt. Darin sind unter anderem enthalten: eine verbindliche Gesundheitsberatung für Prostituierte und die Anmeldepflicht von Prostitution als Gewerbe. Diese Maßnahmen können ein Schutz sein gegen Menschenhandel, weil sie die »Sexarbeiterinnen« aus der Anonymität herausholen und den Behörden immerhin eine gewisse Kontrolle ermöglichen. Aber für viele Experten geht das nicht weit genug. Nach Auskunft eines leitenden Mitarbeiters des Bundeskriminalamtes gehen bis zu 90 Prozent der Prostituierten nicht freiwillig anschaffen. Das heißt im Umkehrschluss: Neun von zehn Frauen werden – wissentlich oder unwissentlich – von ihrem Freier oder »Sexkäufer« missbraucht, es handelt sich um eine Vergewaltigung. Entsprechend steigt die Zahl der Befürworter für das sogenannte Schwedische oder Skandinavische Modell. Das besagt im Kern, dass Prostitution verboten wird, bestraft werden aber nicht die Frauen, sondern die Sexkäufer.

Ob wir in Deutschland tatsächlich zu einem ähnlichen Gesetz kommen, ist angesichts der politischen Mehrheiten fraglich, aber ich werde meinen Teil dafür tun, dass wir weiter an Gesetzen arbeiten, die Frauen vor Ausbeutung schützen. Ein Mutmacher, dass sich etwas ändern lässt, ist unser Nachbarland Frankreich, wo Anfang 2016 ein Gesetz ähnlich dem Skandinavischen Modell eingeführt wurde. Dort sind die Strafen zwar gering, aber alleine die

Tatsache, dass es sich um eine Straftat handelt, ändert etwas im Bewusstsein der Freier und der Gesellschaft.

Ein anderer Mutmacher ist für mich, dass die Zahl der Menschen, die sich aktiv gegen Menschenhandel einsetzen, steigt, wie wir über unsere Netzwerke erleben. Auch die Medien haben seit dem erwähnten Leitartikel des Spiegel 2013 das Thema entdeckt. Viele andere Zeitschriften haben über Menschenhandel berichtet, Dokumentationen wurden ausgestrahlt. Auch mehrere Fernsehfilme und einige Folgen der ARD-Krimireihe »Tatort« nahmen das Thema auf.

Neben der erwähnten Öffentlichkeitsarbeit, die zu Aufklärung *(»awareness«)* führen soll, und der gesellschaftspolitischen Arbeit ist Prävention ein weiteres großes Thema von GGMH. Darauf möchte ich noch etwas näher eingehen.

Prävention bzw. Primärprävention bedeutet Vorbeugung oder Verhütung. Prävention ist generell die effektivste Art, ein Problem zu bekämpfen. Was gar nicht erst entsteht, kann auch keine negativen Auswirkungen haben. Das klingt banal und ist es eigentlich auch, aber genau in dieser Banalität liegt zugleich das Problem. Wenn das Problem gar nicht erst entsteht, kann man auch nicht messen, was die Prävention bewirkt hat. Wenn nach einer Kampagne über die gesundheitlichen Folgen von Rauchen die Zahl der Raucher nicht abnimmt, war die Kampagne dann wirkungslos? Oder hat sie verhindert, dass noch mehr Menschen rauchen? Wenn Länder trotz Entwicklungshilfe nicht aus der Schuldenspirale herauskommen, war die Hilfe dann falsch?

Das sind alles »Was wäre wenn«-Gedankenspiele. Jeder Experte ist überzeugt, dass Prävention die effektivste Waffe zur Bekämpfung eines Problems ist, doch leider ist es nicht leicht, den Nachweis darüber zu erbringen. Das macht es schwerer, echte Zahlen auf den Tisch zu legen, aber das sollte die Prävention nicht verhindern. Als Nächstes stellt sich die Frage: Wie sieht gelungene Prävention im Bereich Menschenhandel aus?

Alexandra Gutmann, langjährige Leiterin der Mitternachtsmission Heilbronn und Expertin im Umgang mit Zwangsprostitution und Menschenhandel, meint dazu Folgendes:

> »Prävention muss ehrlich und seriös sein, damit sie wirkungsvoll und nachhaltig sein kann. Übertreibungen zum Zwecke der Abschreckung oder Sensibilisierung sorgen im Endeffekt eher dafür, dass der Thematik schließlich kaum Glauben geschenkt wird. Ein Beispiel dafür zeigte sich für mich im Zusammenhang mit der Fußball-WM in Deutschland: Es kursierten hohe Zahlen, wie viele Frauen als Prostituierte nach Deutschland gehandelt werden würden. Das Ziel war sicherlich gut gemeint: Man wollte Menschenhandel verhindern oder zumindest verringern. Doch die Spekulationen erwiesen sich als falsch und dies führte schließlich dazu, dass das Thema nach der WM bagatellisiert wurde. Das Leid jeder einzelnen Betroffenen ist jedoch unabhängig von der Anzahl der Betroffenen. Hier zeigt sich wie so oft: Der Zweck heiligt nicht die Mittel!«[30]

Prävention ist zunächst einmal Information. Diese Information muss solide sein. Beim Thema Menschenhandel ist das schwierig, weil in allen Bereichen die Dunkelziffern sehr hoch sind. Hier müssen daher zunächst seriöse Studien durchgeführt werden. In Deutschland arbeitet GGMH zurzeit daran.

Bis diese Zahlen vorliegen, gilt es allerdings, einerseits dem Thema die notwendige Öffentlichkeit zu verschaffen und andererseits jeden Betroffenheits-Alarmismus zu vermeiden. Die Wichtigste ist ja nicht, möglichst dramatische Opferzahlen zu präsentieren, sondern viele Menschen zu erreichen, zu sensibilisieren und – bestenfalls – zu schützen. Vorträge in Schulen, Jugendclubs oder Kirchengemeinden können die Augen öffnen für die Methoden der Menschenhändler, etwa die sogenannte Loverboy-Methode, bei der ein Liebhaber eine junge Frau zunächst charmant umgarnt, sie dann gefügig macht und schließlich prostituiert. Informationen können potenziellen (oder tatsächlichen) Freiern oder Pornografiekonsumenten die Geschichten der Menschen verdeutlichen und damit ihre Verantwortung aufzeigen.

Es geht dabei nicht darum, Männer moralisch zu verurteilen, sondern vielmehr darum, die kriminellen Verstrickungen und die Situation der Frauen hinter der Prostitution und der Pornografie aufzuzeigen. Information ist also ein Kernelement der Prävention. Das gilt in Herkunftsländern wie Zielländern gleichermaßen. In Ländern, in denen Menschen mit falschen Versprechungen und Jobangeboten geködert werden, helfen Aushänge an Schwarzen Brettern und Anzeigen in den Zeitungsseiten mit Stellenanzeigen, in welchen über die Hintergründe informiert wird. Auch Vorträge vor Schulklassen und in Dorfgemeinschaften sind ein wichtiges Element zur Vorbeugung, flankiert von Sozialarbeitern, die Familien besuchen, beraten und unterstützen.

Und natürlich braucht es an vielen Orten eine Veränderung der Lebensumstände, sonst wird Menschenhandel nicht einzudämmen sein. Wenn eine Familie nur überleben kann, indem sie ein Kind verkauft, dann wird sie das tun. Und wenn es sauberer und sicherer ist, in einem Bordell in Deutschland zu arbeiten als im Herkunftsland, wird dies für die Notleidenden eine Option bleiben. Sie wählen das kleinere Übel, obwohl dieses für den Normalbürger unerträglich erscheint. Wer Menschenhandel bekämpfen will, muss deshalb die Ursachen verändern.

Einführung rechtlicher Standards, Bekämpfung von Korruption und wirtschaftliche Zusammenarbeit sind Aufgaben für die Arbeit in Herkunftsländern. Opferschutz und ein in der Praxis auch tatsächlich als Schutz der Frauen funktionierendes Prostitutionsgesetz sind für uns in diesem Bereich zwei der wichtigsten Themen in Deutschland. Ich bin froh, dass im neuen Gesetz ein Passus integriert ist, der besagt, dass wir das Gesetz überprüfen und wenn notwendig Änderungen beschließen werden.

Wesentlich für eine wirksame Prävention ist, dass sie von wirklichen Experten durchgeführt wird, die die Lebenswirklichkeit der

Opfer aus erster Hand kennen. Dazu sagte Alexandra Gutmann im persönlichen Gespräch: »Wir haben bewusst konzeptionell verankert, dass die Mitarbeiterin, die Präventionsveranstaltungen durchführt, selbst in der konkreten Beratungsarbeit aktiv sein muss. Das bewahrt sie davor, Klischees weiterzugeben. Das bewahrt sie auch davor, eigene Wertesysteme und Gedanken zur Realität hochzustilisieren.«

Neben der Primärprävention, die versucht, ein Problem gar nicht erst entstehen zu lassen, gibt es die Sekundärprävention, die zum Ziel hat, »Rückfälle« zu verhindern. Frauen, die den Ausstieg aus der Zwangsprostitution schaffen, brauchen neue Perspektiven. Wenn sie in ihre Ursprungssituation zurückkommen, werden sie bald wieder in der gleichen Lage sein und keinen anderen Ausweg sehen als die erneute Prostitution. Ein wesentlicher Bestandteil der Sekundärprävention sind daher Schutzwohnungen (»Safe Houses«), in denen Opfer von Menschenhandel einen sicheren Ort finden. Sie können sich erholen und bekommen eine professionelle interdisziplinäre Begleitung von Sozialarbeitern, Therapeuten und Juristen, um Zukunftsperspektiven zu entwickeln. Kontakt zu solchen Schutzwohnungen in Deutschland kann GGMH im Bedarfsfall unbürokratisch herstellen.

Auch in vielen Herkunftsländern, etwa in Osteuropa, gibt es Safe Houses. Der Bedarf ist allerdings weit höher als die zur Verfügung stehenden Plätze in den bereits vorhandenen Häusern. Leider scheitert das Einrichten neuer Häuser oft an den Kosten.

»Wer einen einzigen Menschen rettet, der rettet die ganze Welt.« (Talmud)

Prävention, das möchte ich wiederholen, ist eines der wichtigsten Elemente bei der Bekämpfung von Menschenhandel. Auch wenn die »Ergebnisse« schwer messbar sind und wir manchmal machtlos vor der Größe des Problems stehen, gilt doch auch hier das bekannte Zitat aus dem Talmud: »Wer einen einzigen Menschen rettet, der rettet die ganze Welt.«

Wer sich bei GGMH oder einer ihrer Mitgliedsorganisationen engagieren möchte, findet Informationen dazu auf unserer Website. Dort gibt es Partneranträge und man kann auch einen Newsletter abonnieren:
www.gemeinsam-gegen-menschenhandel.de

21. Die Heilsarmee im Kampf gegen Kinderprostitution

Die Heilsarmee hatte von Anfang an ihren Fokus auf den Armen der Gesellschaft. In einer Zeit, in der Sexualität außerhalb der Ehe noch allgemein verpönt war, verurteilte sie die Prostituierten nicht, sondern versuchte, ihnen zu helfen. Ihr Kampf gegen Menschenhandel hat mich während meiner Zeit als Heilsarmeeoffizier massiv geprägt.

Uwe Heimowski hat die Anfänge dieses Kampfes recherchiert und dazu den folgenden Beitrag geschrieben.[31]

»The Maiden Tribute of Modern Babylon« – 1885: Die Heilsarmee im Kampf gegen Kinderprostitution

Die Überschrift der vielgelesenen Londoner Pall Mall Gazette an jenem Morgen des 6. Juli 1885 schlug ein wie eine Bombe: »The Maiden Tribute of Modern Babylon« war da in fetten Lettern zu lesen – »Das Jungfrauenopfer im modernen Babylon«. Kein Geringerer als William T. Stead, der Herausgeber der Zeitung selbst, hatte die Beiträge verfasst. Sie erschienen als Fortsetzung an fünf Tagen hintereinander. Jeder Artikel war mit einem eigenen reißerischen Titel versehen, um ein möglichst großes Publikum zu erreichen: »The Violation of Virgins« (»Die vergewaltigten Jungfrauen«) oder »Strapping Girls Down« (»Die gefesselten Mädchen«). Die Pall Mall Gazette wollte einen Skandal – und sie bekam ihn.

Worum ging es beim »Maiden Tribute«? Stead hatte schonungslos die Situation minderjähriger Prostituierter in England dargestellt. Vor allem »young under-privileged girls«, junge Mädchen aus sozialen Randgruppen und vom Land wurden von Menschenhändlern in Bordelle verkauft. Der Markt florierte vor allem in der Großstadt London und auf dem europäischen Festland.

Initiiert worden war die Artikelserie von der Heilsarmee. Catherine Booth, die Frau des Heilsarmeegründers William Booth, kämpfte für Frauenrechte und gegen jede Form von Unterdrückung. Als 1864 festgestellt wurde, dass ein Drittel der britischen Soldaten an Geschlechtskrankheiten litten, verabschiedete das Parlament ein »Gesetz gegen ansteckende Krankheiten«. Darin wurden einseitig die Prostituierten für die Epidemie verantwortlich gemacht. Für Catherine Booth ein völlig falscher Weg. Sie sah die Frauen als Opfer, die nicht auch noch zusätzlich kriminalisiert werden durften. Die Heilsarmee bekämpfe die Prostitution, aber nicht die Prostituierten, erklärte Catherine Booth. Sie beließ es nicht bei Worten. Für Aussteigerinnen aus dem Milieu wurden »rescue homes« aufgebaut, eine Art Frauenhäuser, in denen die Frauen eine sichere Unterkunft fanden und einen Beruf erlernen konnten.

Parallel dazu stellte die Heilsarmee politische Forderungen: Das »age of consent« (Alter der Mündigkeit) und damit das Mindestalter für »einvernehmlichen« Geschlechtsverkehr sollte von 13 auf 16 Jahre erhöht werden. Regelmäßig schrieb Catherine Booth an Queen Victoria, um ihren Forderungen Nachdruck zu verleihen.

Die Zeit ist reif – Catherine Booth findet Unterstützung

Fast zwei Jahrzehnte lang blieben Catherine Booths Briefe ungehört. Doch sie ließ nicht locker. Anfang 1885 ermöglichten es dann verschiedene Umstände, eine große Kampagne zu starten. Josephine Butler, eine bekannte Frauenrechtlerin, schrieb einen Brief an Florence Booth, die Schwiegertochter des Heilsarmeegründers, in welchem sie die Zustände in den Bordellen und das Ausmaß der Kinderprostitution noch einmal nachdrücklich schilderte. Sie schlug der Heilsarmee vor, gemeinsam dagegen vorzugehen.

Florence Booth hatte in den Jahren zuvor Teams von jungen

Frauen aufgebaut, die man heute Streetworkerinnen nennen würde. Die sogenannten »Halleluja Lassis« besuchten die Prostituierten und boten ihnen Unterstützung an. Florence kannte die Situation und die Schicksale der Mädchen aus erster Hand. Viele von ihnen waren verkauft und mit Gewalt dazu gezwungen worden, ihren Körper zu verkaufen. Mit ihrem Mann Bramwell Booth überlegte sie, wie eine öffentliche Kampagne aussehen könnte. Bramwell wiederum war mit William T. Stead befreundet, den er als investigativen Journalisten kannte. Er bat ihn um Unterstützung.

Daraufhin aktiviert Stead seinen Recherche-Apparat. Anonym betritt er Kneipen und Bordelle, unterstützt von einem Angestellten der Pall Mall Gazette. Eine Offizierin der Heilsarmee und zwei weitere Frauen geben sich als Prostituierte aus, besuchen Bordelle und schildern Stead ihre Erlebnisse. Zur selben Zeit begleitet Josephine Butler ihren Sohn in Luxus-Apartments, wo ihm gegen Geld Mädchen in jeder Altersklasse auf sein Zimmer geschickt werden. Sie protokollieren ihre Erlebnisse. Außerdem führt Stead Dutzende von Interviews, um Informationen aus erster Hand zu bekommen: mit dem ehemaligen Chefermittler von Scotland Yard, mit Sozialarbeitern und Gefängnis-Seelsorgern, aber auch mit Bordell-Betreibern, Zuhältern, Menschenhändlern und Prostituierten. Er beabsichtigt, diese Ergebnisse sehr detailliert zu veröffentlichen, doch ist er sich nicht sicher, ob das die Menschen wirklich aufrütteln wird. Es braucht einen handfesten Skandal.

In enger Abstimmung mit Bramwell Booth startet Stead einen »Selbstversuch«: Er beschließt, ein Kind zu kaufen und den Weg von seinem Zuhause bis in das Bordell zu protokollieren. Zuvor weiht Stead einige hochrangige Vertrauenspersonen ein: den Erzbischof von Canterbury, den römisch-katholischen Kardinal, den Bischof von London und den bekannten baptistischen Prediger Charles H. Spurgeon.

Gemeinsam mit der ehemaligen Zuhälterin Rebecca Jarrett, die bei der Heilsarmee zum Glauben gekommen und ausgestiegen ist, nimmt er Kontakt zu einer Menschenhändlerin auf. Diese vermittelt ihnen die 13-jährige Eliza Armstrong, die mit ihrer alkoholabhängigen Mutter in einem Dorf außerhalb Londons lebt. Die Käufer erklären unzweideutig, welche Zwecke sie mit dem Mädchen verfolgen. Die Mutter verkauft Stead das Mädchen für fünf Pfund, was ungefähr der heutigen Kaufkraft von 500 Euro entspricht. Ein Zertifikat über die Jungfräulichkeit Elizas wird von einem abgewrackten Gynäkologen, der sein Auskommen mit illegalen Abtreibungen bestreitet, mitgeliefert. Das Kind wird nach London gebracht, dort betäubt und nach Frankreich geschmuggelt, wo es in die Obhut der Heilsarmee übergeben wird.

Der Skandal wird öffentlich – Steads Artikel erscheint

Am 6. Juli erscheint der Artikel in der Pall Mall Gazette. Stead stellt fest: »London … is the greatest market of human flesh in the whole world«, London sei der »größte Markt für Menschenfleisch auf der ganzen Welt.«

Er stellt fünf moralische und politische Forderungen:

»Das Verbot von Verkauf, Beschaffung und Verletzung
von Kindern,
das Verbot des Handels mit Jungfrauen,
das Verbot des Entführens und Ausbeutens von Frauen,
das Verbot von internationalem Sklavenhandel mit Mädchen,
die Strafverfolgung von Gräueltaten, Brutalitäten
und unmenschlichen Verbrechen.«

Stead erreicht sein Ziel: Der Skandal ist in aller Munde. Zeitgenossen wie der Schriftsteller George Bernard Shaw und viele andere stellen sich öffentlich auf seine Seite.

Doch es werden auch massive Vorwürfe laut: Selbsternannte Moralapostel nennen Steads Beschreibungen voyeuristisch und reißerisch, ja pornografisch. Andere spielen die Sache herunter: Die Mädchen würden freiwillig zustimmen.

Der Höhepunkt dieser Anfeindungen: William Stead, Bramwell Booth und Rebecca Jarrett landen vor Gericht. Obwohl der Name

Elizas im Artikel in Lily geändert und einige Details verfremdet wurden, erkennt die Mutter des Mädchens ihre Tochter darin. Sie geht zur Polizei: Das Kind sei gestohlen worden. Und tatsächlich kommt es zu einer Verurteilung wegen Menschenhandels. Jarrett wird zu sechs Monaten, Stead zu drei Monaten Gefängnis verurteilt, nur der mitangeklagte Bramwell Booth erhält einen Freispruch.

Dennoch überwiegen in der öffentlichen Wahrnehmung die Unterstützer. Die Heilsarmee startet eine Kampagne, die sie »purity campaign« nennt. Jeden Tag finden an bekannten Plätzen in London und anderen großen Städten Protestkundgebungen statt, William und Catherine Booth halten flammende Reden, um die Forderungen Steads zu unterstützen. Sie erstellen eine Petition mit zwei konkreten Gesetzesänderungen: die Heraufsetzung des »age of consent« von 13 auf 16 Jahre, um damit den bezahlten Geschlechtsverkehr mit unter Sechzehnjährigen als Missbrauch strafbar zu machen, sowie die Einführung der Zeugnisfähigkeit von unter Achtjährigen – hatten entsprechend junge Kinder bisher einen Missbrauch angezeigt, galten ihre Aussagen nicht. Verschiedene Frauenrechtlerinnen stellen sich auf die Seite der Heilsarmee. Binnen zwanzig Tagen gelingt es, die nie da gewesene Zahl von 393 000 Unterschriften zusammenzutragen.

Am 30. Juli 1885 wird die Übergabe der Petition öffentlichkeitswirksam inszeniert: In einem langen Zug, angeführt von einer 50 Mann starken Blaskapelle, berittenen Offizieren und marschierenden Soldaten der Heilsarmee, alle in neuen roten Uniformen mit weißen Helmen, wird die Petition zum Unterhaus gebracht und dort dem Parlament feierlich übergeben.

Der öffentliche Druck zeigt Erfolg: Am 14. August 1885 beschließt das britische Parlament »The Criminal Law Amendment Act«, ein Gesetz, in welchem die Forderungen der Petition umgesetzt werden.

Das Gesetz wird geändert – die Aufgabe bleibt

Der Kampf gegen die Ausbeutung von Kindern und gegen Zwangsprostitution hat sich auch im 21. Jahrhundert nicht erübrigt. Im Gegenteil. Neben der Heilsarmee engagieren sich viele NGOs und Initiativen in diesem Bereich, in Deutschland etwa in dem Bündnis »Gemeinsam gegen Menschenhandel«, dessen Programm vier Punkte enthält: Öffentlichkeit, Gesetzgebung, Prävention und Opferhilfe. Diese scheinen im Rückblick wie eine Zusammenfassung des »Maiden Tribut«.

Durch den öffentlichen Skandal, welchen die Artikelreihe in der Pall Mall Gazette auslöste, kam 1885 Bewegung in das Thema Kinderprostitution – nach fast zwei Jahrzehnten, in denen Catherine Booth und andere bereits dagegen gekämpft hatten. »Awareness« (Öffentlichkeitsarbeit/Bewusstseinsbildung) ist ein Kernelement gelingender gesellschaftlicher Veränderung. Mutige, unabhängige Journalisten müssen den Finger in die Wunden einer Gesellschaft legen, begleitende Kampagnen können das befördern. Nachhaltig hilft aber nicht Empörung, sondern eine kontinuierliche Arbeit und eine tragfähige gesetzliche Grundlage, damit Täter auch zur Rechenschaft gezogen und Opfer geschützt werden können.

Eine Verbesserung der Lebensbedingungen ist das wirksamste Instrument der Prävention. Darum legten William und Catherine Booth 1890 mit dem Buch »In darkest England and the way out« nur fünf Jahre später einen umfassenden Sozialplan vor. Auch an dessen Abfassung wirkte William T. Stead mit.

Aus der Geschichte lernen, heißt mitunter, Fehler zu vermeiden. Manchmal aber heißt es auch: das Gute zu wiederholen und in die heutige Zeit zu übersetzen. Die Kampagne um den »Maiden Tribute« ist ein denkwürdiges Beispiel dafür, wie der Kampf gegen Menschenhandel und Kinderprostitution auch heute geführt werden kann.

22. Geschichtliche »Zwänge« aufbrechen

»Arbeit macht frei« steht über dem Torbogen des Konzentrationslagers Auschwitz. Was für ein unerträglicher Zynismus. Freiheit? In Auschwitz?!? Hier mussten sich Menschen zu Tode schuften. Sie wurden verhöhnt, gequält, drangsaliert, erniedrigt, entwürdigt und ermordet. Auschwitz ist das Synonym für den Holocaust geworden, für den systematischen, eiskalt organisierten Massenmord. Juden, Polen, Roma, Homosexuelle, politische Gegner, Männer, Frauen und Kinder, Alte und Junge wurden gnadenlos umgebracht. Die Nazis ermordeten alleine im Lagerkomplex Auschwitz, zu dem auch das Vernichtungslager Birkenau gehörte, weit mehr als eine Million Menschen. Die Gaskammern von Auschwitz sind der Inbegriff der Grausamkeit, ja Barbarei. Das finsterste Kapitel in der Geschichte der Menschheit. Wir dürfen Auschwitz niemals vergessen.

»Keine Zukunft ohne Herkunft« ist ein häufig zitierter Satz. Und es stimmt. Erinnern und Gedenken sind Schlüssel zur Freiheit. Vergessen und Verdrängen dagegen sind wie Mauern unserer Gefängnisse. Wer den Kopf in den Sand steckt, der überlässt die Deutungshoheit über die Geschichte den anderen. Denen, die die Geschichte verbiegen wollen. Den Holocaustleugnern, den Reaktionären, der neuen Rechten, den Schlägern auf der Straße, die in Deutschland wieder »Juda verrecke« brüllen, oder den Verschwörungstheoretikern, die neuerdings wieder vom »Weltfinanzjudentum« sprechen. Erinnern ist eine Bürgerpflicht. Wir müssen uns erinnern. An das Gute und das Schlechte unserer Geschichte.

Wir brauchen Jahrestage wie den zur Deutschen Einheit, die uns dankbar machen. Wir sollten die 70 Jahre Demokratie und

Frieden in Europa feiern. Nur zu schnell vergessen wir diese historischen Ereignisse, die uns den Weg zu einem Leben in Freiheit geebnet haben. Doch ebenso müssen wir den Gräueltaten der Geschichte ins Auge sehen. Dann – und nur dann – können wir aus der Geschichte lernen und »den Anfängen wehren«. Nach einer Zeit im Bundestag wurde ich gebeten, ehrenamtlich im Stiftungsrat der deutsch-polnischen Stiftung für die Internationale Jugendbegegnungsstätte in Oświęcim/Auschwitz mitzuarbeiten. Trotz vieler anderer Aufgaben habe ich nicht lange gezögert, denn hier kann ich aktiv zu einer Erinnerungskultur beitragen.

Das Eingangstor des Konzentrationslagers Auschwitz

Das Stiftungsziel ist auf der Website der Stiftung folgendermaßen formuliert:

> Übernahme einer *Bildungs*- und Erziehungsfunktion für Jugendliche und Erwachsene aus verschiedenen Teilen der

Welt – insbesondere für polnische und deutsche Jugendliche – im Rahmen der Arbeit der IJBS in Oświęcim und auf Grundlage der Geschichte des KL Auschwitz.[32]

Die Stiftung organisiert Seminare, Konferenzen, Fahrten nach Auschwitz und bietet auch einen Freiwilligendienst an. Zweimal im Jahr trifft sich der Stiftungsrat. Ich habe viel gelernt über Auschwitz in den vergangenen Jahren. Mir wurden Geschichten erzählt, wie sie erschütternder nicht sein können. Aber auch die andere Seite habe ich kennenlernen dürfen. Auschwitz, dieses Synonym für Tod und Verzweiflung, birgt ebenfalls Geschichten der Hoffnung und des Widerstands. Geschichten vom unbändigen Mut und Willen zur Freiheit. Und Begegnungen mit Menschen, die genau diese Eigenschaften verkörpern.

Eine dieser Geschichten rankt sich um das Schild »Arbeit macht frei«. Häftlinge mussten das Schild auf Befehl der SS anfertigen. Dabei gelang ihnen unbemerkt ein todesmutiger Akt des Widerstands. Im Wort »ARBEIT« stellten sie das »B« auf den Kopf, die »dicke« Ausbuchtung ist oben, die »dünne« unten. Per Flüsterpost machte diese Nachricht die Runde. Und immer wieder kam es vor, dass Gefangene durch das Tor gingen und mit einem Blick auf das »B« neue Hoffnung schöpften. Sie hielten durch, um zu überleben. So wollten überleben, um der Nachwelt zu berichten, durch welche Hölle sie gegangen waren: die allgegenwärtige Angst, die täglichen Demütigungen, die Schläge, der Hass, das Morden. »Arbeit macht frei« wurde so tatsächlich zum Symbol für die Freiheit – anders als die zynischen Nazi-Ideologen es je für möglich gehalten hätten.

Ein anderer Ort, an dem ich mich für die Erinnerungskultur einsetze, ist der Chemnitzer Verein »Lern- und Gedenkort Kaßberg-Gefängnis«. Einige Jahre fungierte ich als Gründungsmitglied und Teil des Vorstands, bevor ich dieses Amt 2016 in die Hände eines Jüngeren legen konnte. Das Kaßberg-Gefängnis hat eine düstere Epoche als Stasi-Gefängnis. Auch dieser jüngere Teil unserer Geschichte darf nicht in Vergessenheit geraten oder nachträglich verklärt werden. Denn letztlich war das, was dort geschah, nichts anderes als politisch motivierter Menschenhandel. Einige Informationen zum Kaßberg-Gefängnis:

> Das Gefängnis auf dem Chemnitzer Kaßberg wurde 1886 als Königlich-Sächsische Gefangenenanstalt errichtet. (...)
>
> Nach dem Zusammenbruch der NS-Herrschaft nutzten sowjetische Besatzungsbehörden die Anlage (...) Im Anschluss teilten sich dann das Ministerium des Inneren mit der für den Strafvollzug zuständigen Volkspolizei sowie die Bezirksverwaltung Karl-Marx-Stadt des Ministeriums für Staatssicherheit (MfS) den Gefängnisbau. (...)
>
> Das Ministerium für Staatssicherheit nutzte das Kaßberg-Gefängnis einerseits als regionale »Untersuchungshaftanstalt« (der Begriff verschleiert allerdings, dass hier keine polizeiliche oder justizielle Untersuchung erfolgte, sondern von den Gefangenen systematisch Selbstbezichtigungen erpresst wurden) sowie andererseits als zentralen Sammelort zur Abwicklung des Freikaufs politischer Häftlinge aus der DDR. Insbesondere in diesem Zusammenhang ist das Kaßberg-Gefängnis heute deutschlandweit und sogar international bekannt. Denn von 1963 bis 1989 kaufte die Regierung der Bundesrepublik Deutschland mehr als 33 000 politische Häftlinge aus DDR-Gefängnissen frei. Als Gegenleistung erhielt die DDR Warenlieferungen im Wert von mehr als drei Milliarden D-Mark. »Politische« Häftlinge waren dabei all jene, die wegen Kritik an der Partei- und Staatsführung, Fluchtversuchen oder Fluchthilfe sowie wegen tatsächlicher oder vermeintlicher »Spionage« inhaftiert worden waren. Aus Sicht der DDR-Führung waren hauptsächlich zwei Motive ursächlich für die Entscheidung, politische Häftlinge an den Westen zu verkaufen. Zum einen ließen sich mit diesem Handel hohe Erlöse in West-Geld oder -Waren erzielen. Und zum anderen

> versprach sich die DDR von der vorzeitigen Entlassung und Abschiebung politischer Gegner in den Westen eine Schwächung der Opposition in der DDR.
>
> Seit der zweiten Hälfte der 1960er Jahre wickelte im Auftrag der SED das MfS die Entlassung der freigekauften Häftlinge über die MfS-Untersuchungshaftanstalt (UHA) der Bezirksverwaltung Karl-Marx-Stadt ab. (…)
>
> Mit Stand vom Oktober 1989 verfügte sie über eine Belegungskapazität von 370 Haftplätzen, fast doppelt so viele wie die zentrale UHA des MfS in Berlin-Hohenschönhausen, die für ca. 200 Insassen ausgelegt war. Damit war das Gebäude in Chemnitz zugleich das größte MfS-Gefängnis überhaupt, keines der anderen 16 Untersuchungsgefängnisse oder die MfS-Haftanstalt in Bautzen reichte an diese Größe heran.[33]

Zu den eindrücklichsten Erfahrungen in der Arbeit im Verein »Lern- und Gedenkort Kaßberg-Gefängnis« gehörten die Begegnungen mit ehemaligen Gefangenen. Es flossen viele Tränen bei den Führungen durch das Gefängnis, die wir als Verein organisierten.

Ein drittes Beispiel für hartes, aber heilsames Erinnern möchte ich erwähnen, diesmal aus Afrika: die Wahrheits- und Versöhnungskommissionen, die vor allem aus Südafrika und Ruanda bekannt geworden sind.

Diese Kommissionen verfolgen ein einfaches Prinzip: Statt zu verdrängen, versuchen sie die Wahrheit ans Licht zu bringen. Indem den Tätern Straffreiheit in Aussicht gestellt wird, wenn sie die ganze Wahrheit aussagen, werden Verbrechen öffentlich, die sonst nicht aufgeklärt werden könnten. Angehörige erhalten Gewissheiten. Entschädigungen werden gezahlt – und die Möglichkeit zu einem Neuanfang wird geschaffen.

In meinem Element im südlichen Afrika

Das ist kein einfacher Weg. Auch juristisch sind viele Fälle nur sehr schwierig einzuordnen und die Verfahren sind sehr langfristig angelegt. Ich selbst habe in Südafrika einen Mann getroffen, der mit einer Invalidität leben muss, die durch eine Kugel in seinem Gesäß hervorgerufen wurde. Er war Opfer eines willkürlichen Gewaltakts. Bis heute hat der Mann keine Entschädigung bekommen. Was mich besonders bewegt hat: Die Waffe und die Munition, mit der auf den Mann geschossen wurden, stammten aus Deutschland.

»Nur wenn das Opfer den Täter aus seiner unmöglichen Bringschuld entlässt, ist der Weg frei für Versöhnung.« (Lukas Augustin, Filmemacher)

Auch wenn es ein langer Weg ist und für Menschen wie diesen Mann rein äußerlich kein Erfolg zu sehen ist, lohnt sich der Aufwand dieser Kommissionen. Das hat auch der Filmemacher Lukas Augustin in seinem preisgekrönten

Dokumentarfilm »Unversöhnt«, der 2014 erstausgestrahlt wurde, deutlich herausgearbeitet. Über ein Jahr begleitete Augustin Täter und Opfer des Völkermordes in Ruanda von 1994 mit der Kamera. Augustin sagte dazu:

> »Zu hören, dass in Ruanda Angehörige ihre ganze Familie verloren haben und jetzt nicht Rache suchen, sondern auf die Täter wieder Schritte zumachen, auch in ihnen Menschen sehen – da hatte ich erstmal viele Fragen im Kopf (…) Der Schuld-und-Sühne-Stoff ist keine christliche Idee, er ist universell und zeitlos. Doch für Vergebung braucht es sehr viel Kraft. Der Täter muss mit all seinen Schuldgefühlen auf das Opfer zugehen. Das Opfer begreift, dass der Täter die ermordeten Angehörigen nicht wieder lebendig machen kann und auch durch Vergeltung den vorherigen Zustand nicht wiederherstellen kann. Nur wenn das Opfer den Täter aus seiner unmöglichen Bringschuld entlässt, ist der Weg frei für Versöhnung.«[34]

Auschwitz. Stasi-Gefängnis. Völkermord. Wenn wir frei werden wollen, dürfen wir nichts davon vergessen.

23. Freiheit für Frauen und Kinder

Wer die Bibel aufmerksam liest, wird immer wieder auf folgende Wortgruppe stoßen: die »Witwen und Waisen«. Der Terminus steht stellvertretend für eine Gruppe von Menschen, die damals und zum Teil auch heute sozial ausgegrenzt und materiell unterversorgt waren. Eine Frau galt nichts ohne ihren Mann, ein Kind nichts ohne seinen Vater. Witwen und Waisen waren schutzlos, häufig wurden sie ausgebeutet. Dabei gab es in der Bibel eine Reihe von Gesetzen, die ihnen eigene Rechte zusprachen. So sollte etwa bei der Olivenernte und der Weinlese immer ein Rest für die Witwen und Waisen zur Nachlese stehen gelassen werden (5. Mose 24,20-21). In jedem dritten Jahr stand ihnen gemeinsam mit den Leviten und den Ausländern, die im Land lebten, der zehnte Teil der gesamten Ernte zu (5. Mose 26,12). Gott wird zornig, wenn das Recht der Witwen und Waisen gebrochen wird (u. a. Maleachi 3,5). Er selbst verspricht, ihnen Recht zu schaffen (5. Mose 10,18).

Bis heute werden Frauen und Kinder unterdrückt oder benachteiligt. Darum heißt, für die Freiheit zu kämpfen, für mich auch immer, für die Rechte und die Gleichstellung von Frauen und Kindern zu kämpfen. Als Christ ist die Bibel dabei für mich maßgeblich. Ergänzt wird sie durch die Allgemeine Erklärung der Menschenrechte von 1948 und weitere Zusatzabkommen der Vereinten Nationen.

Das UN-Übereinkommen zur Beseitigung jeder Form von Diskriminierung der Frau (CEDAW) von 1979 beschreibt sehr deutlich, was unter Diskriminierung zu verstehen ist, nämlich »jede mit dem Geschlecht begründete Unterscheidung, Ausschließung oder Beschränkung, die zur Folge oder zum Ziel hat, dass die auf die Gleichberechtigung von Mann und Frau gegründete Anerkennung, Inanspruchnahme oder Ausübung der Menschenrechte und Grundfreiheiten durch die Frau – ungeachtet ihres Zivilstands – im politischen, wirtschaftlichen, sozialen, kulturellen, staatsbürgerlichen oder jedem sonstigen Bereich beeinträchtigt oder vereitelt wird.«[35]

Führende Menschenrechtsverteidigerin für die Anliegen der Westsahara, Aminatou Haidar

Die besonderen Rechte der Kinder werden im 1989 verabschiedeten Übereinkommen über die Rechte des Kindes (Convention on the Rights of the Child, CRC) festgehalten. Diese Kinderrechtskonvention ist der Frauenrechtskonvention nachgebildet und stellt den Mindestschutzstandard für Kinder dar.[36]

In der Heilsarmee, die mich ja entscheidend geprägt hat, nehmen Frauenrechte seit jeher einen hohen Stellenwert ein. Catherine Booth, die Frau des Heilsarmeegründers William Booth, hat bereits 1859 – sechs Jahre vor der offiziellen Gründung – in ihrem

Buch »Female Ministry – Woman's Right to Preach the Gospel« (deutsch: Das Recht der Frau zu predigen) für die Gleichberechtigung der Geschlechter gekämpft.

Was tue ich nun konkret für Frauen und Kinder?

Immer wieder bekomme ich Anfragen von Menschen, die mich als Mitglied des Menschenrechtsausschusses bitten, ihnen in einer konkreten Problemlage zu helfen. Das versuche ich in der Regel. Nicht immer gelingt es, manchmal sind es auch zu viele Anfragen. Dann muss ich Prioritäten setzen. Und dann entscheide ich mich für Frauen und Kinder.

Ein Beispiel ist Sameera Khan, eine deutsch-pakistanische Frau. 2014 bekam ich zum ersten Mal Post von ihr. Es ging um eine Familienzusammenführung. Ihr Ehemann lebte noch in Pakistan und sie hatte einen Familiennachzug beantragt. Rechtlich war alles in Ordnung, doch verschiedene Behörden blockierten seine Einreise. Termine in der Botschaft wurden verweigert. Unter dem Druck und der Ungewissheit erkrankte Sameera Khan. Es war eine dramatische Zeit, in der wir in regelmäßigem Austausch standen. Ich schrieb eine ganze Reihe von Briefen und Beschwerden an zuständige Stellen. 2016 wurde endlich ein Nachzug möglich.

Das Ehepaar Khan erlaubte mir daraufhin, ein kleines Interview für meinen Newsletter mit ihnen zu machen, das ich hier gerne wiedergebe:

> **Familienzusammenführung**
> Ein besonderer Termin: Ein deutsch-pakistanisches Ehepaar besucht mich im Büro, um Danke zu sagen. Hintergrund: 2014 bat Sameera K. um Unterstützung. Vor knapp 17 Jahren waren ihre Eltern nach Deutschland geflüchtet, da sie als Christen in Pakistan diskriminiert wurden. 2014 heiratete Sameera den Pakistaner Cashel B. Nach langem bürokratischem Hin und Her wurde ihm das Visum für Deutschland erteilt und der Weg frei für die Familienzusammenführung.

Liebes Ehepaar K., welche Widerstände sind Ihnen bei der angestrebten Familienzusammenführung begegnet?
Besonders schwierig war die Anerkennung unserer Heiratsurkunde, die von der katholischen Kirche ausgestellt wurde. Es gibt in Pakistan eine Behörde, die die Registrierung vornimmt (die »Nadra« National Database and Registration Authority). Für ein Ehepaar, das christlich getraut wurde, wird die Ehe dort aber nicht anerkannt.

Auch hat sich die deutsche Botschaft in Islamabad quergestellt. Zum Beispiel verlangte sie eine Geburtsurkunde von Sameera, die aber in der Visa-Angelegenheit für Cashel gar nicht relevant war. Da wir nicht in Islamabad wohnen, war es eine große Mühe, dort hinzufahren. Wir fühlten uns manchmal extrem hingehalten. Wir wurden aber sehr durch unsere Anwältin und andere Beteiligte unterstützt und letztlich konnten wir das Visum für Cashel bekommen.

Sameera K., Sie waren als Ehefrau großer Unsicherheit ausgesetzt. Was hat Sie motiviert, weiterzumachen?
Die Hoffnung, meinen Mann wiederzusehen, war meine Motivation. Ich dachte viel an ihn. Teilweise ging es mir sehr schlecht, aber ich wusste ja, wofür ich das mache. Auch der Glaube hat mir geholfen.

In Pakistan gibt es immer wieder Christenverfolgung. Sie haben in einer katholischen Kirche geheiratet. Gab es besondere Schwierigkeiten für Sie, Herr B., aufgrund Ihrer Religionszugehörigkeit?

In Pakistan gibt es viele Diskriminierungen gegenüber Christen. Es ist schwierig, eine Arbeitsstelle zu bekommen oder ein Geschäft zu eröffnen. Es gibt willkürliche Verhaftungen oder jemand wird von der Polizei zusammengeschlagen. Die freie Meinungsäußerung ist eingeschränkt. Da man über seinen Namen als Christ identifiziert wird, geben manche

Christen ihren Kindern muslimische Namen, damit diese nicht diskriminiert werden.

Viele Dinge können wir hier gar nicht nennen, weil wir andere in Pakistan gefährden würden. Die größte Schwierigkeit gab es bei der Anerkennung unserer Eheschließung. Erst nach viel Mühe wurde unsere Ehe anerkannt, was wiederum die Voraussetzung dafür war, dass auch die deutsche Botschaft unsere Ehe anerkennt.

Und wie geht es jetzt weiter?

Wir freuen uns sehr, dass wir jetzt wieder zusammen sind. Wir möchten einen Verein gründen, der pakistanische Kinder unterstützt. Auch hoffen wir, durch unsere Erfahrung anderen Christen helfen zu können.

Was mich besonders beeindruckt hat: Nachdem die Khans Hilfe erfahren haben, wollen sie nun selber Hilfe geben.

Dankbar bin ich, dass es mir mein Mandat als Abgeordneter erlaubt, auch über den Einzelfall hinaus tätig zu werden. Seit einigen Jahren bin ich Mitglied des parlamentarischen Beirats der Deutschen Stiftung Weltbevölkerung (DSW), seit dieser Legislaturperiode Vorsitzender. Die DSW widmet sich vor allem der »reproduktiven Gesundheit« von Mädchen und jungen Frauen. Wie notwendig dieser Einsatz ist, zeigen schon wenige Zahlen: Jedes Jahr sterben 70 000 Mädchen zwischen 15 und 19 Jahren infolge von Komplikationen während der Schwangerschaft, nach verpfuschten Abtreibungen oder bei der Geburt.

Mehr als 220 Millionen Frauen können nicht selbst entscheiden, ob und wann sie Kinder haben wollen. Dadurch kommt es jährlich zu 74 Millionen unerwünschten Schwangerschaften, von denen fast die Hälfte mit Abtreibungen endet.[37]

Für meine (ehrenamtliche) Mitarbeit habe ich auch Kritik bekommen. Die DSW unterstützt das Recht der Frauen auf eigene Entscheidungen in allen Bereichen. Als wertkonservativer Christ bin ich dagegen, eine Schwangerschaft abzubrechen. Das habe ich etwa in meinem Buch »Ich lebe! – Ein Plädoyer für die Würde des Menschen«[38] sehr deutlich gemacht.

Aber wie so oft gibt es auch hier ein ethisches Dilemma: Die DSW macht eine engagierte und wertvolle Arbeit im Bereich der Armutsprävention und der sexuellen Aufklärung. Damit werden ungewollte Schwangerschaften – und in deren Folge auch Abtreibungen – vermieden. Ist es da nicht in Gottes Sinne, engagiert für die Rechte dieser Mädchen einzutreten? Prävention spielt hier eine sehr wichtige Rolle. Gleichzeitig finde ich auch Organisationen unterstützenswert, die dafür eintreten, dass ungewollte Schwangerschaften nicht leichtfertig abgebrochen werden. Da liegt weltweit noch viel Arbeit vor uns. In Deutschland ändern Frauen, die aus finanziellen Gründen über einen Abbruch nachdenken, häufig ihre Meinung, wenn sie über Unterstützungsmöglichkeiten informiert werden. Auch ein offenes Ohr kann helfen, wieder Licht in einer scheinbar ausweglosen Lage zu sehen.

1000plus, ein Projekt, das sich für eine optimale Beratung von Frauen einsetzt, die ungewollt schwanger geworden sind, formuliert es folgendermaßen:

> Wenn die Zeit drängt und es scheinbar nur noch diesen Ausweg gibt, dann ist eine »freie« Entscheidung gar nicht mehr möglich. Hier gibt es keine Wahlfreiheit mehr, denn niemand bietet der Schwangeren eine echte Alternative zur Abtreibung.[39]

Echte Beratungsarbeit und konkrete Hilfe ermöglichen eine Entscheidung, die nicht von äußeren Zwängen geprägt ist. Eine freie Entscheidung.

Ein besonderer Schwerpunkt meiner Arbeit betrifft Kinder. Eine wesentliche Motivation für mich, in die Politik zu gehen, war folgende Erkenntnis: Viele Kinder sind gefangen in tradierter Armut, auch in Deutschland. Sie tragen weiter, was sie im Elternhaus erleben. Das, was ein Kind in seinen jungen Jahren erlebt, prägt. Wenn man früh genug und pädagogisch qualifiziert ansetzt, kann man in Kindern enorme Potenziale freisetzen. Das durfte ich schon in meiner Zeit als Heilsarmeeoffizier erleben und aus diesen Gedanken sind mehrere Initiativen entstanden, unter anderem das bunte Kinderprogramm McTurtle, von dem ich in Kapitel 7 berichtet habe.

Ein anderes Projekt, bei dem es auch darum ging, Teller zu bemalen, habe ich 2010 in einer Pressemitteilung etwas ausführlicher vorgestellt:

Tellerlein deck dich – Promis malen für Kinder in Chemnitz

Es war schon eine besondere Szene, die sich da neulich im Bundestag abspielte: Wir befinden uns inmitten einer Plenardebatte während der Haushaltswoche. Das Plenum ist voll besetzt und überall werden hitzige Diskussionen und Gespräche geführt. Auch der Verteidigungsminister wirkt angespannt. Der volle Terminplan erlaubt ihm kaum eine Pause. Doch für bedürftige Kinder nimmt er sich Zeit. Er setzt sich in die letzte Reihe und greift zum grünen Stift. Es entsteht eine Zeichnung des Bundestages. Mit schwungvoller Unterschrift und einem Lächeln übergibt mir Karl-Theodor zu Guttenberg seinen Teller.

Und ich bin überglücklich, dass ich hier zwei meiner vielen Rollen zusammenbringen kann: Vorsitzender von »tellerlein deck dich« und Bundestagsabgeordneter der Stadt Chemnitz. Networking für eine gute Sache – ich liebe es.

Der Verein ist eine Initiative gegen Kinderarmut. Kinder sind die schwächsten Glieder einer Gesellschaft. Angesichts der weltweiten Zahlen – 3,5 Millionen Kinder sterben jährlich an Hunger – scheinen Deutschlands Probleme gering. Doch spätestens seit der Berliner Arche-Gründer Bernd Siggelkow den aufrüttelnden Bestseller »Deutschlands vergessene Kinder« geschrieben hat, ist das Problembewusstsein für unser eigenes Land erwacht. 1,8 Millionen Kinder unter 16 Jahren leben in wirtschaftlicher Armut. Ein großes Problem in vielen Familien ist die Ernährung. Weil die finanziellen Möglichkeiten fehlen oder weil in den Familien kein Bewusstsein für ausgewogene Ernährung besteht, essen die Kinder Fast Food oder Süßigkeiten. Fettleibigkeit, andere Krankheiten oder auch ADHS können Folgen dieser Fehlernährung sein.

In meiner Arbeit als Heilsarmeeoffizier im Chemnitzer Begegnungszentrum 614 habe ich viele dieser »Problemkinder« getroffen. Quirlige, nicht immer einfach zu bändigende Jungen und Mädchen. Liebenswert eins ums andere. Meine Frau Regina und ich haben vier Kinder. Wir lieben Kinder. Als Christ und Heilsarmeeoffizier stehen mir natürlich auch die beiden Aussagen von Jesus vor Augen: »Lasset die Kinder zu mir kommen« und »Was ihr einem der Geringsten getan habt, das habt ihr mir getan«.

So überrascht es nicht, dass die Idee von Wolfgang Kotowski, damals Student der TU Chemnitz, sofort offene Ohren bei mir fand. Er schlug vor, einen Verein zu gründen, der sich um die gesunde Ernährung von Kindern kümmert. Wir gewannen schnell weitere Mitstreiter für unsere Idee. Im Januar 2008 entstand »tellerlein deck dich, Freunde der Heilsarmee« e.V., heute hat der Verein 30 Mitglieder. Das Ziel des Vereins ist es, Kindern täglich eine warme und ausgewogene Mahlzeit zu ermöglichen. Die Logistik – Einkaufen, Kochen, Räume gestalten – übernimmt ein Partner, in Chemnitz ist das die Heilsarmee. »Tellerlein«, wie wir unseren Verein kurz nennen, organisiert Seminare und Events zum Thema und kümmert sich um die Öffentlichkeitsarbeit und die Finanzen.

Ja, das leidige Thema: Finanzen. Für eine kostenlose Kinderspeisung. Wie soll man die in Zeiten knapper Kassen auftreiben? Tellerlein hatte eine Idee: eine Auktion. Im Zeitalter von »Drei – zwei – eins – meins«, konnte, was eBay recht ist, uns doch billig sein. Natürlich muss man da schon etwas Naheliegendes und doch Besonderes versteigern. Warum nicht Teller? Und warum nicht Künstler und Prominente bitten, diese Teller zu bemalen? Die Idee war geboren. Wir schrieben diverse Personen an und baten um Unterstützung. Die Resonanz war überwältigend. Mit Freiberger Porzellan fanden wir einen Sponsor, der uns hochwertige Teller zur Verfügung stellte. Viele Prominente begannen zu malen. Tim Mälzer, Hella von Sinnen, Stev Theloke, die Prinzen und Xavier Naidoo sind nur einige davon.

Und so konnten wir im Mai 2009 die erste Versteigerung durchführen. Im festlichen Ambiente der Chemnitzer Villa Esche gaben die Gäste aus Politik, Wirtschaft und Kultur unter der fachkundigen Aufsicht eines echten Auktionators ihre Gebote ab. 18 Teller wurden an diesem Abend versteigert, 3 000 Euro kamen in die Vereinskasse, wodurch die Speisung von 30 Kindern für ein Jahr gesichert werden konnte. Auch das Medienecho war enorm, was unserem Verein, und damit unserem Anliegen, der Verringerung der Kinderarmut in Deutschland, eine große Aufmerksamkeit verlieh.

Ein Höhepunkt unserer Vereinsarbeit war die Teddybärklinik im Januar 2010. Wir hatten von dieser bundesweiten Aktion erfahren und sie auch in Chemnitz probiert. Kindergartengruppen und Schulklassen strömten in die Räume der Heilsarmee, die zu einer Klinik umgestaltet wurden. Über die Aufnahme, den OP und die Medikamentenausgabe begleiteten die Kinder ihre Teddys und lernten so spielerisch den Krankenhausablauf kennen. Dazu gab es zwei Stationen zu Sport und Ernährung, denn das ist ja das eigentliche Anliegen von Tellerlein.

Im Mai 2010 konnten wir nun schon unsere zweite Versteigerung durchführen. Wie gesagt, Karl-Theodor zu Guttenberg konnte ich im Bundestag gewinnen, einen Teller zu gestalten. Auch die Chemnitzer OB Barbara Ludwig war mit von der

Partie. Ebenso die Paarlaufweltmeister Aljona Savchenko und Robin Szolkowy und ihr Trainer Ingo Steuer oder Moderatorin Sabine Christiansen und Sachsens Ministerpräsident Stanislaw Tillich.

Wir konnten im Vorfeld eine Ausstellung der Teller in einer Einkaufspassage organisieren. Wieder war das Echo in den Medien groß. Und wieder lag der Erlös bei 3 000 Euro. Erneut reicht das, um 30 Kindern ein Jahr lang ein gutes Essen zu servieren. Im Stillen hatten wir auf eine Steigerung der Einnahmen gehofft. Aber, wie sagt Marcel Reif so schön, »sei's drum«. Jedes einzelne Kind freut sich ja über jeden Biss in einen knackigen Apfel.

Und dass die Öffentlichkeit insgesamt, und einige der künstlerisch tätigen Prominenten im Besonderen, ihr Herz für arme Kinder in Deutschland entdecken, ist wertvoller, als dass man es in Euro messen könnte.

Deutschlands Kinder müssen nicht vergessen bleiben. »Tellerlein deck dich« ist ein Beitrag dazu. Der Name ist geschützt – die Idee aber sei zum Nachmachen empfohlen.

Ich selber suche derweil nach einer ruhigen Minute von Angela Merkel – sicher wird das ein schönes Tellerlein.

Heute hat sich der Verein etabliert, sodass ich mich aus der aktiven Vorstandsarbeit zurückziehen konnte. Dafür engagiere ich mich in Chemnitz in einem anderen Projekt: Als Präsident des Chemnitzer Schwimmclubs kann ich mithelfen, dass durch qualifizierte Trainer und Übungsleiter sowie den Einsatz einer großen Zahl von Ehrenamtlichen Kinder an den Schwimmsport und einige von ihnen an den Leistungssport herangeführt werden. Sie finden eine sinnvolle Freizeitbeschäftigung, bei der sie lernen, diszipliniert zu trainieren, mit Niederlagen umzugehen und Erfolge zu feiern.

»Was man kann, muss man tun.« (Friedrich Loh, Unternehmer)

Ein weiteres Ehrenamt hat eine ähnliche Funktion: der Verein »Perspektiven für Familien«, der das »Haus Kinderland« betreibt. Von Montag bis Freitag gibt es hier nachmittags ein Freizeitangebot inklusive Mittagessen und bei Bedarf Hausaufgabenhilfe. Ein hoch motiviertes Team schafft mit dieser offenen Arbeit für Kinder ein zweites Zuhause und bietet Perspektiven.

»Happy« im Haus Kinderland

Das ist zusammengenommen ein ziemlicher Zeitaufwand. Aber die Frauen und Kinder sind es wert. Sie liegen Gott am Herzen. Und darum soll es so bleiben: Ich werde mich für die Rechte von »Witwen und Waisen« engagieren, wo es nötig ist und wo Zeit und Kraft es möglich machen. »Was man kann, muss man tun« (Friedrich Loh).

24. »Weil wir euch lieben, du Wichser«

Ein spannendes Kapitel in meinem Leben war die Arbeit unter Jugendlichen in Chemnitz. In den zwölf Jahren, die meine Frau und ich die Leitung der Heilsarmeegemeinde dort innehatten, gab es viele bemerkenswerte Situationen. Eine davon habe ich 2001 für das Buch »Hoffnungsträger – Wahre Geschichten von Menschen, die Hoffnung bringen« von Thorsten Riewesell und Ines Emptmeyer aufgeschrieben.

»Weil wir euch lieben, du Wichser« – Erfahrungen aus dem »Club Heilse« in Chemnitz[40]

Das Rudel taucht mitten in der Nacht bei uns im »Club Heilse« auf, eine kleine Gruppe chaotischer, kaputter Jugendlicher, die meisten von ihnen sind sturzbetrunken. Angeführt werden sie von einer Dreizehnjährigen, die es weidlich ausnutzt, noch nicht strafmündig zu sein. In den Stunden zuvor haben sie unseren Stadtteil in Angst und Schrecken versetzt, nachts um zwei landen sie bei uns auf dem Grundstück.

Sie haben irgendwo gehört, dass Martin, unser Mitarbeiter, heute Dienst hat. Er ist ausgebildeter Krankenpfleger und soll einen Jungen verbinden, der sich den Arm aufgeritzt hat und stark blutet. Während Martin die Wunde säubert und den Verband anlegt, beginnen die Jugendlichen von ihrer Nacht zu erzählen: Sie hatten zusammengesessen, getrunken und gekifft. Dann zogen sie auf die Straße und machten sich eine Gaudi daraus, Spiegel von Autotüren abzutreten. Sie demolierten eine Telefonzelle, warfen eine Schaufensterscheibe ein. Sie knackten das Schloss einer Imbissbudentür und stahlen alles, was an Alkohol im Regal stand, und »vernichteten« es umgehend, was die Stimmung noch weiter anheizte.

Als Nächstes brachen sie ein Auto auf. Dabei verletzte sich der besagte Teenager. Also suchten sie in dem Auto nach dem Verbandskasten, fanden aber keinen – und so brachen sie das nächste Auto auf. Mit dem Verbandszeug zogen sie schließlich zum »Club Heilse« und pochten an die Tür: »Martin, kannst du ihn verbinden?«

Nachdem Martin die Wunde versorgt hat, klingelt bei mir das Telefon. Eine aufgelöste Mutter ruft an. Ihre beiden Söhne gehören zu der Bande. Ob ich sie gesehen hätte. Ich kann sie beruhigen: »Ja, ich habe sie gesehen.« Ob alles in Ordnung sei? Ich drücke mich so vorsichtig wie möglich aus: »Nun, der eine ist etwas angetrunken.« Offen gestanden war er total betrunken. Trotzdem ist die Mutter entsetzt: »Aber der trinkt doch überhaupt nicht! Der redet doch zu Hause immer gegen das Trinken.« Ihre Stimme versagt und mir scheint, sie bekommt einen Asthmaanfall. Hinterher habe ich mich so manches Mal gefragt, was wohl passiert wäre, wenn ich ihr alles erzählt hätte …

Der »Club Heilse« ist ein Jugendclub, der zur Heilsarmee in Chemnitz gehört. 1997 begannen meine Frau und ich unseren Dienst als Heilsarmeeoffiziere in dieser schönen Stadt in Sachsen. Wir kamen frisch von der Ausbildung in Basel, davor hatte ich in Freiburg Sozialpädagogik studiert und einige Jahre ein Begegnungscafé der Heilsarmee Freiburg geleitet.

In Chemnitz hatte die Heilsarmee (die in der DDR verboten war) nach der Wende ein Haus zurückübertragen bekommen und darin ihre Arbeit begonnen. Als wir kamen, gab es bereits ein kleines Angebot für Kinder und Teenager: das »Café Z« (der Buchstabe hatte für uns drei Bedeutungen: Zuflucht, Zukunft und Zeit). Die Hauptzielgruppe waren Teenager aus sogenannten »Multiproblemfamilien«, die mit Scheidung, Schulverweigerung, Abhängigkeiten und Kriminalität zu kämpfen hatten. Wir merkten schnell, dass unser Angebot dem Bedarf kaum gerecht wurde.

Der »Club Heilse« liegt auf dem Kaßberg, einem Stadtviertel von Chemnitz, das eigentlich gut situiert ist. Am Rand aber war es infrastrukturell schwierig, viele Häuser waren zerfallen und stark sanierungsbedürftig. Der Untere Kaßberg wurde als eines von fünf Projekten in Sachsen in das Förderprogramm »Soziale Stadt« des Bundes aufgenommen. Denn viele der angesprochenen Multiproblemfamilien lebten genau hier.

Als ausgebildeter Sozialarbeiter setzte ich mich mit dem Jugendamt zusammen. Wir fragten uns: Wer lungert auf der Straße herum? Wer braucht ein Angebot? Wie kann dieses Angebot aussehen? Aus unseren Ergebnissen machten wir ein Konzept. Auch wenn wir etwas Geduld brauchten. Ein gutes Jahr nach unserer Ankunft wurden weitere Räume im Haus der Heilsarmee frei. Das war unser Signal: Jetzt konnten wir mit einem Jugendclub starten. Der Name »Club Heilse« entstand dabei mehr oder weniger aus Scham. Keiner von den Jugendlichen wollte sagen: »Ich gehe in den Jugendclub der Heilsarmee«, stattdessen waren wir einfach nur die »Heilse«. Ist ja auch cooler und schneller auszusprechen. Neben den offenen Angeboten, also den Zeiten, in denen wir einfach die Tür öffneten und für die Kids und Teens da waren, entstand in den nächsten Monaten und Jahren ein Volleyballplatz, eine Fahrradwerkstatt, unser Familiencafé und inzwischen auch ein Mittagstisch für Kinder mit dem Namen »Tellerlein deck dich«.

Unseren »Club Heilse« besucht ein sehr gemischtes Publikum, die Jugendlichen gehörten zu verschiedenen Gruppen mit ganz unterschiedlichen Hintergründen. Mich freut besonders, dass keine dieser Gruppen die anderen »Fraktionen« rausgemobbt hat. Doch wenn Leute gewalttätig werden, weisen wir sie klar in die Grenzen: Die betreffenden Jugendlichen bekommen dann Hausverbot, auch wenn sich unsere Kollegen vom benachbarten Jugendclub deswegen Sorgen machen. Ich erinnere mich an den Telefonanruf der Sozialarbeiterin, die dort tätig war: »Frank, wenn die bei euch Hausverbot bekommen, was sollen wir denn jetzt machen? Denn bei euch muss doch erst der Regen nach oben fallen, bevor ihr jemandem Hausverbot erteilt!«

An einem fürchterlich kalten Wintertag kurz vor Weihnachten – es war die kälteste Nacht des Jahres, zogen die bereits erwähnten Randalierer wieder durch das Viertel und tauchten in der »Heilse« auf. Sie hatten sich an diesem Abend durch ihr Verhalten mal wieder völlig disqualifiziert: Zwar waren sie nicht gewalttätig geworden, doch sie hatten andere Gäste angepöbelt und die Mitarbeiter beleidigt. Die Atmosphäre wurde immer aufgeheizter. Irgendwann blieb nur ein letztes Mittel: Wir schlossen das Haus für den Rest des Abends, alle mussten gehen. Nur einer aus der Gruppe, ein Extrem-Schulverweigerer, der eigentlich schon Hausverbot hatte, durfte bleiben. Der Grund: Er hatte eine Heidenangst, vors Haus zu gehen. Wir wollten ihn schützen. Ein paar Tage zuvor hatte er nämlich ein Fahrrad geklaut, und wie sich später herausstellte, gehörte es einem Rechten, der ihm daraufhin schwere Prügel angekündigt hatte. So stellten wir ihn erst einmal bei uns sicher.

Draußen auf der Straße vor unserem Haus ging die Randale weiter. Ein Jugendlicher aus der Gruppe pinkelte ans Nachbarhaus. Ein empörter Bewohner sprang in Folge dessen durchs Fenster im Erdgeschoss und stellte ihn zur Rede. Sofort stürzten sich zwei, drei seiner Kumpels auf den Mann; sie rissen eine Latte von unserem Zaun und prügelten brutal auf den Bewohner ein. Dieser kletterte schließlich blutend durchs Fenster in seine Wohnung zurück. (Übrigens hat sich dieser Mann trotz dieses Vorfalls nie über unsere Arbeit beschwert. Auch die meisten anderen Nachbarn schätzen das, was wir in der »Heilse« tun.) Wir überlegten, was wir machen könnten, um die aggressiven Teens auf der Straße etwas zu beschwichtigen. Es war ja, wie gesagt, klirrend kalt in dieser Nacht. Da hatten wir die Idee, einen großen Topf Kakao zu kochen und ihn nach draußen zu bringen. Gesagt, getan.

Und wie wir so draußen stehen, alle einen Becher mit dem dampfenden Kakao in der Hand, ergibt sich ein Gespräch. Ein Jugendlicher fragt uns: »Warum macht ihr das denn noch, nach alldem, was wir heute verzapft haben?« Wir suchen nach Worten.

Die netteste, ruhigste, zurückhaltendste und frömmste Mitarbeiterin, die eigentlich selten etwas sagt, findet als Erste ihre Sprache wieder. In trockenem und sehr glaubwürdigem Ton sagt sie: »Weil wir euch lieben, du Wichser.«

Ein paar Wochen später fuhren Mitarbeiter mit einigen aus der Gruppe zu einem Wochenende ins erzgebirgische Johanngeorgenstadt. Sie zelteten dort, unternahmen kleine Wanderungen, und es ergaben sich bei den gemeinsamen Aktivitäten viele Gespräche. In den Zelten legten die Mitarbeiter auch Neue Testamente aus. Spontan griffen die Jugendlichen danach. Sie lasen einige Kapitel gemeinsam. Viele Fragen und tiefe Gespräche entwickelten sich. Ein Hauptthema war die Angst. Die Gruppe hatte in einem Nachbarhaus okkulte Praktiken ausprobiert, und als sie plötzlich erlebten, dass die angerufenen Geister tatsächlich reagierten, waren sie in Panik aus dem Haus gerannt. Der kleine Bruder der »Anführerin« erzählte von Erfahrungen mit einem Poltergeist. Nun begann er, die Bibel zu lesen. Er berichtete später – ganz nüchtern, so als redete er über eine mathematische Gleichung: »Jedes Mal, wenn ich in der Bibel lese, ist der Geist verschwunden.«

Einige aus der Gruppe kamen dann ab und an in unseren Gottesdienst. In Chemnitz ist die Heilsarmee mit den Jesus-Freaks fusioniert. Da betet schon mal jemand: »Gott, ich finde dich so geil!« Als Art Gegenpol hatten wir eine sehr steife, brüdergemeindlich geprägte Heilssoldatin in unserem Team. Ich frage sie einmal nach einem solchen Gebet: »Sind dir da nicht die Ohren abgefallen?«

»Doch«, antwortete sie, »aber Gott hat sie wieder dran gemacht.«

Eines Tages leitete genau diese Frau unseren Gottesdienst: in sehr steifer Manier (zumindest aus der Perspektive der Jugendlichen), an ihrem Harmonium begleitete sie ein uraltes Lied aus dem Gesangbuch. Die Andacht erfolgte in einem solch salbungsvollen Ton, als würde die Weihnachtsgeschichte auf einem Märchenmarkt vorgelesen. Ich war an diesem Abend nicht anwesend, und deshalb rief meine Frau mich zu späterer Stunde auf dem Handy an: »Weißt du was? Heute waren 24 aus der Gruppe im Gottesdienst. Beim Singen haben sie gefeixt und sich lustig gemacht. Dann begann die Andacht – und du wirst es kaum glauben: Es war noch nie so still.«

Ein anderes Erlebnis aus einem unserer Gottesdienste: Ich fragte, wer denn berichten wolle, was er in letzter Zeit mit Gott erlebt hat. Eine Jugendliche steht auf. »Ich habe auch was zu erzählen. Diese Tage ist mir beim Tütenbauen das Haschisch verlorengegangen. Ich habe gebetet: ›Gott, lass es mich wiederfinden.‹ Und tatsächlich: Ich hab's gefunden.« Sie setzte sich wieder und ich stand etwas verblüfft da. Natürlich war das eine Provokation. Was machst du da? Ich habe einfach den Nächsten aufgerufen. So etwas passiert, wenn man sich um Jugendliche kümmert, die nicht ins Schema passen. Dann läuft es auch nicht nach Schema.

Aber wir kümmern uns ja schließlich um die Teens, weil wir sie trotz allem Mist, den sie verzapfen, lieben.

25. Flüchtlinge

Kaum ein Thema hat die Menschen seit dem Sommer 2016 mehr berührt als die sogenannte »Flüchtlingskrise«. Ein schwieriger Begriff. Denn wer hat denn eigentlich eine Krise? Der Mensch, der sein Leben aufs Spiel setzt, um vor Krieg und Hunger zu fliehen? Oder das vermeintliche »Christliche Abendland«, weil seine (soziale) Sicherheit in Gefahr gerät? Im Kapitel über humanitäre Hilfe habe ich das Thema schon berührt, hier möchte ich etwas konkreter werden.

Im Jahr 2010 habe ich Roya kennengelernt. Roya kommt aus Syrien. Vor sechs Jahren, noch vor dem Bürgerkrieg, ist sie mit ihrer Familie aus ihrer Heimat geflohen. Das ist ihre Geschichte: Roya ist 17 und die älteste von sechs Geschwistern. Roya und ihre beiden jüngeren Schwestern sollen verheiratet werden, mit entfernten Verwandten, allesamt Witwer, keiner jünger als 60. Die Eltern weigern sich. Sie werden mit dem Tod bedroht, weil sie angeblich die Familienehre beschmutzt haben.

Als eine Cousine, die sich ebenfalls der Zwangsheirat widersetzt, ermordet wird, trifft Royas Familie eine Entscheidung. Der Vater gibt sein gut gehendes Geschäft in Damaskus auf, von dem Geld bezahlen sie die »Reise« in den Westen. Schleuser bringen sie nach Deutschland. Sie kommen in eine Erstaufnahmeeinrichtung und müssen bei null anfangen. Die Mutter leidet an Depressionen, die Kinder werden in der Schule gemobbt. Es fällt ihnen schwer zu lernen. Royas Traum vom Medizinstudium ist geplatzt. Immerhin schafft sie den Schulabschluss und bekommt eine Lehrstelle als Sozialassistentin.

Roya und ihre Familie sind Muslime. Doch sie besuchen gelegentlich einen Gottesdienst. Christen haben das Flüchtlingsheim besucht, in dem sie leben, und sie in die Gemeinde eingeladen. Sie haben sich wohlgefühlt, doch irgendwie auch wieder nicht. Royas Schwester wurde zum Geburtstag eingeladen, sie kannte die Gebräuche nicht, kam als Einzige ohne Geschenk – und schämte sich in Grund und Boden. Oft ist Roya traurig. Sie weiß nicht, wie es der Familie geht. Leben die Onkel und Tanten, die Cousins und Cousinen noch? Die Schrecken des Krieges reißen nicht ab.

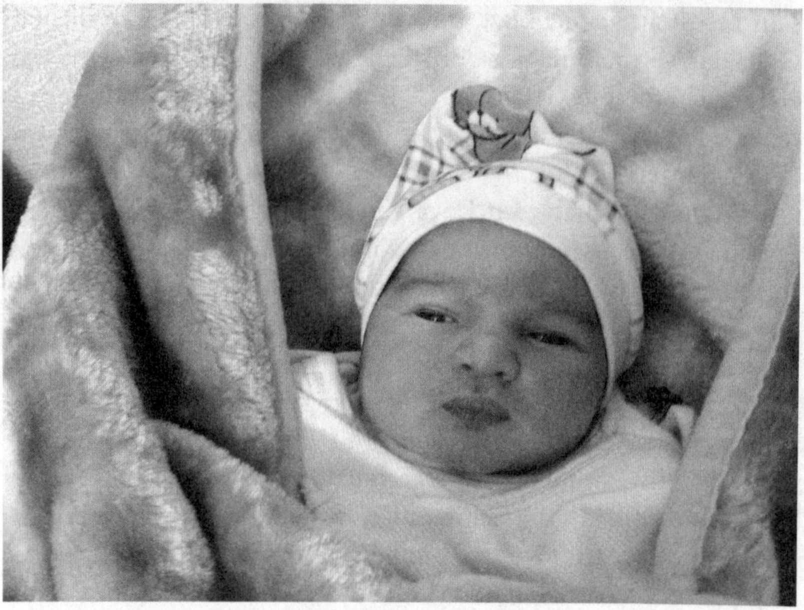

Sieben Tage altes Baby von syrischen Flüchtlingen im Libanon, untergebracht in einer Nische im Treppenhaus

Wenn wir gewisse Zeitungsmeldungen oder Internetbeiträge lesen, dann finden wir Begriffe wie »Flüchtlingsschwemme« und »Asylbewerberflut«. Deutschland sei nicht »das Armenhaus der Welt«, erfahren wir. Was diese Ausdrücke verschleiern: Jeder einzelne Flüchtling hat eine ganz persönliche Geschichte. Es gibt eben nicht »die« Flüchtlinge, sondern Evan und Ramona, Mbeki und Wladimir. Junge und Alte, Männer und Frauen, hochgebildete und sehr einfache Menschen.

Wenn wir etwas oder jemanden in eine Schublade packen, wird sich immer wieder der eine oder andere Aspekt finden, der diese Vorurteile bestätigt. Dem Leben werden wir damit nicht gerecht. Einzelnen Menschen werden wir nicht gerecht. Und ganzen Menschengruppen schon gar nicht. Nicht alle Roma sind gleich. Nicht alle Syrer, alle Eritreer oder Afghanen. Nicht alle Muslime – und übrigens auch nicht alle Christen – sind gleich.

> ***»Migration und Flucht ziehen sich wie ein roter Faden durch die Bibel.« (Arbeitskreis Migration und Integration)***

Christen glauben, dass Gott jeden Menschen »zu seinem Bilde« geschaffen hat (1. Mose 1,27). Jeder Mensch besitzt Würde. Und diese Würde gilt es zu schützen. Neben den erwähnten Witwen und Waisen spricht die Bibel immer wieder davon, dass wir eine besondere Verantwortung für »den Fremdling« haben.

Auch das Thema Flucht ist in der Bibel von großer Bedeutung. Der Arbeitskreis Migration und Integration (AMIN) der Deutschen Evangelischen Allianz schreibt dazu in der Broschüre »Flüchtlinge willkommen heißen«, die er in Zusammenarbeit mit anderen Organisationen herausgegeben hat:

> Migration und Flucht ziehen sich wie ein roter Faden durch die Bibel. Damalige und heutige Situationen ähneln sich: von Auswanderung über individuelle oder kollektive Flucht aus Unterdrückung zu Armutswanderung, Verschleppung und Umsiedlung. Es stellt sich sogar die Frage, wer von den Segensträgern der Offenbarung Gottes zeit seines Lebens kein Flüchtling war. Beispiele:
> - Abraham – aus wirtschaftlichen Gründen geflüchtet (1. Mose 12,10)
> - Isaak – aus wirtschaftlichen Gründen geflüchtet (1. Mose 26,1)

- Jakob – flüchtete vor seinem eigenen Bruder (1. Mose 27,41-43)
- Mose – ein politischer Flüchtling (2. Mose 2,11-15)
- Ebimelech und Naomi – aus wirtschaftlichen Gründen geflüchtet (Ruth 1,1-2)
- Die Bewohner von Israel und von Judäa – verschleppt infolge eines kriegerischen Konfliktes (2. Könige 17,6 / 2. Könige 24,14)
- Jesus Christus – ein politisch Verfolgter (Matthäus 2,13-15)
- Die ersten Christen – religiös verfolgt und zerstreut (Apostelgeschichte 8,1)[41]

Darum dürfen wir uns von Bewegungen wie Pegida und anderen nicht anstecken lassen. Die Scheu vor Fremden und die Angst vor Terrorismus sind nachvollziehbar. Ängste von Menschen muss man ernst nehmen – als Politiker weiß ich das. Nur muss man echte Antworten finden. Seit 1990 herrscht in ganz Deutschland Meinungsfreiheit – und ich bin mehr als froh darüber! Das bedeutet natürlich auch, dass die Gegner der derzeitigen Flüchtlingspolitik auf die Straße gehen dürfen. Es ist ihr gutes Recht.

Aber ich gebe zu bedenken: Nicht Transparente und Demonstrationen lösen das Problem und auch nicht Abschottung durch höhere Mauern um Europa. Wir brauchen Lösungen in den Herkunftsländern, und in Deutschland brauchen wir Menschen, die bereit sind, persönlich anderen Menschen zu begegnen, ihnen zuzuhören, sie zu verstehen, damit Integration gelingen kann.

»Warum sind Flüchtlinge nicht dankbarer, dass sie in Deutschland leben dürfen?«, höre ich manchmal. Vielleicht weil sie alles verloren haben? Ihre Familie, ihren Wohlstand, ihre Träume? Weil sie an den seelischen Folgen der Flucht leiden? Weil sie die Sprache und die Kultur in Deutschland nicht kennen? Roya hatte nicht die Gelegenheit, einen Vorbereitungskurs auf die deutsche Sprache und die westliche Kultur in ihrer Heimat zu besuchen, sie ist Hals über Kopf geflohen. Gefragt wurde sie nicht.

Viele Bürger engagieren sich für Flüchtlinge. Christen sind mittendrin, Kirchengemeinden sind engagiert. Für mich ist das ein Hoffnungszeichen. Die Deutsche Evangelische Allianz – und ähnlich haben sich viele Kirchen geäußert – erklärt dazu:

> Wir setzen uns ein für den Abbau von Ausgrenzung und Benachteiligungen aufgrund von Migration, Sprache, Herkunft, Kultur, Religion, Bildung und Beruf. Darum laden wir dazu ein, Verantwortung zu übernehmen für Menschen, die auf Schutz und Beistand angewiesen sind. Wir treten darum auch fremdenfeindlichen Tendenzen in der Gesellschaft und auch in Kirchen und Gemeinden entgegen, die in ablehnender Haltung, herabsetzenden Worten und leider auch immer wieder in Taten Ausdruck finden.[42]

Dem kann ich nur zustimmen.

Auch die Politik ist gefragt. Humanität ohne politische Lösungsansätze greift zu kurz. Schon Anfang 2014 habe ich es in einer Rede im Bundestag so formuliert: »Wer Sälbchen schmiert, ohne den Ursachen zu begegnen, der beruhigt zwar sein Gewissen, löst aber nicht das Problem.« Wir brauchen ein stimmiges Konzept, um Fluchtursachen zu beseitigen. Dazu gehört die humanitäre Hilfe durch Lebensmittel, Kleidung und Medikamente. Dazu gehört ein rechtzeitiges Eingreifen der UNO. Und dazu gehört eine partnerschaftliche Zusammenarbeit mit Afrika, Lateinamerika und anderen von Krisen gebeutelten Regionen. Auch wer in Deutschland »fair« kauft, kann mehr Einfluss auf das Weltgeschehen nehmen, als er denkt.

Andererseits gehört dazu auch, Asylanträge gründlich zu prüfen. Nach § 16a des Grundgesetzes gilt in Deutschland: »Politisch Verfolgte genießen Asylrecht.« Dazu erklärt das Bundesamt für Migration und Flüchtlinge:

> Politisch ist eine Verfolgung dann, wenn sie dem Einzelnen in Anknüpfung an seine politische Überzeugung, seine religiöse Grundentscheidung oder an für ihn unverfügbare Merkmale, die sein Anderssein prägen, gezielt Rechtsverletzungen zufügt, die ihn ihrer Intensität nach aus der übergreifenden Friedensordnung der staatlichen Einheit ausgrenzen. Das Asylrecht dient dem Schutz der Menschenwürde in einem umfassenderen Sinne.[43]

Darüber hinaus gilt die Genfer Flüchtlingskonvention von 1951:

> Die Genfer Flüchtlingskonvention legt klar fest, wer ein Flüchtling ist und welchen rechtlichen Schutz, welche Hilfe und welche sozialen Rechte sie oder er von den Unterzeichnerstaaten erhalten sollte. Aber sie definiert auch die Pflichten, die ein Flüchtling dem Gastland gegenüber erfüllen muss, und schließt bestimmte Gruppen – wie Kriegsverbrecher – vom Flüchtlingsstatus aus.[44]

Auch wenn uns für jeden einzelnen Menschen das Herz blutet: Deutschland kann und darf nur Flüchtlinge aufnehmen, bei denen diese Gründe gegeben sind. Eine Aushöhlung der Gesetze könnte schwerwiegende Folgen haben. Zum einen verlieren die Ursprungsländer ihre dringend benötigten Fachkräfte, denn häufig sind es gerade die gut ausgebildeten Menschen, die die horrenden Preise der Schleuserbanden bezahlen können. Zum anderen könnte in Deutschland der gesellschaftliche Protest gegen die Flüchtlinge weiter zunehmen und an Schärfe gewinnen.

Wer allen helfen will, schadet damit möglicherweise mehr, als er hilft. Das ist eine harte Tatsache, der man aber ins Auge sehen muss. Darum waren die sogenannten »Asylpakete« nötig, die zu einer Verringerung der Aufnahme geführt haben. Deutschland tut viel. Dennoch gilt weiterhin, was der kommende UN-Generalsekretär, Flüchtlingskommissar António Guterres, 2014 der Zeitung

Die Welt gesagt hat: »Deutschland spielt eine führende Rolle beim Flüchtlingsschutz und dient als positives Beispiel, dem andere europäische Staaten folgen können.«[45] Für ein Land mit christlich-humanitären Wurzeln muss das auch weiterhin gelten.

Zurück zu Roya. Ihr Vater hat inzwischen eine Arbeit gefunden. Roya freundet sich mit ihrer Ausbildung an. Sie schlagen langsam Wurzeln. Und sie kochen fantastisches syrisches Essen. Es lohnt sich, die Familie zu besuchen. Oder eine andere Flüchtlingsfamilie in Ihrer Stadt.

26. Brücken zur Freiheit

Als Politiker bewegt man sich mit seinem Tun oft im Spannungsfeld von öffentlicher Verlautbarung und stiller Diplomatie. Manchmal muss man den Mund weit aufmachen und Unrecht sehr klar und kompromisslos beim Namen nennen. Dann wieder muss man leise Fäden spinnen, um die Interessen der Menschen, für deren Freiheit man streitet, zu wahren oder um die Unterdrücker nicht noch weiter zu reizen. So haben mich Christen in Nigeria eindringlich gebeten, die Öffentlichkeit über ihre Situation zu informieren. Christen im Nahen Osten dagegen baten mich um Unterstützung ohne großen Presserummel.

Die Kunst ist, zu wissen, wann das eine und wann das andere dran ist.

Zwei Institutionen, die die stille Diplomatie pflegen, sind die »Stiftung für Grundwerte und Völkerverständigung« und das »FSF – First Step Forum«, bei denen ich mich einbringe. Beide arbeiten wie gesagt »still«. Nicht geheim, aber im Hintergrund. Erst durch meine Arbeit im Bundestag habe ich sie kennengelernt und ich bin sehr beeindruckt, welche konstruktiven Kreise ihre Arbeit zieht.

Der Stiftung für Grundwerte und Völkerverständigung geht es, wie der Name schon sagt, darum, die Grundwerte zur Geltung zu bringen, wie sie im Grundgesetz der Bundesrepublik Deutschland beschrieben sind: »in Verantwortung vor Gott und den Menschen«. Und sie arbeitet seit Jahrzehnten für Frieden und Völkerverständigung. Ihre Arbeitsweise beschreibt die Stiftung als »beratende Unterstützung von Verantwortlichen in Staat und Gesellschaft«[46]. Beratend, nicht fordernd oder anklagend. Die Stiftung veranstaltet regelmäßig ein Gebetsfrühstück, an dem Abgeordnete aller Fraktionen teilnehmen, und sie organisiert Treffen von Botschaftern und internationale Begegnungen.

Eine unaufgeregte Arbeit im Namen Jesu »hinter den Kulissen«, durch die viele Brücken geschlagen werden. Über Parteigrenzen hinweg, über Religionsgrenzen hinweg und manchmal auch über Bürgerkriegs- und Kriegsgrenzen hinweg. Indem die Stiftung Menschen miteinander ins Gespräch bringt, hat sie schon eine ganze Reihe von Versöhnungsprozessen angestoßen.

Das FSF, 2002 durch den Finnen Johann Candelin gegründet, widmet sich mit einem Schwerpunkt der Religionsfreiheit. Weltweit werden Parlamentarier und Religionsführer an einen Tisch gebracht, um Konflikte zwischen Religionen beizulegen. Natürlich ist es herausfordernd, einen ukrainisch-orthodoxen und einen russisch-orthodoxen Erzpriester zum Thema »Krim« zusammenzubringen. Oder einen irakischen Ayatollah und einen US-amerikanischen Bischof. Doch wie, wenn nicht gerade durch solche Gespräche »off the record«, also ohne Presse, soll es jemals möglich sein, Brücken zu schlagen? Diese Gespräche sind oft der erste Schritt zu einem dauerhaften Frieden. Manchmal geht es beim FSF auch um die Rolle, die die Religionen bei der Beilegung von politischen oder ethnischen Konflikten spielen können.

Wie wichtig diese Rolle ist, habe ich in Nigeria erlebt. An mehreren Orten habe ich Projekte besucht, die von Christen und Muslimen gemeinsam durchgeführt werden. Wo das möglich ist, entsteht Hoffnung. In einem Fall sah ich mit Begeisterung, wie Christen der muslimischen Gemeinde halfen, ihr Gebetshaus wieder aufzubauen, nachdem sowohl das christliche als auch das muslimische Gebetshaus von Boko Haram zerstört worden waren.

Besuch von Christen in von Boko Haram gefährdeten Regionen Nigerias – da wollte mich der Staat nicht ungeschützt hinlassen

Das Motto des First Step Forums lautet:

> The Forum seeks to build bridges for friendship, democracy and work for constructive multicultural and multireligious partnerships with governments, organisations and agencies in countries where it is invited to do so.
>
> (Das Forum versucht Brücken für Freundschaft und Demokratie zu bauen und arbeitet für konstruktive multikulturelle und multireligiöse Partnerschaften mit Regierungen, Organisationen und Behörden, wo immer es dazu eingeladen wird.)[47]

Dies sind zwei Beispiele für die Wirksamkeit der stillen Diplomatie, die in dieser Form gerade von Nichtregierungsorganisationen geleistet werden kann, da sie in den Gesprächsprozessen die Rolle des neutralen Mediators einnehmen und dadurch Kontrahenten zusammenführen.

Aber wie gesagt, das ist nur die eine Seite der Medaille. Manchmal ist es auch nötig, laut und deutlich seine Stimme zu erheben. Auch dafür ein Beispiel: Im Laufe des Jahres 2016 hat der Präsident der Türkei Recep Tayyip Erdoğan die Pressefreiheit in seinem Land immer stärker eingeschränkt. Insbesondere Redakteure der türkischen Tageszeitung Cumhuriyet haben darunter zu leiden. Darum haben Menschenrechtler aus jeder Fraktion des deutschen Bundestags gemeinsam im März 2016 diesen offenen Brief an Präsident Erdoğan geschrieben:

Sehr geehrter Herr Präsident,

wir, Abgeordnete des Deutschen Bundestages, sind in tiefer Sorge über die Situation in der Türkei, die nicht zuletzt aufgrund ihrer geografischen Lage mit einer besonderen terroristischen Gefahr konfrontiert ist. Wir hoffen, dass die großen Krisen der Region und die Gefahr durch den IS bald überwunden werden können. Wir sind aber auch in großer Sorge um die Situation in der Türkei selbst. Dies betrifft das Ende des Friedensprozesses und den Stand der Presse- und Meinungsfreiheit in der Türkei.

Wir möchten uns insbesondere wegen des Verfahrens gegen den international renommierten Journalisten und Chefredakteur der Zeitung »Cumhuriyet«, Can Dündar, an Sie wenden. Can Dündar und dem Hauptstadtkorrespondenten der Zeitung, Erdem Gül, werden Spionage, das Veröffentlichen von Geheimdokumenten sowie die Mitgliedschaft in einer »terroristischen Vereinigung« vorgeworfen. Den Journalisten droht eine lebenslange Haftstrafe. Can Dündar und Erdem Gül sind nach dem Urteil des türkischen Verfassungsgerichts auf freien Fuß gesetzt worden. Die Vorwürfe beziehen sich auf journalistische Veröffentlichungen. Dündar und Gül hatten in einem Zeitungsbericht über Waffenlieferungen aus der Türkei an bewaffnete islamistische Gruppen in Syrien geschrieben. Die Zeitung »Cumhuriyet« hatte Fotos veröffentlicht, die eine solche

Waffenlieferung Anfang 2014 belegen sollen. Wegen dieses Presseberichts reagierte die türkische Staatsanwaltschaft mit Ermittlungen. Das haben Sie auch unterstützt, indem Sie persönlich Anzeige erstatteten.

Dieses Vorgehen gegen kritische Berichterstattung über Waffenlieferungen an bewaffnete Islamisten in der Presse wie auch die hohe Strafandrohung ist aus unserer Sicht zumindest unverhältnismäßig. Diese Maßnahmen von Justiz und Behörden der Türkei gegen Medien und Journalisten sind unvereinbar mit der Wahrung der Meinungs- und Pressefreiheit, zu der sich der türkische Staat wiederholt bekannt und verpflichtet hat.

Wir bitten Sie, unsere aufrichtige Besorgnis den zuständigen türkischen Stellen mitzuteilen, und hoffen auf eine baldige Einstellung der gegen Can Dündar und Erdem Gül eröffneten Verfahren sowie ihre dauerhafte bedingungslose Freilassung. Die Sorge um Can Dündar und Erdem Gül bedeutet nicht, dass wir alle anderen aus politischen Gründen inhaftierten Journalistinnen und Journalisten in Ihrem Land vergessen dürfen. Rechtsstaatliche Verfahren und die Gewährung der Presse- und Meinungsfreiheit können die türkische Gesellschaft nur stärken.

Hochachtungsvoll

Frank Heinrich (MdB) Cansel Kiziltepe (MdB) Sevim Dagdelen (MdB) Tom Koenigs (MdB)

Die öffentliche Resonanz war groß. Medien haben unseren Brief aufgenommen. Oppositionelle in der Türkei haben uns signalisiert, dass sie sich durch diese Solidarität aus Deutschland gestärkt fühlten. In meiner Fraktion stieß mein Brief zu diesem Zeitpunkt noch bei vielen auf Unverständnis.

Seither (im November 2016 schreibe ich diese Zeilen) hat sich die Lage in der Türkei leider noch viel stärker zugespitzt. Da war zunächst die »Affäre Böhmermann«, als Erdoğan in die deutsche Pressefreiheit einzugreifen versuchte. Dann folgte der missglückte Putschversuch im Sommer. Anschließend ging eine Welle von willkürlichen Verhaftungen durch das Land, darunter zahlreiche Journalisten.

Mittlerweile haben sich die Bundeskanzlerin und der Bundespräsident sowie viele internationale Spitzenpolitiker sehr deutlich zu Wort gemeldet und Erdoğans Vorgehen verurteilt. Hier wird mehr als deutlich: Nicht immer hilft die stille Diplomatie, manchmal braucht es auch die scharfe Kritik. Und wenn die Worte nicht ausreichen, benötigt es weitere Maßnahmen, wie etwa wirtschaftliche Sanktionen.

Freiheit ist ein Menschenrecht, das in der Würde des Menschen verankert liegt und damit der Schöpfungsabsicht Gottes entspricht.

Ob auf leisem diplomatischem Weg oder in der offenen Konfrontation, das Ziel meiner Arbeit ist und bleibt Freiheit. Ob Religionsfreiheit, Meinungsfreiheit oder Pressefreiheit – ich werde für die Freiheit kämpfen.

Denn Freiheit ist ein Menschenrecht, das in der Würde des Menschen verankert liegt und damit der Schöpfungsabsicht Gottes entspricht.

Teil 4

Freisetzen – wie Freiheit sich erleben lässt

27. An den Ursachen arbeiten

Als ich aus der Zelle durch die Tür in Richtung Freiheit ging, wusste ich, dass ich meine Verbitterung und meinen Hass zurücklassen musste, oder ich würde mein Leben lang gefangen bleiben.
Nelson Mandela

Wie lässt sich Freiheit erleben? Also nicht (nur) bei anderen bestaunen, sondern ganz praktisch im eigenen Leben erleben? Wie erkenne ich meine eigenen Unfreiheiten? Wie werde ich frei und wie setze ich andere frei? Darum geht es im letzten Teil dieses Buches.

Nachdem ich meinen persönlichen Weg aus der Unfreiheit in die Freiheit nachgezeichnet und an vielen Beispielen, die ich in meinem Dienst bei der Heilsarmee und als Abgeordneter erleben durfte, illustriert habe, soll es nun im letzten Teil praktisch werden. Denn wer wirklich frei sein will, der muss und kann etwas dafür tun. Er kann an sich selbst arbeiten. Und er kann etwas für andere tun. Die Wurzeln unserer Unfreiheiten liegen oft tief in uns verborgen. Sehr häufig sind es Ängste. Sie entstehen durch familiäre und gesellschaftliche Prägungen oder durch ein verschobenes Gottesbild. Ängste kann man verdrängen, doch das ist ungesund.

Ich habe sehr offen von mir persönlich erzählt, um Sie, um dich, liebe Leserin, lieber Leser, zu ermutigen, die eigenen Unfreiheiten ebenso offen und mutig in Augenschein zu nehmen, denn Ängste lassen sich überwinden. Unser Verhalten lässt sich verändern. Freiheit ist möglich. Dies kann und muss auf verschiedenen Ebenen geschehen.

Zerbrochenheit und Wahrhaftigkeit

Mag es auch paradox klingen: Ein Mensch, bei dem immer alles glattgeht oder glattzugehen scheint, der ist gefährdet. Er hat nicht gelernt, mit Rückschlägen und Problemen umzugehen. Ein »verwöhnter« Mensch steht immer in der Gefahr, komplett zu scheitern. Wer dagegen selbst Leid erlebt und durchgestanden hat, wer Fehler gemacht und zugegeben hat, dessen Lebenskraft ist so stark und tief verwurzelt wie die eines alten Baumes. »Brokenness« kann einen Menschen zerstören oder ihn lebensfähig machen.

Was es braucht, um gestärkt aus einer Krise hervorzugehen und frei zu werden statt verbittert, ist Offenheit und Wahrhaftigkeit. Mut, mir selbst und anderen gegenüber zuzugeben, wie es mir wirklich geht. Vertrauen lernt, wer sich anvertraut.

Geistliche Wahrheit

In der Bibel findet man sehr häufig den Satz »Fürchte dich nicht« oder anders ausgedrückt: »Hab keine Angst.« Manchmal ist es Gott selbst, manchmal ein Prophet oder ein anderer seiner Boten, der den Menschen zusagt: »Fürchte dich nicht.« Es wird oft gesagt, dass diese Zusage genau 365-mal in der Bibel steht, einmal für jeden Tag des Kalenderjahres. Das hält zwar einer gründlichen Recherche nicht stand, der Gedanke dahinter ist aber sehr tröstlich – und wahr: An jedem einzelnen Tag ist Gott an meiner Seite und sagt: »Hab keine Angst.«

Jeder Vater und jede Mutter, die einmal ihr kleines Kind getröstet haben, wissen, dass ein solcher Satz mehr als ein Placebo ist. Wenn ich mein erschrecktes Kind in die Arme nehme und ihm ins Ohr flüstere: »Du brauchst keine Angst zu haben, ich bin bei dir«, dann wird das Kind seine Angst verlieren. Das Geheimnis dabei ist die Kombination aus Wort und Tat. Tröstende Worte und schützende Arme.

Nicht anders ist es bei Gott. Er erklärt seine Taten mit Worten und er hat seiner Zusage Taten folgen lassen. Jesus sagt zu seinen Jüngern, zu den Kindern Gottes: »In der Welt habt ihr Angst; aber seid getrost, ich habe die Welt überwunden« (Johannes 16,33).

Jesus hat durch seine Auferstehung den Tod überwunden und damit die tiefste und grundlegendste Angst besiegt, die ein Mensch haben kann. Jesus lebt. Und er verspricht uns: »Ich bin bei euch alle Tage bis an der Welt Ende« (Matthäus 28,20).

Wenn ich mich einsam fühle: Jesus ist da. Wenn ich mich ohnmächtig fühle: Jesus hat die Welt überwunden. Wenn ich versage: Jesus hat die Schuld vergeben. Wenn ich verzweifle: Jesus ist die Hoffnung. Wenn ich nicht weiterweiß: Jesus ist der Weg. Das ist eine geistliche Wahrheit. Ob ich sie fühle oder nicht. Darum kann (und sollte) ich sie wieder und wieder, Tag für Tag lesen und mich daran erinnern, dass Gott mir sagt: »Fürchte dich nicht.«

Neues Denken

Manchmal drehen sich unsere Gedanken wie ein Hamsterrad. Wir sind gefangen in einem Strudel ohne Anfang und Ende. Wir kommen nicht weiter, aber können auch nicht zurück. Um auszubrechen aus diesem Kreisel, um neu zu denken, brauchen wir Ergänzung. Wir brauchen andere Menschen, andere Gedanken, neue Impulse. Oder frei nach Martin Buber: Der Mensch wird am Du zum Ich. Wer frei werden will, der sollte mit anderen im Gespräch sein. Der sollte zuhören. Kluge Antworten, vernünftige Argumente durchbrechen unsere Schemata, unsere Selbstbilder, unser Gefangensein im eigenen Trott.

Wer frei werden will, der sollte mit anderen im Gespräch sein.

Neue Gedanken können natürlich auch aus Büchern kommen, aus Zeitschriften oder anderen Medien. Doch auch hier hilft das Gespräch mit anderen, Wichtiges und Unwichtiges zu sortieren und das zu behalten, was es wert ist, weiter bedacht zu werden. Nicht umsonst heißt es, dass wir nur 20 Prozent von dem behalten, was wir hören, und 30 Prozent von dem, was wir sehen – aber 70 Prozent von dem, was wir hören, sehen und diskutieren.[48]

Gemeinschaft

Um das Wort zu hören, das mir hilft, brauche ich die anderen. Alleinsein macht ängstlich. Darum sagt Jesus: »Wo zwei oder drei versammelt sind in meinem Namen, da bin ich mitten unter ihnen« (Matthäus 18,20). Ein bekanntes Beispiel verdeutlicht dies. Ein Pastor in Neuengland besuchte einen Mann, der nicht mehr zum Gottesdienst kam. Das Gespräch lief stockend. Zögernd erzählte der Mann dem Pastor von seinen Ängsten und seinen Zweifeln. Schließlich saßen sie schweigend vor dem Feuer am offenen Kamin. Nach einer Weile nahm der Pastor mit der Kohlenzange ein brennendes Holzstück aus dem Feuer und legte es auf die Steinplatte. »Geht es Ihnen so?«, fragte er den Mann. Eine Weile brannte das Holz noch, dann wurden das Feuer und die Glut schwächer, es erlosch. Der Pastor nahm die Zange und legte das Holzstück zurück ins Feuer. Kurz darauf brannte es lichterloh. Wieder schwiegen beide eine Weile, dann sagte der Mann: »Ich habe Ihre Predigt verstanden. Ich komme wieder in die Kirche.«

Der Weg aus der Einsamkeit oder sogar aus einer Depression heraus zurück in die Gemeinschaft ist manchmal unsagbar schwer. Aber er ist der Schlüssel zur Freiheit. Niemand kann mich aus einer Zelle befreien, die ich von innen abgeschlossen habe. Das muss ich selbst tun.

Gaben einsetzen

»Du hast es nur noch nicht probiert und darum glaubst du es nicht«, singt Gerhard Schöne in einem seiner Lieder. Wer frei werden will, der braucht den Mut, etwas auszuprobieren. Gaben entdeckt man nicht theoretisch, sondern praktisch, indem man etwas tut. Ich dachte lange Zeit in meinem Leben, dass ich Mathematik studieren würde – bis ich begann in der Teestube mitzuarbeiten und entdeckte, dass ich gut mit Menschen umgehen kann. Ich habe mich ausprobiert, ich habe mitgearbeitet und dadurch meine Berufung gefunden. Ich konnte erleben, dass ich etwas kann, was ich mir gar nicht zugetraut hatte. Auch als Persönlichkeit habe ich mich verändert, indem ich mir neue Aufgaben zugetraut habe. Bei Tests kam früher heraus, dass ich Phlegmatiker bin, heute bin ich laut Tests Sanguiniker mit phlegmatischen Anteilen.

Der wirksamste »Gabentest« ist die Mitarbeit. Am besten ist es, einfach einmal in der Gemeinde – oder der Ehrenamtszentrale – nachzufragen, was es zu tun gibt und wo Hilfe gebraucht wird, und dann »reinzuschnuppern«. Mein Tipp: Einmal etwas ganz außerhalb des eigenen Rasters ausprobieren. Das Gefühl, etwas zu können und gebraucht zu werden, hat eine große Kraft.

Für andere da sein

Wer frei sein möchte, sollte aber nicht nur an sich selbst denken. Gaben entdecken und dabei die Persönlichkeit werden, die Gott sich gedacht hat, ist das eine. Egozentrische Selbstverwirklichung ist etwas ganz anderes – und sie tut nicht gut, auch wenn etliche Ratgeberbücher das Gegenteil behaupten. Wer immer bei sich ist, der bleibt gefangen. Freiheit besteht aus einem Dreiklang: Gott lieben und meinen Nächsten wie mich selbst (Lukas 10,27).

Im Gespräch mit Eckart von Hirschhausen beim Blutabnehmen

Wenn wir anderen Menschen dienen, dann verändert das auch etwas in uns. Dazu eine kleine Begebenheit. Bei einer Gesundheitsaktion in Berlin traf ich den Mediziner und Entertainer Eckart von Hirschhausen. Wir kamen ins Gespräch und ich erzählte ihm von meiner Geschichte bei der Heilsarmee. Da meinte von Hirschhausen, dann wisse ich ja, was der Weg zum Glück sei, nämlich Menschen zu dienen. In seinem Buch »Glück kommt selten allein«[49] geht er ausführlich darauf ein.

Ein Mentor sein

Eine besonders wichtige Sache ist es, Menschen dabei zu unterstützen, in ihre jeweilige Berufung hineinzuwachsen. Sie freizusetzen, sie zu motivieren und zu unterstützen. Wer keine Angst hat vor der »Konkurrenz«, sondern sein Wissen und seine Erfahrung teilt, der ist wirklich frei. Wer beschenkt ist, der kann beschenken. Wer frei ist, der kann freisetzen. Wer recht hat, der kann recht geben. Ich habe das erlebt, indem ich als Mentor Menschen begleitet habe. Mentoring bedeutet, andere mitzunehmen zu den Dingen, bei denen man beteiligt ist, ihnen ein Beispiel zu geben und eigene Erfahrungen zu ermöglichen.

Als Mentor - und als Chef - war es mir wichtig, Menschen Freiheit zu geben. Eine Zeit lang hatte ich bei einigen Kollegen in der Heilsarmee den Ruf, der »kreativste Offizier« in Deutschland zu sein. Tatsächlich ermöglichte ich es aber in meiner Zeit in Chemnitz vor allem anderen, kreativ zu sein. Lernen musste ich dabei, den Rahmen vorzugeben. Einer meiner größten Fehler in diesem Bereich war, dass ich einem meiner ersten Mitarbeiter zu viel Freiheit gab und er damit völlig überfordert war. Er hätte einen Rahmen benötigt.

Eins ist noch wichtig, wenn wir Mentor für andere sein wollen: Wir können nur Menschen verändern, wenn wir ihnen auf Augenhöhe begegnen. Ein kluger Ratschlag von oben herab ist eher schmerzhaft als hilfreich, mehr Schlag als Rat. Wer Menschen entwickeln möchte, der muss mit ihnen gemeinsam auf dem Weg sein.

Zum Schluss dieses Kapitels möchte ich den Horizont noch etwas erweitern. Was uns frei machen oder in Unfreiheit stürzen kann, sind auch gesellschaftliche und politische Strukturen. In Deutschland leben wir in einem Rechtsstaat. Das sichert uns Meinungsfreiheit, Religionsfreiheit und viele andere Freiheitsrechte. Minderheiten werden in unseren Ländern geschützt. Sollten wir ungerecht behandelt werden, können wir uns (juristisch) zur Wehr setzen. Sollten wir mit einer Regierung nicht zufrieden sein, können wir sie abwählen. Wollen wir unser Anliegen öffentlich zur Sprache bringen, können wir eine Demonstration anmelden.

Um diese Freiheit beneiden uns viele Menschen in anderen Ländern dieser Erde.

Nur sollten wir nie vergessen: Unsere Freiheit, auch die strukturelle, gesellschaftliche Freiheit, ist nicht vom Himmel gefallen. Menschen haben für die Demokratie gekämpft. Viele haben ihre Freiheit eingebüßt, weil sie für die Freiheit gestritten haben. Manche haben ihr Leben gelassen.

Mein Wunsch ist, dass wir unsere Freiheit nicht als »gegeben« nehmen. Wir brauchen Menschen, die sich engagieren. Die unsere Gesellschaft mitgestalten. Freiheit braucht Menschen, die Verantwortung übernehmen.

28. Freiheit und Toleranz

Toleranz sollte eigentlich nur eine vorübergehende Gesinnung sein: Sie muss zur Anerkennung führen. Dulden heißt beleidigen.
Johann Wolfgang von Goethe

Eine ganz wichtige Eigenschaft, um frei zu werden, ist Toleranz. Toleranz bedeutet, eine eigene klare Position zu beziehen und zugleich dem anderen zuzugestehen, dass er das auch tut. Wer Toleranz entwickeln möchte, der braucht daher klare Werte und gut begründete Grundüberzeugungen, eine standhafte Persönlichkeit und ein gewisses Selbstvertrauen. Er muss außerdem andere Menschen und deren Meinungen respektvoll behandeln. Toleranz ist eine wesentliche Voraussetzung, um frei zu sein. Wer tolerant ist, muss sich nicht an den anderen messen oder sie bewerten.

Seit Jahren wird in unserer Gesellschaft kaum ein Wert mehr hochgehalten als die Toleranz. Das ist eigentlich begrüßenswert. Doch bleibt ein Wert noch ein Wert, wenn er inflationär behandelt wird? Um aus meinem Herzen keine Mördergrube zu machen: Toleranz ist mitunter nicht mehr als eine Vokabel. Wir nennen uns tolerant und sondern gleichzeitig alles aus, was uns nicht gefällt. Diese Dinge nennen wir dann »politisch unkorrekt«.

Natürlich gibt es Ansichten, die gegen die Menschenwürde verstoßen, wie Rassismus oder Menschenfeindlichkeit, die dürfen sich auch unter dem Deckmantel der Toleranz nicht in unsere Gesellschaft einschleichen. Mir wird bange, wenn ich daran denke, was für Parolen auf Transparenten oder in Facebook-Kommentaren wieder hoffähig werden. Gegenüber solcher Intoleranz kommt die Toleranz selbst an ihre Grenzen.

Diese Intoleranz darf nicht sein, das ist klar. Aber wer bestimmt in den kleinen, alltäglichen Dingen, was zu tolerieren ist und was nicht? Denn was der eine oder andere als tolerant bezeichnet, das kann je nach eigener Überzeugung sehr unterschiedlich sein. Alles, was da nicht hineinpasst, wird oft ganz und gar nicht toleriert. Indem wir die anderen der Intoleranz bezichtigen, erlauben wir uns, die für uns selbst reklamierte Fähigkeit zur Toleranz auf diejenigen zu beschränken, die entweder unsere eigene Meinung haben oder gar keine Meinung, sondern ein verwaschenes »Anything goes«. Leider betrifft diese auch manche Christen.

Ab und zu leide ich heftig unter der Intoleranz meiner Zeitgenossen. Man kann sich wahrscheinlich nicht vorstellen, welche Beschimpfungen ich mir als Politiker und Christ und Mitglied des Hauptvorstandes der Deutschen Evangelischen Allianz (also als »Evangelikaler«) schon gefallen lassen musste, wenn ich mit meiner Meinung mal nicht den Wunschvorstellungen der einen oder anderen Gruppe entspreche. Ich kann nicht alle Erwartungen erfüllen. Wer Entscheidungen trifft, der kann niemals Everybody's Darling sein. Dessen bin ich mir bewusst, auch wenn es ein langer Lernprozess war. Doch es muss meines Erachtens auch die Frage erlaubt sein, ob bei dem, was ich mir manchmal anhören muss, noch der Anstand gewahrt bleibt.

Im Sommer 2012 debattierten wir im Bundestag über einen Antrag, der eine völlige Gleichstellung von gleichgeschlechtlichen Lebenspartnerschaften mit der Ehe forderte. Ich lehnte den Antrag ab. Das Grundgesetz, dem ich als Politiker verpflichtet bin, stellt in § 6 die Ehe von Mann und Frau sowie die Familie unter einen besonderen Schutz. Insofern sind »Lebenspartnerschaft« und »Ehe« zwei verschiedene Dinge. Und es gilt der Rechtsgrundsatz, dass man Gleiches gleich und Ungleiches ungleich behandeln muss. Daran habe ich mich gehalten. Es gab, unabhängig von meinen persönlichen Moralvorstellungen oder meiner christlichen

Überzeugung, gute rechtliche Gründe, diese Entscheidung so zu treffen. Was meinen Sie, mit wie viel Toleranz ich rechnen durfte?

Noch am selben Abend begann ein Shitstorm gegen mich. Hunderte empörte E-Mails gingen in meinem E-Mail-Account ein, darunter auch wüsteste Beschimpfungen. Ich sei »homophob«, war da noch die netteste Formulierung. Fürchterlich. Mich nimmt so was wirklich mit. Was ich aber noch nicht ahnte: Es sollte nicht lange dauern, bis es noch schlimmer kam. Einige Wochen später nämlich ging die Debatte weiter. Diesmal ging es (nur) um die steuerliche Gleichstellung von Lebenspartnerschaften und Ehe. Das Bundesverfassungsgericht beschäftigte sich mit der Frage, ob für alle Menschen, die eine verpflichtende gegenseitige Verantwortung tragen, auch alle steuerlichen Rechte gleichermaßen gelten müssen. Dürfen verpartnerte homosexuelle Menschen steuerlich schlechter gestellt werden als heterosexuelle? Oder ist das ungerecht?

Auch hier ging es nicht um eine Frage der Moral oder irgendeine Bewertung von Homosexualität, sondern um (steuerliche) Gerechtigkeit. Und so mahnte ich gemeinsam mit zwölf anderen Abgeordneten aus meiner Fraktion (die Gruppe erhielt in den Medien den schillernden Namen »Wilde 13«) an, dass wir einen entsprechenden Gesetzesentwurf vorlegen sollten. Die Politik, das ist meine Überzeugung, darf sich nicht vom Verfassungsgericht treiben lassen.

Was ich nicht geahnt hatte: Der nächste Shitstorm brach über mich herein, weit schlimmer als beim ersten Mal. Schlimmer, weil noch viel mehr E-Mails kamen, schlimmer auch im Tonfall und schlimmer, weil nun viele Christen auf mich eindroschen. Die Inhalte möchte ich nicht wiedergeben, aber der Ton war nicht selten unter der Gürtellinie. Das tat sehr, sehr weh. Eine heilsame Ausnahme waren diejenigen, die zwar meine Meinung nicht teilten, sich aber für meine Begründung interessierten und diese dann auch tolerierten.

Was ist denn nun Toleranz? Nicht Beliebigkeit nach dem Motto

»Mach, was du willst«. Und genauso wenig ein Bewertungsmaßstab, dessen Inhalte und Grenzen eine bestimmte gesellschaftliche Gruppe definiert. Toleranz ist die Fähigkeit, die Meinung eines anderen gelten zu lassen, auch wenn ich seine Überzeugung nicht teile. Toleranz setzt voraus, dass aufmerksam zugehört wird, dass einer die Argumente des anderen kennt und seine Argumentation nachvollzieht – auch wenn er zu anderen Schlüssen kommt. Das muss man manchmal »ertragen«, wie schon das lateinische Verb »tolerare« impliziert, von dem das Wort Toleranz abstammt, denn »tolerare« bedeutet »ertragen, aushalten, erdulden«.

Um die Freiheit zu schützen und um sie in anderen Ländern anzumahnen, brauchen wir eine gelebte und aufgeklärte Toleranz, die den Mut hat, eigene Positionen zu beziehen – und andere Positionen zu erlauben.

Eine solche Toleranz würde ich mir zum Beispiel in der aktuellen Debatte zur Asylproblematik oder zum Islam wünschen. Dazu gehört, die eigene Überzeugung deutlich zu vertreten, auch wenn sie unbequem ist. Ein Christ ist seinem Gewissen verpflichtet, auch wenn das nicht dem Zeitgeist entspricht. Unsachlichkeit und persönliche Angriffe haben dabei nichts verloren. Sie sind nicht zu tolerieren. Eine andere Meinung aber durchaus. Besonders, wenn sie mit dem Grundgesetz konform geht.

In Deutschland haben wir eine plurale Gesellschaft. Meinungsfreiheit ist ein hohes Gut. Schon ein flüchtiger Blick über den Globus zeigt, dass das nicht überall so ist. Glaubensfreiheit, Pressefreiheit und viele andere Freiheiten werden eingeschränkt: Christen und ethnische Minderheiten werden verfolgt, Mädchen werden unterdrückt oder zwangsverheiratet. Damit sind wir an den Grenzen der Toleranz. Ein Rechtsstaat kann nicht tolerieren, wenn die Freiheit eingeschränkt wird. Wo immer im Namen einer Religion oder einer Ideologie Menschen unterdrückt werden, können wir das nicht dulden. »Toleranz ist gut, aber nicht gegen den Intoleranten«, sagte der Dichter Wilhelm Busch. Um die Freiheit zu schützen und um sie in anderen Ländern anzumahnen, brauchen wir eine gelebte und aufgeklärte Toleranz, die den Mut hat, eigene Positionen zu beziehen – und andere Positionen zu erlauben. Christen sollten hier mit gutem Beispiel vorangehen.

29. »Überleben im Beruf«

Manchmal begleiten mich Gäste für einen Tag bei meiner Arbeit im Bundestag. Wenn etwas diese Besucher regelmäßig fasziniert und überrascht und manchmal auch schockiert, dann ist es das Pensum eines solchen Tages: Plenarsitzungen, Fraktionstreffen, Ausschüsse, Arbeitsgemeinschaften, Themengruppen, Besucher, Empfänge und einiges mehr: Ein Termin jagt den anderen, dazwischen klingeln die Telefone und es blinkt der E-Mail-Posteingang. Für Mittagspausen bleibt mitunter keine Zeit. Ich freue mich immer, wenn ich das Klischee vom faulen Abgeordneten korrigieren kann: Die meisten Politiker, die ich kenne, sind jedenfalls ziemlich fleißig. Das darf man auch gerne mal zur Kenntnis nehmen – und wertschätzen.

Viele der Besucher kommen mit der Frage: »Was macht ein MdB den ganzen Tag?« Die meisten von ihnen gehen mit der Frage: »Sag mal, wie schaffst du das eigentlich alles?« Dieses Buch könnte einen ähnlichen Eindruck erwecken. Was der alles tut, in wie vielen Vereinen er mitmischt … Die Reaktion könnte Bewunderung sein oder ein »Scheibenwischer« vor dem Gesicht: »Ballaballa.«

Beides ist nicht Sinn und Zweck dieses Buches. Ich habe nicht den Anspruch, dass andere Menschen ein ähnliches Pensum absolvieren müssen. Jeder Mensch ist für sein eigenes Leben verantwortlich und muss mit seinen eigenen Gaben haushalten. So brauche ich etwa sehr wenig Schlaf und kann nachts noch gut arbeiten – andere Menschen haben da eine ganz andere biologische Konstitution.

Die Beispiele in diesem Buch sollen vielmehr zeigen, auf welchen Feldern man etwas für Gott und die Menschen tun kann. Und sie sollen motivieren, die eigene Freiheit zu entdecken. Wer sich mit einem Ideal – oder vermeintlichen Ideal – misst, der wird eher demotiviert sein, weil er meint, die eigene Leistung könnte nicht genügen. Es reicht, wenn jeder sein Bestes gibt.

Trotzdem ist die Frage, wie ich das alles schaffe, natürlich legitim. Und es gibt darauf auch eine Antwort. In der Praxis sind es drei Prinzipien, die sich in meinem Alltag bewährt haben und die ich empfehlen kann.

Prioritäten setzen

Gemeinsam mit meinem Team (jeder Abgeordnete hat einen Stab von Mitarbeitern) habe ich eine klare inhaltliche Prioritätenliste vereinbart:

Tour de Frank – meine jährliche Sommerradtour durch Chemnitz

Zuerst kommen immer die Anliegen aus Chemnitz. Die Bürger meiner Heimatstadt haben mich gewählt, damit ich sie und ihre Anliegen in Berlin vertrete. Wo ich kann, mache ich das. Da geht es nicht zuerst darum, diese Wähler zu gewinnen, sondern darum, meine Aufgabe zu erfüllen. Ein Bundespolitiker hat seine Aufgaben in Berlin, viele davon betreffen die ganze Republik. Er ist aber auch der politische Repräsentant seines Wahlkreises beim Bund. Also setze ich mich für die Anliegen der Bürger ein. Sei es bei der Verkehrsinfrastruktur, bei der Angleichung der Renten zwischen Ost und West, beim sozialen Wohnungsbau oder auch für konkrete Anliegen einzelner Bürger. »Chemnitz first« ist die Devise.

Debatte zur Menschenrechtslage in Saudi-Arabien

Dann folgen die Aufgaben in meinen beiden Ausschüssen. Als Obmann meiner Fraktion kommt zunächst der Ausschuss für Menschenrechte und Humanitäre Hilfe und dann der Ausschuss für Wirtschaftliche Zusammenarbeit und Entwicklung. Da gilt es, viele Vorlagen und Verordnungen, Gesetzentwürfe und internationale Übereinkommen zu kennen und in ihrer Umsetzung zu begleiten.

Die thematische Priorität liegt auf den Themen: »Menschenrecht auf Wasser«, »Menschenhandel«, »Afrika« und »Kinderrechte«. Entsprechend finden fast alle meine Aktivitäten in Vereinen und Initiativen in diesen Bereichen statt. Am glücklichsten bin ich immer, wenn sich Synergien ergeben, wenn etwa eine Chemnitzer Firma in Afrika ein Wasserprojekt an einer Schule realisiert, das über die deutsche Entwicklungszusammenarbeit finanziert wird.

Meine Persönlichkeit kennen

Mag es auch nicht so aussehen, es stimmt trotzdem: Von Natur aus bin ich, wie gesagt, ein ziemlich phlegmatischer Mensch. Mein Alltag kann deshalb nur funktionieren, wenn die Abläufe verlässlich geregelt sind. Ich brauche Struktur – und auch einen gewissen Termindruck –, damit ich gut und zügig arbeite.

Dabei unterstützt mich ein sehr gutes Team. Meine Mitarbeiter kennen ihre Aufgaben und meine Persönlichkeit und unterstützen mich mit großem Einsatz. Ohne dieses Team würde ich nur einen Bruchteil meiner Arbeit schaffen. Die Mitarbeiter in Chemnitz und Berlin planen Termine und führen Veranstaltungen durch wie »Business trifft Afrika« mit der IHK Chemnitz oder die jährliche Schülerprojektwoche. Sie organisieren den Büroablauf, koordinieren Termine und bereiten Dienstreisen vor. Die wissenschaftlichen Mitarbeiter arbeiten fachlich und thematisch für die Ausschüsse. Sie lesen lange Texte und fassen sie für mich zusammen, sie recherchieren und schreiben (in enger Abstimmung mit mir) Textvorlagen und Redeentwürfe. Sie beantworten telefonisch oder schriftlich Bürgeranliegen. Im Alltag arbeiten meine Mitarbeiter meistens selbstständig, jeder hat klar zugeordnete Verantwortungsbereiche. Alles das hilft mir, klare und verlässliche Strukturen in meinem Alltag zu haben. Bei regelmäßigen Teamrunden und Klausurtagungen kann jeder die Anliegen einbringen, die ihm wichtig sind. Das ist sehr spannend, viele der Dinge, die ich tue – und wie ich sie tue –, entspringen diesen Anregungen.

Da ich ein Beziehungstyp bin, versuche ich, so viel wie möglich über persönliche Gespräche und Telefonate zu erledigen, statt Briefe oder E-Mails zu schreiben. Das ist nachhaltiger – und es entspricht mir mehr. Begegnungen mit Menschen geben mir meistens mehr Kraft, als dass sie mich ermüden. Hier liegt natürlich gleichzeitig ein Schwachpunkt meiner Persönlichkeit: Verletzende Begegnungen schüttele ich nicht so leicht ab. Leider lässt sich dieser Schmerz nicht wegdelegieren.

Zufälle einkalkulieren

Manchmal muss man Dinge auch einfach mal geschehen lassen. Nicht alles lässt sich organisieren. Keine wirklich gute und dauerhafte Beziehung und letztlich auch keine »Karriere« lässt sich hundertprozentig planen. Das Leben ist immer die Summe vieler kleiner »Zufälle«. Ich versuche, mir die Offenheit zu erhalten, Gottes Überraschungen im Alltag zu entdecken. Manchmal kann ich darüber nur staunen. Ohne diese Offenheit säße ich auch kaum im Bundestag. Dinge erzwingen zu wollen, vergeudet unnötige Kraft. Da kann man auch kräftig an einer Stahltür rütteln, die mit einem Sicherheitsschloss verriegelt ist, da wird sich nichts tun. Manch andere Tür hingegen öffnet sich unvermittelt. Dann sage ich gerne Ja. Wer hätte planen können, dass ein absoluter Nobody wie ich in der CDU als Bundestagskandidat nominiert und auch noch gewählt wird?

Manchmal muss man Dinge auch einfach mal geschehen lassen.

Teamarbeit

Niemand ist unersetzlich und niemand muss alles alleine tun. Ich bin sehr froh über mein Team, das mich in der Arbeit unterstützt. Wie das im Alltag funktioniert, zeigt diese kleine Anekdote aus meinem Büro, die Uwe Heimowski für einen meiner Newsletter nacherzählt hat:

»Die Dings von der Dingens« – oder wie Teamarbeit funktioniert

Es sind mal wieder drei Dinge gleichzeitig zu machen: Mitten in der Besprechung klingelt das Telefon, ein dringender Anruf – und dann schrillt die Sirene, die Abgeordneten müssen schleunigst zur Abstimmung. Frank stürmt schon halb aus dem Büro, da bremst er mitten im Schritt. Ihm fällt noch eine Unterlage ein, die er gleich nach der Abstimmung im Ausschuss braucht. Das Handy klebt noch am Ohr. »Susi, gib mir doch mal … Gib mir doch mal … Na du weiß schon, die Dings – von der Dingens«. Susi grinst. »Meinst du vielleicht die Einladung zur Sitzung von der Frau Müller?« Sie schwenkt das Papier, das auf dem Schreibtisch lag. »Genau, danke.« Spricht's, greift zu, und schon stürmt Frank durch die Flure des Paul-Löbe-Hauses ins Plenum in den Reichstag.

Wir haben herzlich gelacht im Team über die »Dings von der Dingens«. Manchmal braucht man in diesem vollgefüllten Alltag im Bundestag einfach eine Prise Humor. Und man braucht ein gutes Team. Denn hinter diesem »Dings« verbirgt sich ja etwas ganz Konkretes: eine Vielzahl von Informationen, die alle sortiert, verstanden und verfügbar gehalten werden müssen. Namen, Termine, Texte, Gesetze und, und, und. Mehr als 100 E-Mails kommen täglich ans Büro, fast so viele an die private Adresse, dazu die Post: Briefe, Drucksachen, Päckchen (wir messen es schon in Zentimetern: 20 bis 40 cm Papier liegen täglich im Postfach). Und die Organisation: Termine koordinieren, Besuchergruppen organisieren. So ein MdB-Büro läuft auf vollen Touren. Deswegen sind die Aufgaben klar verteilt: Martin leitet das Büro in Chemnitz, Sabine bearbeitet den Ausschuss für Arbeit und Soziales, Uwe den Ausschuss für Menschenrechte und Humanitäre Hilfe, Benita ist Expertin für Afrika und Wasserthemen, die Praktikanten tippen Fleißarbeiten und Susi organisiert das Büro in

Berlin. So, dass sie möglichst immer im Bilde ist, wo die »Dings von der Dingens« gerade liegt.

Dass das Ganze auch noch Spaß macht, liegt an der guten Zusammenarbeit. Und daran, dass Frank am lautesten mit einstimmt, wenn das Team in Gelächter ausbricht. Nur halt nicht lange, denn die »Dings« wartet schon.

30. Freiheit zum Aufstehen – und zwar rechtzeitig

Es ist noch nicht lange her, da war Pegida in aller Munde. Uns Sachsen hat das besonders beschäftigt. 15 000 Menschen versammelten sich im Dezember 2015 auf der Straße, um gegen die Islamisierung Deutschlands zu demonstrieren. Auch Christen waren darunter.

Über die Inhalte und Ausrichtung der Bewegung – und auch über die der AfD – wurde viel diskutiert, das soll hier nicht mein Anliegen sein. Mir liegt etwas anderes auf dem Herzen. Wie kommt es, dass Christen plötzlich aufstehen und dem Staat den Mittelfinger zeigen, obwohl ihnen nach Römer 13 doch etwas ganz anderes geboten ist? Wenn jemand beim Abendessen in ruhiger Atmosphäre plötzlich aus der Haut fährt, dann muss schon vorher etwas passiert sein. Das kommt nicht aus dem Nichts. Da sind vorher eine Menge Interaktionen geschehen.

Wie kann es unter Christen zu einem Aufstand gegen eine in fairen Wahlen gewählte und dadurch legitimierte Regierung kommen, ohne dass das vorher ein Thema war? Und ohne dass es irgendwann einmal ein vergleichbares Aufstehen für die Menschenrechte gegeben hätte? Die eigenen Sorgen treiben uns auf die Straße, aber nicht die Sorge um die Menschen in Not? Wie kann das sein?

Mich stört die Bequemlichkeit, ja geradezu »Apathie« und Ohnmacht vieler Christen, wenn es darum geht, etwas zum Wohle der Stadt und der Menschen zu tun. Wie kommt das? »Man kann ja doch nichts ändern«, höre ich gelegentlich. Aber hat nicht Martin Luther die Reformation ausgelöst, William Wilberforce die Abschaffung der Sklaverei erreicht, Martin Luther King postuliert, dass die Menschenrechte auch für Schwarze gelten? Diese Christen haben etwas verändert, sie haben den Unterschied gemacht.

Natürlich ist meine Sicht als Menschenrechtspolitiker eingefärbt. Sie ist geprägt von persönlichen Begegnungen und Augenzeugenberichten über verfolgte und getötete Menschen, Christen und andere, in Nigeria, in Syrien, in Korea und dem Irak. Ich habe Kathedralen gesehen, die gewaltsam zu Moscheen umfunktioniert wurden. Und ich habe ebenso Muslime getroffen, die von Christen unterdrückt und verfolgt wurden. Ich muss mit ansehen, dass die aramäische Sprache stirbt, die Sprache Jesu, weil eine Mehrheit einer Minderheit verbietet, sie zu sprechen. Und dann höre ich: »Es hilft ja eh nichts« – und sehe die Christen in selbstbezogener Gemeindearbeit versacken. Oder vor dem Fernseher, dem Computer, der Xbox sitzen. Ich möchte ihnen zurufen: »Kommt raus aus dem Bett, steht auf von der Couch. Verlasst eure Komfortzone!«

Wir verbrauchen so unsäglich viel von unserer Kraft für die alltäglichen Kleinigkeiten. Wir verzetteln uns in Rechthabereien über theologische Scheinwichtigkeiten, die doch bei genauer Betrachtung biblische Randthemen sind – und die auch keinen Menschen außerhalb unserer Kirchen und Gemeinden interessieren. Wir behindern uns gegenseitig und haben deshalb keine Kraft mehr für die eigentlichen Aufgaben. Wir berauben uns selbst unserer Kraft, das wirklich Wichtige zu tun.

Wir klagen, dass wir nicht wahrgenommen werden. Dass wir nicht vorkommen in den Medien. Und wenn es dann doch mal der Fall ist, dann wird kritisch über Evangelikale berichtet oder wir werden auf bestimmte Themen reduziert. Doch Hand aufs Herz: Erheben wir nicht die Stimme meistens nur dann, wenn unsere »Lieblingsthemen« aufgerufen werden? Wir senken die Lautstärke, wenn es um das Bekenntnis zu Jesus geht. Wir machen uns nicht erst die Mühe, Gottes Haltung zu Geld und Gier und Geiz und Neid zu verkündigen.

Oder beim Thema Islam: Wir reden über Muslime – aber reden wir auch mit Muslimen? Laden wir Muslime aus unserer Nachbarschaft zu uns ein? Werden wir Freunde? Kämpfen wir für Religionsfreiheit? Dieses elementare Recht zur freien Entscheidung für oder gegen den Glauben, für die eine oder die andere Religion, das Gott selbst den Menschen einräumt und das im Übrigen unser Grundgesetz garantiert?

Sind wir gegen Bequemlichkeit? Erheben wir unsere Stimme gegen Hochmut, Geiz, Habgier, Neid, Wollust, Völlerei, Trägheit? Gegen Egoismus und Lieblosigkeit, gegen Ausbeutung und Missbrauch? William Booth, der Gründer der Heilsarmee, hat einmal auf die Frage, was mit dem »Gehet hin in alle Welt« aus dem Missionsbefehl gemeint sei, also wohin man denn nun gehen solle, sinngemäß geantwortet: »Das Wohin ist erst die zweite Frage. Wichtig ist zuerst: Steh auf, bleib nicht sitzen, schüttele dich – und geh.« Die Richtung ergibt sich im Gehen. Es geht, wenn man geht.

Jesus Christus nennt im Gleichnis vom großen Weltgericht in Matthäus 25 einen Maßstab für das richtige Handeln. Er fragt: »Was habt ihr getan? Habt ihr mich besucht, mich gekleidet, mich versorgt? Was ihr einem der Geringsten getan habt, das habt ihr mir getan.« Eindeutiger geht es doch gar nicht. Aber warum praktizieren wir das dann so wenig?

Christen aus unterschiedlichen Kirchen und Gemeinschaften haben sich vor nicht allzu langer Zeit zu der Aktion »Zeit zum Aufstehen« zusammengefunden. Eine gute Sache. Aber bleibt das bei einem Bekenntnis oder wird es zur Tat? Wie wäre es, wenn wir tatsächlich, buchstäblich früher aufstehen? Jeder von uns, jeden Tag eine halbe Stunde früher. Und diese gewonnene Zeit nutzen wir zum Dienen, zum praktischen Helfen. Statt zu demonstrieren, besuchen wir eine kranke Frau, eine ledige Mutter, einen behinderten Jugendlichen, wir üben Deutsch mit einem Syrer, machen den Einkauf für unseren Nachbarn, bügeln die Wäsche für die Frau im Nebenhaus. Egal was, aber wir tun was. Und wenn jeder

Christ sich diese halbe Stunde nimmt, können wir mehr als nur ein Zeichen setzen. Wir nehmen Einfluss. Wir zeigen: Man kann etwas tun. Wir verändern die Welt. Und noch etwas ist wichtig. Wir beten und wir handeln. Aus Gebeten müssen Handlungen werden. Nächstenliebe zeigt sich in Taten.

Wer für Gefangene betet, der kann bei Open Doors oder bei Amnesty International mitarbeiten. Er könnte einen Brief von Hand schreiben und sich für einen Gefangenen einsetzen. Das sind zwanzig Minuten Arbeit – mit einer großen Wirkung.

Kinder in Afrika

Wer für die Kinder in Afrika betet, der könnte im Anschluss fairen Kaffee kaufen und damit einem Bauern und seinen Kindern eine Zukunft ermöglichen.

Wer für die Arbeit der Missionare betet, der kann hinterher seinen Geldbeutel öffnen oder seine Hilfe anbieten. Es gibt so viele Organisationen, die wir mit Geld und Zeit und Kompetenz unterstützen können.

Bringen wir unsere Gaben ein!

Wenn jemand die Gabe der Rede hat, soll Gott durch ihn zu Wort kommen. Wenn jemand die Gabe der helfenden Tat hat, soll er aus der Kraft handeln, die Gott ihm verleiht. Alles, was ihr tut, soll durch Jesus Christus zur Ehre Gottes geschehen (1. Petrus 4,11; GNB).

Viele Christen sind natürlich bereits aktiv. Ihnen gilt dieser Appell nicht, sondern vielmehr ein herzliches Dankeschön. Ebenso den christlichen Organisationen und Vereinen, wie World Vision oder die Kindernothilfe, IJM (International Justice Mission) oder die Micha-Initiative und vielen anderen mehr. Sie leisten eine hervorragende Arbeit.

Doch mich bewegt die schweigsame und inaktive breite Masse. Ihnen möchte ich zurufen: Christen, seid willkommen in den Parteien, den Sportvereinen, den Elternvertretungen, den Bürgerinitiativen, den Ehrenamtsbörsen. Die Arbeit wartet auf uns! Lasst uns etwas tun! Lasst uns aufstehen! Lasst uns mitmachen und Verantwortung übernehmen!

Ich will niemanden anklagen. Mir geht es hier nicht um oberflächliche Schuldzuweisungen, nicht um ein schlechtes Gewissen. Das ist keine gute Motivation. Mir geht es um das Herz, um die Leidenschaft, das Reich Gottes zu bauen. Denn einen fröhlichen Geber – von Geld und Zeit und Herzblut – hat Gott lieb (2. Korinther 9,7). Darum: Wir dürfen genießen, was das Leben zu bieten hat. Aber gleichzeitig müssen wir zulassen, dass Gott uns die Augen für die Armen und die Unterdrückten, die Gefangenen und die Misshandelten öffnet – und dann dürfen wir teilen, was wir haben: die Freude, den Frieden, das offene Herz.

Es geht dabei um grundlegende Fragen des Glaubens. Wir Christen verlieren unsere Glaubwürdigkeit und Autorität, wenn man uns nicht mehr als das »Salz der Erde« und das »Licht der Welt« wahrnimmt, wie Jesus uns in der Bergpredigt nennt (Matthäus 5,13-14). Wir werden als Christen erkannt durch das, was wir tun, und erst dann durch das, was wir sagen – nicht anders-

Wir Christen verlieren unsere Glaubwürdigkeit und Autorität, wenn man uns nicht mehr als das »Salz der Erde« und das »Licht der Welt« wahrnimmt.

herum. Es ist nicht die Frage, ob wir das Richtige oder das Falsche tun, sondern ob wir überhaupt etwas tun.

Gott braucht Menschen, die bereit sind, sich die Finger schmutzig zu machen, weil sie den Schmutz der Welt nicht scheuen, und sich auf die Suche nach dem Schatz darin machen. Menschen, die von ganzem Herzen bereit sind, Verantwortung zu übernehmen, auch wenn dies das Risiko birgt, Fehler zu machen. Wenn man Fehler macht, weil man Gutes tut, gilt Martin Luthers »Sündige tapfer«. Ein noch größerer Fehler wäre es, nichts zu tun. Gott braucht Spender, Beter, Schreiber, Zeit-Nutzer, informierte Menschen. Er braucht Ehrenamtliche und er braucht Profis: in der Politik, in den Medien, den Verwaltungen. Menschen, die mit der gleichen Hitze des Herzens lieben, wie sie sonst die Angriffe gegen falsche Lehren führen. Gott braucht Menschen, die Chancen ergreifen und nicht verpassen.

In seiner letzten öffentlichen Rede in der Royal Albert Hall in London im Jahr 1912 sagte William Booth, der Gründer der Heilsarmee:

> »Solange Frauen weinen, wie sie es jetzt tun – will ich kämpfen; solange Kinder Hunger leiden müssen, wie sie es jetzt tun – will ich kämpfen; solange Menschen ins Gefängnis müssen, rein und raus, rein und raus – will ich kämpfen; solange es Mädchen gibt, die auf der Straße unter die Räder geraten, solange es eine Seele gibt, in der das Licht Gottes noch nicht scheint – will ich kämpfen. Ich kämpfe bis zum letzten Atemzug!«[50]

31. Frei zur Verantwortung: Politisches Engagement von Christen

»In der einen Hand die Bibel, in der anderen die Tageszeitung.« Dieses Motto von Karl Barth trifft das Thema auf den Punkt. Wer die Bibel aufmerksam liest, der kann nicht anders, als die Bedeutung von Recht und Gerechtigkeit zu erkennen. Sie ist ein Kernelement christlicher Ethik.

Nehmen wir nur die berühmte Stelle aus den Seligpreisungen von Jesus: »Selig sind, die da hungert und dürstet nach der Gerechtigkeit; denn sie sollen satt werden« (Matthäus 5,6). Was für eine starke Metapher! Was für ein treffender Vergleich! Hunger und Durst sind elementare, existenzielle Grundbedürfnisse jedes Menschen. An der Sehnsucht nach Gerechtigkeit, sagt Jesus mit diesem Bild, kann man leiden wie an Hunger, das Verlangen nach Gerechtigkeit lässt die Zunge am Gaumen kleben wie bei Durst. Die Seele wird nur satt durch Gerechtigkeit.

Dabei zu sein, wenn Menschen zu ihrem Recht kommen, oder sogar daran mitzuwirken – das bringt die gleiche Erfüllung wie ein Glas Wasser nach einer Wüstenwanderung. Wer Menschen liebt, der kann beides erleben: den Hunger und Durst nach der Gerechtigkeit und den gesättigten inneren Frieden, wenn Gerechtigkeit einzieht. Gottes Gerechtigkeit ist mehr als eine Vokabel, sie ist nicht bloß eine Idee, die irgendwie im luftleeren Raum schwebt. Gottes Gerechtigkeit gilt immer wirklichen Menschen in ganz realen und konkreten Lebenssituationen.

Und da kommt die Tageszeitung ins Spiel (oder die News-App auf dem Smartphone): Wer aufmerksam und interessiert das Zeitgeschehen verfolgt, der weiß, wo der aktuelle Einsatz für Gerechtigkeit gefragt ist.

Gottes Gerechtigkeit gilt immer wirklichen Menschen in ganz realen und konkreten Lebenssituationen.

Und wer diese Gerechtigkeit erreichen und in die Tat umsetzen möchte, für den liegt es nahe, sich politisch einzumischen. Für Christen beginnt der Dienst am Menschen häufig in der Gemeinde. Viele Christen sind in Kinderstunden, in ganz praktischen Diensten und vielen Bereichen der Gemeinde aktiv. Sie vermitteln Werte, sie schaffen eine Atmosphäre der Wertschätzung, in der Menschen gesund leben – und für den Dienst am Menschen freigesetzt werden.

Sehr oft erlebe ich dabei Kirchengemeinden mit einer weltweiten Perspektive: Sie beten regelmäßig für Missionare und unterstützen Entwicklungshilfeprojekte. Sie setzen sich für verfolgte Christen ein. Durch die Micha-Initiative, die im Rahmen der Deutschen Evangelischen Allianz entstanden ist, und viele andere christliche Werke ist auch der Einsatz für globale Gerechtigkeit ein immer stärker werdendes Thema in den Gemeinden. Das ist großartig. Leider nehme ich aber auch immer wieder wahr, dass das Engagement der Geschwister – so großartig es ist! – sich mit einer kirchlichen Binnenperspektive begnügt. Dabei gibt es etliche gesellschaftliche Felder, in denen unser Ehrenamt benötigt wird!

Wer hier mitmacht, ist im besten Sinne politisch. Sei es als Elternsprecher in der Schule, als Seelsorger am Telefon, als Grüne Dame im Krankenhaus, als Mitglied der freiwilligen Feuerwehr, als Übungsleiter im Sportverein. Ein Einsatz für Gerechtigkeit ist, wie gesagt, immer ein Einsatz für konkrete Menschen in konkreten Situationen. Ich hoffe, es ist deutlich geworden: Politisches Engagement ist viel mehr als das, was man sich gemeinhin darunter vorstellt, mehr als Parteipolitik.

Natürlich gibt es auch die Möglichkeit, Mitglied einer Partei zu werden. Es ist sehr schade, dass nur wenige Christen diesen Weg gehen. Denn es gibt eine Menge Themen, die für Christen interessant sein können und für die sie sich innerhalb einer Partei starkmachen können. In einer Zeit, in der die Leute entweder »politikverdrossen« reagieren oder aber als »Wutbürger« protestieren, bieten sich viele Gelegenheiten, politisch mitzumischen, mehr als man denkt. Parteiarbeit beginnt damit, sich beim Ortsverband einer Partei zu melden und auf der kommunalen Ebene aktiv mitzumachen. Die Mitgliederzahlen fast aller Parteien sind rückläufig, das Personal ist überaltert. Die Türen sind offener denn je. Doch auch derjenige, der nicht gleich in eine Partei eintreten möchte, sollte zumindest seiner Bürgerpflicht nachkommen, sich informieren und wählen gehen. Man kann sich konstruktiv eine Meinung bilden. Das ist gar nicht so schwer. Die Parteien sind im Internet vertreten. Man kann Informationsmaterial anfordern, Parteiprogramme oder Broschüren zu einzelnen Themen. Oder man kann an die Generalsekretäre einen Katalog mit den Fragen schicken, die einen bewegen.

Sehr informativ ist es, Besuche bei den örtlichen Landtags- oder Bundestagsabgeordneten zu machen. Die Adressen der Wahlkreisbüros findet man ebenfalls im Internet. Abgeordnete sind meist sehr offen für solche Gespräche.

Als Gemeinde oder auf Allianzbasis, wenn es für eine einzelne Gemeinde eher schwierig wird, ist es auch sehr wertvoll, die Kandidaten mal zu einem Gespräch bzw. einer Podiumsdiskussion einzuladen, besonders in Zeiten des Wahlkampfs. Da kann man sich über die Arbeit der Abgeordneten und das politische Tagesgeschehen informieren. Und man kann fragen: Wo sind mein persönlicher Einsatz und das Engagement unserer Gemeinde nötig? Was kann ich, was können wir tun für unsere Stadt?

Bei solchen Gelegenheiten kann man übrigens auch ganz gezielt christliche Themen ins Gespräch bringen. Außerdem gibt es natürlich thematische Schwerpunkte in der Politik, die für Christen besonders interessant sind.

Hier mal einige Beispiele:

Familienpolitik: Es gibt viele einzelne Maßnahmen und Leistungen für Familien. Doch die Geburtenzahlen stagnieren trotzdem. Welches Gesamtkonzept haben die Parteien, um dem zu begegnen? Verfolgen sie ein bestimmtes Familienbild, wollen sie Wahlfreiheit bei der Erziehung ermöglichen? Welche Rolle spielt die klassische Ehe? Welche Unterstützung erhalten junge Familien?

Lebensrecht: In der vergangenen Legislaturperiode wurde die Präimplantationsdiagnostik (PID) erlaubt. Wie stehen die Parteien zur Forschung an Embryonen? Vor Kurzem wurde ein Sterbehilfegesetz diskutiert – wer vertritt hier welche Meinung? Wo sind die rechtlichen Grenzen? Schwangerschaftsabbruch wieder unter Strafe zu stellen, ist in keiner Partei zurzeit eine mehrheitsfähige Option – aber wie sieht es etwa mit dem Thema Spätabtreibung aus? Wie sieht in welcher Partei der Umgang mit ungeborenen Kindern aus, die von einer Behinderung bedroht sind, und generell mit Menschen, die mit einer Behinderung leben? Wie sieht der Umgang mit Menschen aus, die alt und pflegebedürftig sind? Gibt es Möglichkeiten, schwangere Frauen mehr zu unterstützen, sodass sie sich nicht aus finanziellen Gründen gegen ein Kind entscheiden?

Religion: Welche Rolle sollen die Kirchen in unserer Gesellschaft spielen? Sollen die Kirchensteuer, der Religionsunterricht und die Militärseelsorge erhalten bleiben? Wie sieht der Einsatz für Religionsfreiheit und insbesondere für verfolgte Christen aus, in Deutschland und weltweit?

Nachhaltigkeit: Wie soll der Schuldenabbau betrieben werden? Welche Steuern sollen erhoben werden und von wem? Wie gehen wir mit den begrenzten Rohstoffen um? Wie wird die Entwicklung alternativer Energien vorangebracht? Wie wird weltweite Verantwortung wahrgenommen? Wie sollen Fluchtursachen beseitigt werden und wie die Integration von Migranten erreicht werden? Welchen Stellenwert hat Entwicklungspolitik? Welche Maßnahmen gegen den Menschenhandel sind geplant? Ist die Partei für oder gegen internationale Friedenseinsätze?

Bildung: Welche Ideen gibt es für ein Bildungssystem, das allen Menschen gleiche Chancen bietet? Wie steht es mit dem Kita-Ausbau? Welches Schuldsystem schwebt der Partei vor? Wie werden konfessionelle und andere freie Schulen gefördert? Welche Investitionen in Forschung und Hochschulen sind geplant? Welche Konzepte für Bildungspläne liegen vor?

Auch die Christen werden bei diesen und anderen Themen nicht in allen Positionen miteinander übereinstimmen. Militärhilfe für Afghanistan? Ausstieg aus der Atomkraft? Frühkindliche Bildung? Das sind für einige Christen geradezu Bekenntnisfragen – doch man muss sich dabei im Klaren darüber sein, dass andere Christen vielleicht zu anderen Antworten kommen. Kaum jemand in Deutschland würde der Todesstrafe zustimmen, unter Christen in den USA ist eine Mehrheit dafür. Die evangelische Kirche hat eine Orientierungshilfe zum Familienbild herausgegeben – von katholischer und evangelikaler Seite hagelte es Kritik.

Das zeigt: Die Übersetzung von Glaubenspositionen in die Politik ist gar nicht so einfach. Nicht alle Christen haben zu jedem Thema die gleiche Meinung. Menschen sind verschieden, Christen auch. Deswegen wählen auch nicht alle Christen die gleiche Partei.

Eines aber sollte Christen miteinander verbinden: dass wir ganz persönlich immer einen geraden und aufrichtigen Weg gehen. Ich möchte, dass wir auch in der Politik für einen Lebensstil stehen, der von Fairness und persönlicher Aufrichtigkeit geprägt ist. Ich glaube, die Menschen sind es leid, dass wir mit dem Finger auf den politischen Gegner zeigen, statt selbst Verantwortung zu übernehmen. Die Politikverdrossenheit ist ja vielfach eine Politikerverdrossenheit.

Ein Christ hat in seinem Glauben eine Kraftquelle und eine Richtschnur für sein Gewissen. Das ist hilfreich. Für mich heißt das: Das hat natürlich Einfluss auf meine Positionen und Entscheidungen. Und auch auf meinen Politikstil.

Der Glaube mit der Bibel in der einen Hand und der Tageszeitung in der anderen führt zum Respekt vor den Menschen und will sich dann auch praktisch ausdrücken – im Einsatz für Gerechtigkeit. Als Christen sollten wir den Hunger und den Durst nach Gerechtigkeit ernst nehmen und dabei helfen, ihn zu stillen.

32. Frank und frei – einige offene Fragen

Schließen möchte ich dieses Buch mit einigen Fragen. Und ich möchte frank und frei bekennen, dass ich selbst auf viele dieser Fragen keine Antwort habe. Manchmal bin ich in meinen Entscheidungsfindungen geradezu ohnmächtig, weil nur die Wahl bleibt zwischen Pest und Cholera. Manche Fragen brauchen eine sehr differenzierte Betrachtung, da reichen Schwarz-Weiß-Schemata beim Denken nicht aus. Und manche Fragen sind wohl überhaupt nicht zu beantworten.

Was ist, wenn wir durch unseren freien Lebensstil auf der nördlichen Halbkugel andere unfrei machen? Wenn die Zahl der Menschen in Abhängigkeiten stärker steigt als unser Wohlstand? Wie frei bin ich noch, wenn ich alle meine Sklaven freilasse? Auf der Website *www.slaveryfootprint.org* kann man die eigenen Konsumgewohnheiten eingeben und erhält dann die Auskunft, wie viele Sklaven für diese wirtschaftliche Freiheit arbeiten. Wie kommt es, dass ich nicht bereit bin, wirklich etwas an meinem Lebensstil zu ändern, obwohl ich weiß, dass bereits der Verzicht auf ein Drittel meines Wohlstandes einen erheblichen Beitrag zur Freiheit anderer Menschen leisten würde?

Bei einer Andacht in Kanada habe ich als Illustration für den biblischen Auftrag »Machet euch die Erde untertan« (1. Mose 1,28) einen Bagger beschrieben, der die Erde mit seiner Schaufel zerstört. Ich frage mich, warum die Themen Schöpfungsbewahrung und Ökologie bei vielen Christen trotz Klimaerwärmung und Umweltkatastrophen so wenig präsent sind. »Sich die Erde untertan machen« heißt mit Sicherheit nicht ausbeuten, denn das widerspricht der Liebe zu Gott und dem Nächsten, in diesem Fall den nachfolgenden Generationen.

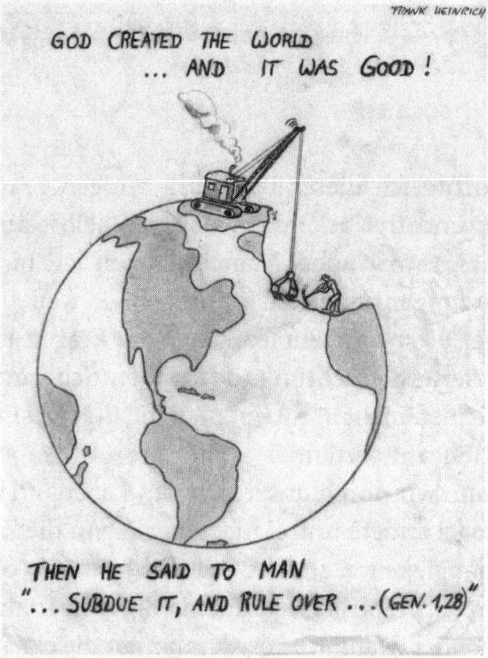

Diese Spannung auf der Welt hat mich schon vor 30 Jahren in der Bibelschule bewegt

Was verändert sich in meiner Theologie, wenn ich selbst betroffen bin? Wenn meine Ehe zerbricht? Wenn mein eigener Sohn mir sagt, dass er schwul ist? Wie wäre Jesus mit ihm umgegangen? Wenn wir gegen Abtreibung sind, warum haben wir dann so wenig Kontakt zu schwangeren Frauen in einer schwierigen Entscheidungssituation, die seelischen Beistand oder materielle Unterstützung brauchen? Wenn es denn diese Reihenfolge geben muss, was ist wichtiger: die Wahrheit oder die Liebe? Bin ich bereit, um der Liebe willen die Wahrheit zurückzustellen oder eher um der Wahrheit willen die Liebe?

Wie viel von meinem Besitz gehört mir eigentlich? Und wie viel gehört Gott? Ich habe Geld, ich habe Zeit, Begabungen. Ist alles mit der Kirchensteuer abgegolten? Oder gehört Gott der Zehnte? Und im Umkehrschluss: Kann ich mit den restlichen 90 Prozent machen, was ich will? Habe ich nicht für all mein Vermögen eine Verantwortung?

Wenn ich Frieden erreichen will, muss ich dann nicht auf Waffen und jede Form von Gewalt verzichten? Aber gefährde ich nicht gerade dadurch meine Familie oder mein Land, sodass dies unter dem Strich nur zu noch mehr Gewalt führt? Wie kann ich frei sein in allen meinen Entscheidungen und zugleich vor Gott und den Menschen in der Verantwortung stehen?

Wenn Gott der Herr der Welt ist – wie viel muss ich dann tun und wie viel kann nur er alleine tun? Ist Luthers Motto »Man muss beten, als ob alles Arbeiten nichts nützt, und arbeiten, als ob alles Beten nichts nützt« wirklich richtig? Oder durchdringt nicht immer schon das eine das andere?

»Hilf dem, der sich selbst nicht helfen kann; schaffe denen Recht, die für sich alleine dastehen« (Sprüche 31,8; NLB). Wenn ich den Elenden eine Stimme geben will, wie erkenne ich, wer die wirklich Elenden sind? Wer stilisiert sich bloß als Opfer und wer ist wirklich eines? Wie viel soll ich einem Menschen helfen? Und ab wann entmündige ich ihn eher, als ihn freizusetzen zu einem selbstverantwortlichen Leben?

Wie kann ich gleichzeitig meinen Glauben teilen und zu Jesus einladen und die freie Entscheidung eines anderen voll und ganz respektieren? Gibt es eine Mission ohne eine gewisse »Besserwisserei«? Gibt es andererseits einen Glauben oder eine Meinung, die nicht auch geteilt werden will?

Lenkt vielleicht gerade das »gute Leben« von einem erfüllten Leben ab, wie es Gott gefällt?

Wann habe ich ein Mandat, anderen etwas weiterzugeben, und wann muss ich mich erst um das kümmern, was bei mir selbst im Argen ist? Zuerst muss man seine eigenen Verhältnisse ordnen. Doch wer macht alles richtig? Wo ist die Grenze zwischen Anspruch und Wirklichkeit? Wer könnte dann überhaupt einem anderen Menschen helfen zu wachsen, wenn er dafür erst selbst alles richtig machen müsste?

Muss ich erst eigenes Scheitern erleben, um wirklich gnädig zu sein? Erst Leid erfahren, um Barmherzigkeit zu fühlen? Lenkt vielleicht gerade das »gute Leben« von einem erfüllten Leben ab, wie es Gott gefällt?

Franziskanischer Segen

Möge Gott dich segnen mit Unbehagen
gegenüber allzu einfachen Antworten,
Halbwahrheiten und oberflächlichen Beziehungen,
damit Leben in der Tiefe deines Herzens wohnt.

Möge Gott dich mit Zorn segnen
gegenüber Ungerechtigkeit, Unterdrückung
und Ausbeutung von Menschen,
damit du nach Gerechtigkeit und Frieden strebst.

Möge Gott dich mit Tränen segnen,
zu vergießen für die, die unter Schmerzen,
Ablehnung, Hunger und Krieg leiden,
damit du deine Hand ausstreckst, um sie zu trösten
und ihren Schmerz in Freude zu verwandeln.

Und möge Gott dich mit der Torheit segnen,
daran zu glauben, dass du die Welt verändern kannst,
indem du Dinge tust, von denen andere meinen,
es sei unmöglich, sie zu tun.

Amen.[51]

Bildnachweis

Farbiger Bildteil (nummeriert nach der Reihenfolge):
Nr. 1, 2, 4, 5, 11, 12, 13, 14: privat
Nr. 3, 6, 7, 8, 9, 10, 15, 16, 17: Susanne Domaratius-Enders (susidomaratius.de)
Nr. 18, 19, 20: CARE/Estey
Nr. 21: Barbara Volkmer

Fotos im Text:
Seiten 15, 26, 60, 88, 125, 135, 180, 200, 208, 236: privat
Seiten 44, 51, 69, 113, 183, 192, 227, 228: Susanne Domaratius-Enders (susidomaratius.de)
Seite 218: diabetesDE, www.diabetesde.org
Seiten 176, 246: Frank Heinrich

Anmerkungen

[1] Uwe Heimowski: Kultur der Gnade. In: MOVO 2/2016. SCM. S. 24-25.

[2] Alexander Solschenizyn: Der Archipel Gulag. Scherz 1974. S. 593.

[3] Ron Hall, Denver Moore: Genauso anders wie ich. Verlag der Francke-Buchhandlung 2012.

[4] Frank Heinrich: Lieben, was das Zeug hält. Neufeld Verlag 2009.

[5] Richard Rohr: Good News – Spirituality of Imperfection, Week 2. Center for Action and Contemplation 2016. <https://cac.org/good-news-2016-07-25>, deutsche Übersetzung durch den Autor.

[6] Chris Thurman: Lügen, die wir glauben – Wie Sie Lebenslügen entlarven und befreit leben können. Gerth Medien 1991.

[7] Richard David Precht: Wer bin ich – und wenn ja, wie viele? Goldmann 2007.

[8] Die Heilsarmee (Hrsg.): McTurtle Kinderprogramm Chemnitz. <https://www.heilsarmee.de/mcturtle/ueber-uns.html>.

[9] Dietrich Bonhoeffer: Widerstand und Ergebung, Gütersloh 2011. S. 513.

[10] »Frohes Fest«. Zuerst veröffentlicht auf der Langspielplatte »Die Platte«. Text & Melodie: Andreas Malessa, © 1980 Andreas Malessa.

[11] John Maxwell: Die 21 wichtigsten Führungsprinzipien. Brunnen 2002.

[12] John Maxwell: Sometimes You Win – Sometimes You Learn: Life's Greatest Lessons Are Gained from Our Losses. Center Street 2013.

[13] Eric-Emmanuel Schmitt: Oskar und die Dame in Rosa. Fischer 2005. S. 31.

[14] Marianne Williamson: Rückkehr zur Liebe. Harmonie, Lebenssinn und Glück durch »Ein Kurs in Wundern«, © 1993 Wilhelm Goldmann Verlag, München, in der Verlagsgruppe Random House GmbH. Übersetzung: Susanne Kahn-Ackermann.

[15] Norbert Schäfer: Das Leben nach dem Burnout. Dieser Text erschien in der Ausgabe 2/2016 des Christlichen Medienmagazins »pro«, S. 38. Die vorliegende Fassung wurde leicht gekürzt.

[16] Zitiert nach *Elberfelder Bibel 1905.*

[17] Die Heilsarmee in Deutschland (Hrsg.): Das Gelübde der Heilssoldaten. <http://www.heilsarmee.de/woran-wir-glauben/glaubensbekenntnis.html>.

[18] »Die zwölf Schritte der Anonymen Alkoholiker. Hrsg.: Anonyme Alkoholiker Interessengemeinschaft e.V. 2016. Nachdruck mit Genehmigung von AA World Services, Inc.«

[19] Bernd Siggelkow: Deutschlands vergessene Kinder – Hoffnungsgeschichten aus der Arche. Gerth 2007.

[20] CDU (Hrsg.): Religionsfreiheit und Verfolgung von Christen. Unterpunkt: Wie stark sind Christen weltweit bedrängt oder verfolgt? <https://www.cdu.de/artikel/religionsfreiheit-und-verfolgung-von-christen>.

[21] CDU (Hrsg.): Religionsfreiheit und Verfolgung von Christen. Unterpunkt: Was sind die Gründe für die Benachteiligung und Verfolgung von Christen? <https://www.cdu.de/artikel/religionsfreiheit-und-verfolgung-von-christen>.

[22] Uwe Heimowski: Besuch in Nigeria – »Die Angst der Christen ist mit Händen zu greifen«, Jesus.de 2014. <http://www.jesus.de/blickpunkt/detailansicht/ansicht/die-angst-ist-mit-haenden-zu-greifen199271.html>.

[23] Bistum Münster (Hrsg.): Perspektiven finden – Gefangenenseelsorge, 2009. <http://kirchensite.de/bistumshandbuch/g/gefangenenseelsorge>.

[24] Schwarzes Kreuz e.V. (Hrsg.): Wir über uns – Nächstenliebe befreit. <http://www.naechstenliebe-befreit.de/wir-ueber-uns>.

[25] Jürgen Wegener: Modelleinrichtungen für straffällige Jugendliche, Seehaus e.V. <http://seehaus-ev.de/konzept>.

[26] Frank Heinrich, Uwe Heimowski: Der verdrängte Skandal – Menschenhandel in Deutschland. Brendow 2015. S. 106-113.

[27] Simone Meyer, Silke Mülherr: In der EU werden Menschen wie Waren gehandelt. WeltN24 2013. <https://www.welt.de/politik/ausland/article115264552/In-der-EU-werden-Menschen-wie-Waren-gehandelt.html>

[28] Gemeinsam gegen Menschenhandel (Hrsg.): Wer wir sind. <https://gemeinsam-gegen-menschenhandel.de/de/ueber-uns/wer-wir-sind>.

[29] Frank Heinrich, Uwe Heimowski: Der verdrängte Skandal – Menschenhandel in Deutschland. Brendow 2015.

[30] Gemeinsam gegen Menschenhandel e.V.: Vorbeugung/Verhütung. Auszug aus dem zweiten Magazin von Gemeinsam gegen Menschenhandel e.V. Zitiert nach: <https://gemeinsam-gegen-menschenhandel.de/de/unsere-themen/praevention>.

[31] Uwe Heimowski: »The Maiden Tribute of Modern Babylon« – 1885: Die Heilsarmee im Kampf gegen Kinderprostitution. In: Tobias Faix u. a. (Hrsg.): Ein Schrei nach Gerechtigkeit. Francke 2016. S. 98-104.

[32] Stiftung für die Internationale Jugendbegegnungsstätte in Oświęcim/Auschwitz (Hrsg.): Über die Stiftung. <http://www.mdsm.pl/de/stiftung/ueber-die-stiftung>.

[33] Lern- und Gedenkort Kaßberg-Gefängnis (Hrsg.): Zur Geschichte des Chemnitzer Kaßberg-Gefängnisses. <http://www.gedenkort-kassberg.de/index.php/geschichte>.

[34] »pro« (Hrsg.): Filmemacher Augustin: »Versöhnung ist universell«. In: »pro« 06.03.2016. Christlicher Medienverbund KEP e.V. <http://www.pro-medienmagazin.de/film/detailansicht/aktuell/filmemacher-augustin-versoehnung-ist-universell-95222>.

[35] Bundesministerium für wirtschaftliche Zusammenarbeit und Entwicklung: Internationale Vereinbarungen zu Frauenrechten. <https://www.bmz.de/de/themen/frauenrechte/internationale_vereinbarungen/index.html>.

[36] Wikipedia (Hrsg.): Stichwort »UN-Kinderrechtskonvention«. <https://de.wikipedia.org/wiki/UN-Kinderrechtskonvention>.

[37] Nähere Infos: <http://www.dsw.org>.

[38] Frank Heinrich, Uwe Heimowski: Ich lebe! – Ein Plädoyer für die Würde des Menschen. Verlag Neukirchener Aussaat 2016.

[39] Pro Femina e.V. (Hrsg.): Hilfe statt Abtreibung. <http://www.1000plus.de/projekt.html>.

[40] Frank Heinrich: »Weil wir euch lieben, du Wichser« – Erfahrungen aus dem »Club Heilse« in Chemnitz. In: Thorsten Riewesell, Ines Emptmeyer (Hrsg.): Hoffnungsträger – Wahre Geschichten von Menschen, die Hoffnung bringen. Gerth 2011. S. 19-25.

[41] AMIN Deutschland u. a. (Hrsg.): Flüchtlinge willkommen heißen. S. 5. AMIN Deutschland u. a., 8. erw. Auflage 2016.

[42] Deutsche Evangelische Allianz (Hrsg.): Fremde willkommen – Stellungnahme zu Fragen der Integration. <http://www.ead.de/fileadmin/daten/dokumente/allianzhaus/Fremde_willkommen.pdf>.

[43] BAMF (Hrsg.): Glossar, Stichwort »Politisch Verfolgte«. <https://www.bamf.de/DE/Service/Left/Glossary/_function/glossar.html?lv3=4553000&lv2=5831840>.

[44] BAMF (Hrsg.): Glossar, Stichwort »Genfer Flüchtlingskonvention«. <https://www.bamf.de/DE/Service/Left/Glossary/_function/glossar.html?nn=1363008&lv2=5831822&lv3=4552988>.

[45] Marcel Leubecher: UN loben Deutschlands Einsatz für Flüchtlinge. WeltN24, 31.08.2014. <https://www.welt.de/politik/deutschland/article131777054/UN-loben-Deutschlands-Einsatz-fuer-Fluechtlinge.html>.

[46] Stiftung für Grundwerte und Völkerverständigung (Hrsg.): Grundverständnis. <http://www.voelkerverstaendigung.org>.

[47] First Step Forum (Hrsg.). Homepage. <http://www.firststepforum.net>.

[48] Philognosie GbR (Hrsg.): Vier Lerntypen und wie Sie am effektivsten lernen. <https://www.philognosie.net/denken-lernen/vier-lerntypen-und-wie-sie-am-effektivsten-lernen>.

[49] Eckart von Hirschhausen: Glück kommt selten allein. Rowohlt 2009.

[50] William Booth: Rede von 1912. In: Die Heilsarmee in Deutschland (Hrsg.): Das Vermächtnis des William Booth. <http://www.heilsarmee.de/heilsarmee-geschichte/das-vermaechtnis-des-william-booth.html>.

[51] Franziskanischer Segen. Zitiert nach: <http://www.lgvgh.de/wp/gott-segne-dich-mit-unbehagen/964>.